应用型学前教育专业系列教材 | 丛书主编　蔡迎旗

教育部委托重大项目"教师积极心理品质提升暨教师专业成长行动研究"课题成果
中国教育发展战略学会心理教育专业委员会"十四五"课题成果

幼儿园教师职业道德与伦理

顾　问　韩　进　韩　民

主　编　陈　虹　万爱明　钟向阳

副主编　华　婷　李宏清　韦育珍　邱立君　吴　清

WUHAN UNIVERSITY PRESS
武汉大学出版社

图书在版编目(CIP)数据

幼儿园教师职业道德与伦理/陈虹,万爱明,钟向阳主编.—武汉:武汉
大学出版社,2023.9(2024.7重印)
应用型学前教育专业系列教材/蔡迎旗主编
ISBN 978-7-307-23419-2

Ⅰ.幼… Ⅱ.①陈… ②万… ③钟… Ⅲ.幼教人员—师德—高等
职业教育—教材 Ⅳ.G615

中国版本图书馆 CIP 数据核字(2022)第 204809 号

责任编辑:郭 静   责任校对:汪欣怡   版式设计:韩闻锦

出版发行:**武汉大学出版社** (430072 武昌 珞珈山)
(电子邮箱:cbs22@ whu.edu.cn 网址:www.wdp.com.cn)
印刷:武汉科源印刷设计有限公司
开本:787×1092 1/16 印张:17.25 字数:409 千字 插页:1
版次:2023 年 9 月第 1 版 2024 年 7 月第 2 次印刷
ISBN 978-7-307-23419-2 定价:52.00 元

编写委员会名单

（按姓名音序排列）

丛书主编

蔡迎旗

编委会成员

蔡　艳	江汉艺术职业学院	王　雯	华中师范大学
陈　虹	中国教育发展战略学会心理教育专委会	王　莹	华中师范大学
陈　思	黄冈师范学院	汪媛媛	信阳师范学院
邓霁岚	江汉艺术职业学院	邢莉莉	沧州师范学院
杜燕红	洛阳师范学院	夏　征	好欣家长学校
段晓娅	郧阳师范高等专科学校	杨　进	武汉城市职业学院
黄胜梅	淮南师范学院	杨　宁	华南师范大学
姜　华	荆州教育学院	张玉娥	江汉艺术职业学院
姜　勇	华东师范大学	郑晓边	华中师范大学
金晓梅	湖北省幼儿师范高等专科学校	赵红霞	荆楚理工学院
刘晓红	河南师范大学	周立峰	仙桃职业技术学院
龙明慧	长沙师范学院	周端云	湖南民族职业学院
莫源秋	广西幼儿师范高等专科学校	朱　楠	华中师范大学教育学院
秦振飙	湖北师范学院	卓　萍	武汉城市职业学院

本书编写委员会名单

顾　问

韩　进　韩　民

主　编

陈　虹　万爱明　钟向阳

副主编

华　婷　李宏清　韦育珍　邱立君　吴　清

编　委（按姓氏拼音排序）

陈　虹　陈　雪　崔任奕星　陈国灿　戴永妍　丁　励　付　琳　龚桥花　高瑞骏

华　婷　江　岚　计　娜　李宏清　刘笃亮　刘会梅　刘秋香　李　琴　栾风焕

林义虹　龙　黎　刘　琼　廖章萍　苗　蓬　彭康利　普佳玲　邱立君　齐景新

孙　淼　孙永强　陶鑫萌　童华嘉　万爱明　韦育珍　吴　清　吴文庆　武　萍

王豫韬　许　婷　熊俊英　姚心凡　钟向阳　周倩璐　左霞云　张匀泓　翟可英

前　言

　　2019 年 1 月，华中师范大学与武汉大学出版社组织了"新时代学前教育专业改革与资源开发研讨会"，本人有幸受邀参加了会议。

　　会上，聆听了华中师范大学教育学院教授、博导、全国学前教育指导委员会委员蔡迎旗教授及多位学前教育专家的精彩发言，深入探讨了如何贯彻《中共中央国务院关于全面深化新时代教师队伍建设改革的意见》、《教师教育振兴行动计划（2018—2022》、《关于实施卓越教师培养计划的意见》（教师〔2014〕5 号）及高校师范类专业认证系列文件精神，为建设高素质专业化创新型教育队伍，建强做优教师教育带来了前沿的教改信息。

　　会后，受武汉大学出版社谢群英编审和华中师范大学蔡迎旗教授邀请，我愉快接受了主编应用型学前教育专业系列教材——《幼儿园教师职业道德与伦理》一书的任务。

　　记得 2015 年，也是受谢群英编审邀请，本人承担了武汉大学出版社首批学前教育专业系列教材的任务。我邀请了两位优秀教研员、四位卓越园长及她们的精英团队，共同编撰了《幼儿教师语言技能》一书。书中解读了幼儿教师如何从专业技能角度"三思而后言"，如何从积极语言角度对待童言的稚语、童心的稚行。在谢群英编审和郭静编辑的细致指导下，《幼儿教师语言技能》经过两年的反复打磨，于 2016 年 10 月付梓印刷。

　　2019 年立项的《幼儿园教师职业道德与伦理》，是武汉大学出版社第二批学前教育专业系列教材之一，是专门针对三年制高职学前教育课程设置的。本书以《教师教育课程标准》为指导，精准对标了《幼儿园教师专业标准（试行）》（〔2012〕1 号）、《幼儿园工作规程》（2016 年 1 月 5 日）和《新时代幼儿园教师职业行为十项准则》（2018 年 11 月 8 日），在文件精神的基本理念和基本要求基础上编撰而成。本书不仅全面梳理了幼儿园教师的职业道德和伦理道德要求及法规要求，而且系统阐释了幼儿园教师的专业理念与师德、专业知识与专业能力，同时兼顾了将理论与实训的结合。

　　本书分为六章。

　　第一章《立德篇》，包括三节。第一节"一切为了孩子"，主要讲述幼儿的基本特点、幼教工作的目的及工作核心，体现幼儿教师的育人观；第二节"一生为了事业"，重点介绍幼儿教师的职业特点及职业道德，体现幼儿教师的职业价值观；第三节"一辈子奉献无悔"，突出幼儿教师奉献精神及工匠精神，体现幼儿教师的奋斗观。主要编者是：李琴、戴永妍、华婷。

　　第二章《树人篇》，包括四节。第一节"育心灵"，讲解儿童品德形成的关键期及培养策略，家园共育对幼儿品德形成的作用，体现幼儿教师的教育观；第二节"育学识"，说明幼儿应该学什么，怎么学，教师应该怎么教，体现幼儿教师的教学观及学习观；第三节"育思想"，详解了挖掘幼儿创新思维的意义、作用及策略；第四节"育精神"，解读了幼儿自主自信品质形成的影响因素及培养幼儿自主自信的策略方法。主要编者是：周倩璐、童华嘉、崔任奕星、钟向阳、栾风焕。

第三章《学识篇》，包括三节。第一节"教师学习动机"，包括树立终身学习的观念、幼儿教师的知识结构、理论学习与实践知识相结合的重要作用；第二节"教师知识水平"，包括理论指导下的反复实践、教育研究的反复论证、博学明理中的教育辩证；第三节"教师学习素养"，包括教师勤于学习、充实自我、追求卓越。主要编者是：陶鑫萌、齐景新、付琳。

第四章《素养篇》，主要讲述师德师风建设的时代要求，第一节是"言传与身教相统一"，第二节是"潜心问道与关注社会相统一"，第三节是"学术自由与学术规范相统一"。主要编者是：吴清、王豫韬 、丁励 、陈国灿、林义虹、张匀泓、龚桥花、姚心凡、计娜、高瑞骏、普佳玲。

第五章《情操篇》，主要讲述了幼儿教师的职业精神、职业良心、职业态度，及与幼儿的伦理关系，强调幼儿教师要恪尽职守，服务幼儿，做到：仁义、慈爱、诚信、正义。主要编者是：陶鑫萌、付琳、齐景新。

第六章《使命篇》，着重强调幼儿教师要有较高的职业修养，良好的职业习惯和规范的服务标准，要对职业有归属感——认同并愿意投入幼儿教育，要对职业有责任感——对幼教工作抱有希望，要对职业有成就感——不断提高自己的职业道德水平，逐渐实现愿望与现实的平衡，要对职业有幸福感——享受幼儿教育的快乐。主要编者是：苗蓬、江岚。

书中包括100个案例及"案例点评"，案列注重实用性，均来自一线教师的实际经验；书中还包含52条"教育建议"，每条建议都来自基层教师的真知灼见。按照现代教材编写体例，每章前面有"教学目的""教学重难点"，后面有"练习题"和"参考文献"。

本书体现了科学性。书中23位作者，均来自教育部教师工作司委托、由我主持的重大课题"教师积极心理品质提升暨专业成长行动研究"（项目编号：2017JSSKT002），和"十四五"期间我主持的中国教育发展战略学会心理教育专业委员会重大课题"积极语言'语商模型'建构对心理教育发展机制的战略研究"（项目编号：CSEDS-PED-[2020]）的参研人员，作者们本着"写作即研究，研究促写作"的原则对待编撰任务。两年内，编委会共召开12次编研会议，就幼儿教师职业道德与伦理反复研磨，体现了全书的科学性。

本书突出了实践性。书中案例精选自全国9个省、自治区、直辖市40余所幼儿园教师的教育笔记，提出了有前瞻意义的指导与建议。

本书实现了共识性。多地编者携手合作，多家课题单位协同攻坚，共同编写，这是一种创新，保证了教材内容的共识性和可推广性。

本书内容符合新的幼儿园课程标准和学前教育专业大专以上程度学生学习目标，适合学前教育专业的本、专科生和中专生作通用教材，也适合学前专业工作者用于研究和幼儿教师职后教育培训参考。最重要的是，还比较适合改造成为县、乡、村学前教育网络式的学习指导书，对于提高学前教育教师的职业道德水平、职业伦理水平，提高从事儿童社会教育与社会服务的教育工作者职业道德与伦理水平都有较大的帮助。

本书出版得益于万爱明主编和钟向阳主编的鼎力相助。万爱明主编在学前德育领域深耕15年，提出了以幼儿习惯养成为德育抓手，以师德师风、家教家风为德育资源，将习惯贯穿家社园、教育围绕家师幼、管理协同人事物的德育活动与德育管理一体化观念，建构了家社园三位一体儿童习惯养成德育生态体系，为本书提供了值得借鉴的参考价值。钟向阳主编任职于上海市静安区教育学院德育室，自2000年开始，带领区域内教师开展德育和心育实践与探索，致力于调动教师的积极性和内驱力，为落实立德树人根本任务做着不懈努力。

衷心感谢华婷、李宏清、韦育珍、邱立君、吴清五位副主编，以及吴文庆、栾凤焕、左霞云、孙永强及全体编委和案例提供者、指导者为本书所做的贡献。感谢引用文献中的专家和教师，感谢华中师范大学蔡迎旗教授将本书纳入"应用型学前教育专业系列教材"，感谢武汉大学出版社谢群英编审的策划和郭静编辑给予的支持与帮助。

最要感谢的是中国教育发展战略学会韩进会长、韩民会长，他们给予此书高度的支持和积极的鼓励，还要感谢张士霞老师和张丽娟老师，他们更是给予了很多直接的帮助。

希望本书成为一本实用性、指导性均较强的学前教育师资培养培训用书，助力更多幼儿教师成长为优秀教师和园长，助力更多幼儿茁壮成长！

书中疏忽之处在所难免，请广大读者不吝赐正。

陈　虹

2023 年 5 月 1 日

目　　录

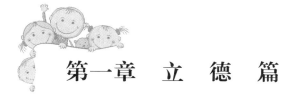

第一章 立 德 篇

第一节 一切为了孩子

教学目的：
1. 结合幼儿的基本特点，了解幼教工作的目的与职业特点，为提高幼儿德育教育的质量夯实基础。
2. 了解幼儿教师职业道德特点及其所要遵循的职业规范和要求，弘扬幼儿教师无私奉献的职业精神。

教学重点： 初步掌握幼儿教师职业道德的涵义、具体内容和规范。

教学难点： 加强师德修养，树立高尚的道德情操和职业追求。

习近平曾在全国教育大会上指出，教育是民族振兴、社会进步的重要基石，是功在当代、利在千秋的德政工程，对提高人民综合素质、促进人的全面发展、增强中华民族创新创造活力、实现中华民族伟大复兴具有决定性意义。①

"立德树人"育人观即要求学校以中华民族的优秀传统美德、社会主义道德与社会主义的核心价值观为教育内容，培养教育对象的远大志向，使学生成为具有良好的教育水平、具有创新能力和国际视野、为实现中华民族伟大复兴而奋斗的合格建设者和接班人。

其中，"立德树人"是当代社会背景下教育的改革取向和根本任务。"立德"是"立德树人"的基本导向，"树人"是"立德树人"的最终目的。②

立德树人是教育的根本任务，培养目标是德智体美劳全面发展的社会主义建设者和接班人。青少年阶段是人生的"拔节孕穗期"，最需要精心引导和栽培。理解立德树人的"德"，要立足于培养担当民族复兴大任的时代新人、社会主义建设者和接班人的战

---

① 全面做好功在当代、利在千秋的德政工程［EB/OL］. 人民网，https：//baijiahao. baidu. com/s？id＝1648776015963390452&wfr＝spider&for＝pc. 2019-10-30.

② 孙刚成，林婧. 习近平的"立德树人"育人观解读［J］. 渭南师范学院学报，2018（10）：26.

略高度，做到以树人为核心，以立德为根本。①

习近平总书记高度重视培养新时代社会主义的建设者和接班人，对新时代教育和教育者提出高标准、做出严要求，其中他把"立德树人"的要求作为教育的中心环节。

一、幼儿的基本特点

作为现阶段和未来阶段的幼儿教育工作者，教师首先要对自己的工作对象有多方面、多维度的了解。只有充分全面地了解每一位幼儿，才能在教育教学工作和生活中更好地引导幼儿，因材施教。

教师应该结合幼儿的年龄特点制定合理的德育目标，确定适当的德育内容，选择科学的德育方法等，这样才能够提高幼儿德育的质量，使幼儿在教师的科学教育下提高自身的思想道德素质，为幼儿的长远发展打下良好的基础。

（一）小班阶段（3—4 岁）

1. 幼儿道德认知特点：3 岁开始是幼儿道德理解的启蒙阶段。他们对特定行为有了简单的道德理解。此时的幼儿能够简单地意识到是否应该做某些事情，规范的权威性意识开始萌芽。

3 岁孩子可能会说："这是好的，那是坏的"，"这个应该做，那个不应该做"，"你必须这样，不可以那样"……在这个时候，他们的道德知识发展水平并不高。他们不仅道德知识贫乏，而且道德知识浅薄，泛化能力差。

3—4 岁幼儿的道德评估能力也可以说是伴随年龄的增长发展而逐渐发展起来的，3—4 岁幼儿的道德评价具有较强的情绪影响性和暗示影响性。他们往往使用自己的感觉和情绪去看待别人的思想和行为，或者把一个成年人的评价当作自己的评估依据，而不是用一个社会的客观标准对其进行评估。例如和自己一起游戏的孩子就是好的，不愿与自己一起游戏的孩子就是坏的。他们的主要目的在于评价任何一个人的具体言论和行为，而非分析任何一种评价言论的具体社会意义。

2. 幼儿道德情感特点：幼儿道德情感的主要特征是显性、肤浅、不稳定的，他们易受感染和暗示。儿童的道德情感离不开自然情感，这主要是由强烈的情境刺激引起的情感体验，它缺乏道德认知的因素。例如，3—4 岁的幼儿经常因为他人不小心碰到了自己的物品而生气，进而可能出现攻击性行为。

3. 幼儿道德行为特点：首先是言行脱节，这是我国目前现代社会幼儿学龄阶段的各种道德行为中最大的一个基本特点。有时他们心理上已经能够正确地理解自己道德行为的基本准则，但在一些实际行动上却没有认识到而导致行动脱节，无意识地做了一些越轨的行为。有时，由于实践中的意志力不强，导致了言行不一的现象。一些心理学家也指出，儿童言行不一致的重要原因是口头行为和实际行为的动机成分不一致。与现实生活相比，口头掌握符合标准的行为更容易、更快。

---

① 王树荫. 厘清立德树人根本任务中"德"的含义 ［N］. 光明日报，2019-12-04.

其次，小班幼儿的道德行为动机常常会受到眼前世界一切事物的影响，因而受到限制，有时甚至会在成人的严格要求下形成。他们的社会道德动机还相对较弱。小班幼儿的道德行为主要表现为在成人的监督和鼓励下，他们不依靠自己的内在意识，而是更多地依靠外在的影响来坚持完成自己的道德行为。

以鼓励的方式帮助幼儿逐步养成良好饮食习惯

　　辉辉上小班已经3个月了，老师发现辉辉似乎有点挑食，每周到了吃虾仁的时候，辉辉的情绪明显低落，在餐前活动甚至有抗拒、哭闹的情况出现。吃饭时，辉辉趁老师没有注意到自己，悄悄地将自己碗里的虾仁放到旁边萌萌的碗里，之后愉快地吃起了自己碗里的饭……第二天中午午餐的时候，萌萌突然大哭起来并告诉老师："老师！辉辉抢走了我的胡萝卜！呜哇……"老师安慰道："不哭，老师请他还给你，好吗？"萌萌边哭边说："他已经吃掉了。"最后老师请保育员为萌萌重新添了菜才结束了这件啼笑皆非的小故事。

　　后来老师经常夸辉辉，辉辉有什么事情一做好马上就得到了老师的表扬。一次，辉辉在老师的鼓励下尝试吃了一颗虾仁，饭后得到了一颗五角星，辉辉特别高兴。慢慢地老师帮助辉辉养成了不挑食和友爱同伴的好习惯。

（案例来源：上海市静安区大宁国际幼儿园　戴永妍）

案例点评

　　小班幼儿言行脱节是幼儿阶段道德行为中的一个基本特点，有时他们心理上已经能够认识自己道德行为的基本准则，但在实际行动上却没有理解而导致行动脱节，无意识地做了一些不当的行为。对于小班幼儿而言，生硬的说教是不适合的，教师在德育的过程中可以多尝试鼓励和行为的影响。由于小班幼儿的道德意识还是很初步的，教师一定要注意结合幼儿道德发展的特点，避免空洞说教才会有效果。

教育建议

　　①教师需要及时更新自己的教学方式和理念，根据幼儿年龄特点有效采取或设计多样化的教学方法。

　　②有效拓展幼儿园德育教学的内容。教师要立足于幼儿的实际发展情况，从他们的个性化、从他性和情境性入手，通过多种手段来选取合适的德育教学内容，对幼儿进行渗透性的指导。

吃了还是没吃——出现臆误时的教育策略是"问询"

放学后，圆圆的家长带着圆圆回到幼儿园，质问老师说："圆圆回到家说今天中午老师没有给他吃午饭，还让他站在楼梯下面，他自己在楼梯下面玩了一个中午，这到底是怎么回事？"

老师坚持幼儿园不会发生这类情况，而此时家长情绪激动，让老师一定要给出一个说法。圆圆的家长一再说："孩子还这么小，是不可能说谎的。"

这个时候，老师想起了一件事，于是问圆圆："今天老师奖励了你一颗五角星，是为什么呀？"

圆圆高兴地回答："因为我今天中午吃饭吃得好呀！"

老师蹲下身，拉住圆圆的手说："哦，那你什么时候在楼梯下面玩的呢？"

"吃饭前，我玩了好长时间。"

"好孩子，玩完了，就和小朋友一起吃饭了吧。"

"嗯。"

"吃饭的时候，谁坐在你旁边的？"

"小玉。"

（案例来源：上海市静安区大宁国际幼儿园　戴永妍）

一件使家长无比气愤的事情，在老师的问询中结束了。案例中老师既没有和家长争吵，也没有怪孩子为什么说谎，因为她了解孩子的年龄特点，小班幼儿的道德行为动机往往受到眼前事物的制约，比如，被家长反复追问而不知怎么说，对已发生的事情记忆模糊了，表述不清事件的前后顺序等。此例中的家长是臆误了老师，臆误指：在符合客观环境情况下，制造、臆测、推测别人的行为，认为这个行为是过错、不当行为。家长如果偏听偏信，就会无中生有臆测老师有问题，凭自己感觉推测就是老师的错误。在臆误情境中，最佳的应对策略就是问询，问问中间发生了什么，都有什么人，大家都是怎么做的，然后就可以找到规律、发现问题了，事件也就明朗、清晰了。争辩、吵闹都不是最好的解决办法。

教师在一日生活中要了解幼儿的年龄特点，对于幼儿的一些心理和行为做到心里有

底，遇到此类情况，不要着急和焦虑。在对儿童进行德育引导时，难度要适中，确保幼儿充分的理解。

在幼儿园德育工作中，对小班幼儿而言，如果教师德育的内容难度过大，将会导致部分幼儿无法理解。教师可以：

①使用简单易懂的教学语言。这样幼儿能够充分理解相应的德育内容，实现较好的学习效果。

②选择相对简单的教学难度。教学难度尽量以最为基本的德育内容为主，如：尊老爱幼、文明礼貌等。

③制定适量切合的教学内容。幼儿的接受能力、理解能力有限，制定适量切合的教学内容，确保幼儿德育质量。

④多用鼓励、激励等教学方法。小班幼儿的道德行为通过外部影响而坚持完成。教师要多采取鼓励性方式，帮助幼儿巩固正确行为。

（二）中班阶段（4—5岁）

1. 幼儿道德认知特点：4—5岁时期，幼儿仅仅能掌握一些初步、简单的伦理道德认识及其要求。这些道德认识常常同其中所包含的具体事务或者自己直接的经历有关。他们从表面的、具体的、直观的、个别化等方面出发来理解并分析和辨认是非，往往都是极其片面的。同时，此阶段幼儿的是非道德观处于不稳定状态，缺乏道德认知的一致性。

从4岁开始，大多数孩子可以用某些道德行为准则来评价自己和他人行为。

2. 幼儿道德情感特点：随着年龄的变化与各方面教育的影响，幼儿的道德情感会渐渐与自然情感剥离，他们直观的情感体验随着时间增长而被具体特定的因道德形象而引发的情感体验所替代，且会慢慢形成优势。从幼儿的生活出发，他们所处的环境与接受的教育，使得他们获得许多优秀的道德形象和榜样。例如关爱他人、热爱劳动等良好的道德形象，能让幼儿产生积极的情感体验。

3. 幼儿道德行为特点：到了中班，幼儿开始具有独立、积极的社会道德动机，并开始自觉地调整自己的道德行为。如早晨到了幼儿园会看一看自己的植物，会为植物浇水；到了中班下学期，幼儿开始具有有意地想要约束、管理他人的道德行为，此时班级可以设立值日生等"小岗位"，为幼儿道德行为的发展提供机会和平台。

浩浩和老师一起把印章擦干净了

老师在班上带小朋友们学会辨别并使用自己的印章，可以在自己的活动材料上盖上的自己的名字或图案。活动结束后，老师发现一块地板上密密麻麻印着同一个小朋友的名字和图案，已经干了……

老师问："地板上的印章是谁印上的？"

等了一会儿老师接着说:"那只能看看这是谁的图案了。"

话还没有说完,浩浩就上来拉了拉老师的手,小声说:"老师我们不要看了吧。"

老师问浩浩:"好的,你愿意和老师一起把印章擦干净吗?"

浩浩答应:"愿意的呀!"擦完后,浩浩悄悄告诉老师:"老师,你看,擦干净啦!我以后不会这样做了。"

(案例来源:上海市静安区大宁国际幼儿园　戴永妍)

中班幼儿的是非道德观处于不稳定状态,大多数孩子可以用某些道德行为准则来评价自己和他人行为。这时候幼儿的情感反应开始敏感,在意他人的看法,对于道德有了自己的初步判断。教师可把握此时段的幼儿特点开展教育教学活动。

运用多途径、多样化的策略开展工作。

①培养幼儿良好的道德品质。

②用趣味性的内容开展德育。

③帮助幼儿选择一些健康的、积极的、向上的幼儿榜样,引导幼儿从中获得道德营养。

(三)大班阶段(5—6岁)

1. 幼儿道德认知特点:随着思维的进一步发展与所受教育的推动,幼儿逐步具备了概括能力。幼儿可以从事实表面去进行深入的本质总结,初步认识和了解行为的本质。如,幼儿发现"和其他幼儿玩友好游戏能帮助和照顾他人,热爱劳动的孩子是好孩子"。幼儿会认为,规则是不变的、恒定的,因此在评估一个行动时容易采取极端的态度。随着道德认识的逐渐提高,大班幼儿的道德是非观念也逐渐具备了一定的稳定性。

到了5—6岁,几乎每个幼儿都希望能够充分地运用一定的伦理和道德准则去正确地评价自身和他人的言论行为,道德评价的独立性也有了大幅的提升,但此时还未彻底地摆脱具体形象的特点。他们通常判断一项行为好坏时的根据,更多的是结果而不是主观动机。

2. 幼儿道德情感特点:整个幼儿期道德情感的发展趋势有三个主要特征:

(1)社会伦理情绪的影响范围从近到远逐渐扩展。例如,他们往往首先爱亲人,再爱幼儿园的老师和同伴,其次爱家乡,最后爱祖国。

(2)随着时间的推移,幼儿的道德情感从极其不稳定到相对稳定。

（3）道德情感对于道德行为的有效影响作用逐步增强。

到了大班阶段，幼儿开始在道德知识的基础上逐渐产生伦理道德的情感体验。幼儿与幼儿之间的联系开始逐渐凸显社会性，开始多样化表达，表现出对同伴的同情、关心和爱的情感体验，并愿意让同伴获得满意的情感体验。

3. 幼儿道德行为特点：在大班集体中，幼儿开始有独立、积极的社会道德动机，并开始自觉地调整自己的道德行为。但总体而言，整个童年的道德情感相对较弱，道德行为的持续性和自控力还相对处于较弱的水平。因此，幼儿的道德行为存在不稳定的特点，这些道德行为往往会随着环境和条件的变化而改变。

在实践活动中进行教育时，教师要拓宽幼儿视野，鼓励幼儿参与各类活动。

（1）调动幼儿参加活动的积极性。

（2）鼓励幼儿积极参与。

使幼儿无形中受到教育，并且受到良好教育文化的熏陶，进而幼儿的素质会不断地提高。因此，在日后的德育工作中，教师应该积极地组织幼儿参加实践活动，充分地将德育的最大效能发挥出来，实现科学而高效的教育，促进幼儿园教育水平的快速提高。

二、幼教工作的目的

"对幼儿实施德、智、体、美、劳等方面全面发展的教育，促进其身心和谐发展。"是我国幼儿园保育和教育的总目标。

幼儿时期是人的基本道德素质开始形成的重要时期。幼儿时期的道德品质如何，将会影响人们道德素质的进一步发展。由此可以看出，道德对幼儿发展起根本性作用，幼儿园要将德育凸显在教育过程中，关键是要培养幼儿形成最初的道德情感、道德行为和良好的个性心理品质。

（一）幼儿教育的意义

2018年全国教育大会上，习近平强调，在党的坚强领导下，全面贯彻党的教育方针，坚持马克思主义指导地位，坚持中国特色社会主义教育发展道路，坚持社会主义办学方向，立足基本国情，遵循教育规律，坚持改革创新，以凝聚人心、完善人格、开发人力、培育人才、造福人民为工作目标，培养德智体美劳全面发展的社会主义建设者和接班人，加快推进教育现代化、建设教育强国、办好人民满意的教育。

2019年全国教育大会指出，2019年是中华人民共和国成立70周年，是全面建成小康社会、实现第一个百年奋斗目标的关键之年，是深入贯彻落实全国教育大会精神的开局之年，教育系统要深入实施"奋进之笔"，从薄弱处着手落实立德树人根本任务。德育要朝着体系化努力，教育教学改革要深入下去，体育美育要有刚性要求，劳动教育要有效开展起来，家庭教育要高度重视起来，以新的方式推进立德树人工作。[①]

2020年教育大会要求，在"收官"基础上开好局、开新局，要提升落实立德树人根

① 2019 年全国教育工作会议召开［EB/OL］. 央广网, https://baijiahao.baidu.com/s? id = 16229 90189092483933&wfr = spider&for = pc.

本任务的针对性、实效性，对准"五育并举"体系中的短板弱项，保持定力、持续用力、精准发力。

在全面落实立德树人根本任务取得重大进展之时，2021年教育工作会议提出坚持社会主义办学方向，全面贯彻党的教育方针，立德树人的蓝图更加清晰，制度更加完备，成效更加明显。坚持用习近平新时代中国特色社会主义思想铸魂育人，融入大中小学课程教材，分阶段组织编写学生读本，出版使用《习近平总书记教育重要论述讲义》，深化学校思政课改革创新，广大师生政治认同、思想认同、情感认同进一步增强。①

1. 教育理论下幼儿教育的意义。

幼儿教育具有重要意义。宋庆龄曾说过："一切为了孩子、为了孩子的一切、为了一切孩子。"一切为了孩子，指所做的所有工作（包括幼儿），都是为了孩子；为了孩子的一切，指涉及有益幼儿的所有事项，我们都要努力去做；为了一切孩子，指不能把孩子分成三六九等，所有的孩子，无论聪明的、智障的、健全的、残疾的、优异的、有问题的（或触犯法律过的），都是工作的内容，都是关怀的对象。

教育要面向全体幼儿，真正把幼儿作为教育的主体，平等对待幼儿，尊重幼儿的个性，创造适合幼儿个性发展的空间。幼儿的成长不是一个自然的过程，需要全社会共同努力，为幼儿创造健康、和谐、美好的成长环境。幼儿教育是一种综合教育和综合素质教育。教育面向的对象是全体幼儿，培养幼儿成为德、智、体、美、劳全面发展的独立个体是社会主义教育的基本原则，是我国《宪法》明确规定的原则，是我国每个公民的目标和义务。

2. 当代社会背景下幼儿教育的意义。

（1）道德需求的提升。

"立德树人"战略要求促进当代教育教学工作发展，是我们党中央根据当前经济世界变化趋势对于发展教育的一项划时代的根本性战略要求。这也就是对于培养什么样的人、怎样培养人这一时代根本性重大问题的回答。"育德、育人"的教育目标，不仅仅为在校教育指出了根本走向，并且拓展了教育实践的领域，这对我们当下的教育教学研究以及教育实践都具有全局性的指导作用。

学前阶段是每个人发展道德、获得知识、培养能力、形成良好行为习惯的关键时期，"立德树人"的教育思想与理念的提出，既为教育工作者指出了幼儿园德育工作的重要性与基础性，同时也指明了德育与其他教育形式有机融合渗透的必要性。

（2）培养全面人才的前提。

我们现在的德育不只是培养单一个体的道德品质，是对一个个体全面发展的总体性关切，是涉及个体生命全过程和促进个体真正全面发展的教育教学实践模式。

教育是国家大计，也是民生之本。建设教育强国是一项系统工程，其中的关键是落实立德树人根本任务。习近平同志在党的十九大报告中指出，"要全面贯彻党的教育方针，落实立德树人根本任务"。立德树人这一根本任务集中体现了党和国家对教育事业

---

① 中华人民共和国教育部. 乘势而上 狠抓落实 加快建设高质量教育体系——在2021年全国教育工作会议上的讲话［EB/OL］. http://www.moe.gov.cn/jyp_xwfb/moe_176/202102/t20210203_512420,2021-01-8.

的根本定位与时代要求，是发展教育事业、办好人民满意的教育的立足点。

(二)幼教工作的目标

"师德为先"是《幼儿园教师专业标准》对幼教从业者提出的要求，党的十八大报告明确提出要把"立德树人"作为教育的根本任务，"立德树人"的本质是培养什么样的人和怎样培养人的问题。立德树人教育思想强调德育为先，强调各领域的有机融合。

1. 培养幼儿文明的行为规范。

培养儿童的文明行为规范，对个人和社会都具有重要意义。如上所述，幼儿时期是儿童人格和道德发展的关键时期，幼儿期要注意幼儿园和家庭环境的影响，培养良好的行为规范。

2. 培养幼儿良好的生活习惯。

"少成若天性，习惯成自然。"意思是习惯一旦养成，要改变就很难了。幼儿的好奇心很强，对周围事物非常敏感，看到什么事情都想模仿尝试一下，因此良好行为要从小培养。

3. 培养幼儿的公民道德意识。

加强幼儿德育中的勤俭教育和爱护环境的教育，开展国家基本国情的教育，帮助幼儿了解祖国有特色的地理地貌，开展各类节粮、节水、节电的德育活动，引导幼儿树立尊重自然、顺应自然、保护自然、热爱自然的发展理念，培养幼儿勤俭节约、低碳环保、自觉劳动的生活品质，形成健康文明的生活方式。

4. 培养幼儿真善美的道德信念。

在帮助幼儿成人的过程中，我们有责任有义务将他们培养成有理想信念、有责任心、积极参与社会生活的个人。开展家庭情感教育、社会关怀教育、人格修养教育，继承和发扬中华优秀传统文化，大力弘扬社会主义核心价值观，引导学生认识历史渊源，弘扬中华优秀传统文化的发展脉络和精神内涵，增强文化自觉和文化自信。

(三)幼教工作的任务

1. 落实德育课程。

充分发挥课堂教学主渠道作用，将德育内容细化为各课程领域的教学目标，融入教育教学全过程。根据课程目标，幼儿教师要结合幼儿的实际情况，挖掘课程的思想内涵，充分利用媒体资源，精心设计教学内容，优化教学方法，培养幼儿的道德认知，注重幼儿的情感体验和道德修养练习。结合当地的自然地理特点、民族特色、传统文化、重大历史事件和历史名人，因地制宜地开展地方和学校德育课程，引导幼儿了解历史文化、自然环境、人口等家乡的现状和发展成就，从而培养幼儿对家乡和祖国的热爱。

2. 构建德育环境。

教师精心设计、组织和开展主题明确、内容丰富、形式多样、吸引力强的教育活动，指导幼儿明确正确的价值取向，鼓励幼儿积极向上，促进幼儿养成良好的道德品质和行为习惯。

德育是通过幼儿园的日常教育活动来进行的。例如：在五大领域的教学过程中，有组织、有目的地对幼儿进行德育，以树立正确的道德观念为目标；同时在幼儿园各个环节中有机渗透；在日常生活中，通过对幼儿的培养，着重培养幼儿的良好习惯。

幼儿园可以举办丰富多彩、寓教于乐的活动，培养幼儿的兴趣爱好，充实幼儿生活，磨练幼儿意志品质，促进每个幼儿的身体与心理的健康成长。

3. 提升德育成效。

家庭是幼儿园德育的共育载体。要提高幼儿园的德育成效，教育工作者一定要加强幼儿园与家庭的合作。教师要积极争取家庭和社会对学校德育的参与和支持，引导家长关注家庭、家庭教育和家庭作风，营造积极向上的社会氛围。同时，要加强家庭教育指导，及时沟通、及时反馈，听取建议，同时可以开放有针对性的家庭指导活动，帮助家长提高家庭教育水平。

在构建幼儿园德育课程活动体系的过程中，活动内容的选择和活动过程都不能忽略家长的参与。我们要创设既丰富又全面的道德发展教育环境。这不仅指向了幼儿道德素质的提升，更为幼儿的各方面协调发展奠定了坚实的基础。

三、幼教工作的核心

教育部颁布的《幼儿园教师专业标准（试行）》中提出"师德为先，幼儿为本，能力为重，终身学习"的基本理念。幼儿教师对于试行要求要认真研读并遵守。

（一）幼儿核心素养

核心素养是学生在接受相应学段的教育过程中，逐步形成的适应个人终身发展和社会发展需要的必备品格和关键能力。

为了培养学生终身发展和社会发展必备品格和关键能力，世界各国都在致力于研究和培养学生的核心素养。我国提出的学生核心素养包括文化基础、自主发展、社会参与三个维度，包含人文底蕴、科学精神、学会学习、健康生活、责任担当、实践创新。

（二）围绕幼儿核心素养教师工作的重点

1. 在教育中营造良好的文化氛围。

《幼儿园教育指导纲要（试行）》（以下简称《纲要》）中提到，幼儿园教育是基础教育的重要组成部分，是我国学校教育和终身教育的奠基阶段。当下幼儿园的教育要尊重，同时遵循他们的身心发展规律和学习特点，促进每个幼儿富有个性的发展。

（1）多元文化的有机融合。

21世纪是创新的世纪，是倡导文化多样性的世纪。中西文化的交流与碰撞，形成了具有时代特征的文化格局。根据我国幼儿教育的世纪发展需求，我们要正确看待中西方文化交流对中国教育的影响并加以创新。

幼儿园教育是幼儿教育的基础，具有传承文化的使命。让幼儿了解中国传统文化和家乡独特的文化，是幼儿园文化教育的重要组成部分。同时，西方文化也以其独特的视角和方法，如先进的教育方法和理念，逐渐融入我们的教育。

值得一提的是，中西方文化的融合教育是兼容并包、取长补短的。在教育中我们不过分强调中、西方文化的个体优势，让幼儿正确认知多元文化的意义。

在幼儿园开展文化教育的过程中，要提高幼儿的爱国主义、文化自信，增强他们的民族情感和民族凝聚力。

（2）关爱、理解、支持的良好氛围。

幼儿园教师要以幼儿角度为出发点，用"关心、理解、支持"的态度对待每位幼儿。教师要从语言上认同幼儿，用行动认识幼儿，正确引导，从而促进情感和社会性的健康发展。

2. 在教育中培养幼儿主动学习的能力。

《纲要》提出，要把科学教育作为幼儿园教育的重要目标和内容。从中可以看出，幼儿教师应该将幼儿感兴趣的科学问题纳入幼儿园的日常教育范围，通过多种形式的活动，使之成为幼儿主动提问、自主探究的活动。

（1）鼓励幼儿能提问、会探究。

发现问题与探索问题是幼儿重要的能力之一，它将幼儿的思维从低级思维发展向高级思维。在幼儿园的一日生活中，教师往往忽略对幼儿问题意识的培养。其实，幼儿的科学探究无处不在，它不只是科学活动的教学，教师要鼓励幼儿多发现、多提问。

（2）活动设计与实施要贴近幼儿生活。

幼儿园的任何活动都应贴近幼儿生活，包括科学活动也不例外。这些看似离生活很远，实质上生活中存在着许多有趣而奇妙的自然现象。这些"不同"足以引起幼儿的注意力。如科学活动"玩报纸"中，在自由探索了报纸的各种玩法后，教师提出了要求，如何让报纸贴在身上不掉落呢？渐渐地，幼儿发现奔跑起来的时候报纸不会掉落，于是孩子们来回跑动，感受风的形成。过程中又产生了新的问题，如风的方向、还能如何制造风等，幼儿们在"玩中学"。其实科学离生活并不遥远，发现身边的这些奇妙故事，幼儿才会对科学有长久的好奇心和旺盛的求知欲。

（3）教育方法要灵活多样。

教育的方法不是单调唯一的。可以是观察发现、动手操作、激烈"辩论"，也可以是有趣的游戏等。

3. 在教育中培养良好的生活习惯。

教学活动是教师与幼儿，幼儿与幼儿之间互相配合、积极合作、共同探索的过程。习惯的教育对于一个孩子的成长学习十分重要，养成了良好的习惯，所收到的教育效益是不可估量的。

（1）帮助幼儿建立自信，提升自我认同感。

对幼儿来说，健康的生活是这六个方面中最重要和最基本的。学前阶段是个体成长的关键时期，与知识和智力的发展相比，幼儿在情感和社会方面需要获得更多。他们需要学习如何与人交往，如何建立人际关系，以及如何表达自己、理解他人、控制情绪、处理生活和人际关系等。

（2）发现幼儿内心变化时，及时引导沟通。

当幼儿情绪出现变化时，不要急于求成，应该多方面找原因，然后对症下药，引导幼儿健康成长。

4. 在教育中培养幼儿对自己和他人负责。

（1）让幼儿对自己的言行负责。

培养幼儿说话守信，说了就做的习惯。

（2）自己的事情自己做。

要让孩子尽早做他们能做的事，这是形成责任感最有效的方法。切勿包办代替。

（3）鼓励幼儿共同承担或参与家庭事务。

指导家庭让幼儿参与一些家务活动及劳动，让幼儿明白自己也是家庭的一名成员，理应共同承担家庭事务，提升生活技能。当幼儿完成时成人要及时肯定，使幼儿获得成就感与自豪感。

（4）引导幼儿遵守规则。

幼儿园就是一个小社会，是幼儿踏入集体生活的第一步。遵守规则可以从班级规则开始，让幼儿了解什么是规则，为什么要有规则，哪些地方或哪些时候我们会用到规则，进而到如果我们失去了规则会发生什么，引导幼儿从遵守集体规则开始，逐渐引申至社会规则。

培养责任担当的方法有很多，但不论什么方法，都是一个长期的过程。其中，成人的榜样作用很重要。成人是孩子最直接的学习对象，一言一行都是幼儿耳濡目染的对象，从自身做起，为幼儿树立好榜样，是培养幼儿责任担当的最有效方法。

教师的专业发展对实施核心素养的培养起着关键性的作用，对幼儿各方面各领域的均衡发展都有着决定性作用。因此，加强教师专业发展是将幼儿核心素养融入进实际教学的必要过程。

 **本 节 概 念**

1. "立德树人"育人观：即要求学校以中华民族优秀的传统美德、社会主义道德与社会主义核心价值观为教育内容，培养教育对象的远大志向，使学生成为具有良好的教育水平、具有创新能力和国际视野、为实现中华民族伟大复兴而奋斗的合格建设者和接班人。

2. 核心素养：学生在接受相应学段的教育过程中，逐步形成的适应个人终身发展和社会发展需要的必备品格和关键能力。

 **练 习 题**

一、单选题

1. 教师的根本职能是（   ）。
　　A. 授课　　　　　　B. 育人　　　　　C. 保育

2. 从表面的、具体的、直观的、个别化等方面去辨别是非是哪个年龄段幼儿的特点？（   ）
　　A. 3—4 岁　　　　B. 4—5 岁　　　　C. 5—6 岁

二、多选题

1. 3—4 岁幼儿判断他人行为具有以下哪些特点？（   ）
　　A. 情绪影响性　　B. 暗示影响性　　C. 一致性

2. 以下哪些是培养幼儿责任心的措施？（   ）。
　　A. 让孩子说话算话　　　　　　　　B. 承担简单的家务劳动
　　C. 自己的事情自己做　　　　　　　D. 遵守规则

三、判断题

1. 教师要对自己的工作对象有多方面、多维度的了解，才能在教育教学工作和生活中更好地引导幼儿，因材施教。（　　）

2. 师德是一个教师的灵魂，是搞好教学的前提保证，是教师的立身之本。（　　）

四、案例分析题

案例：悠悠是小班的新生，在散步的时候悠悠告诉老师："小朋友不能随便摘花花。"但是走了没多久，悠悠就被一朵漂亮的小花吸引了，并摘下了花。

问题：请分析悠悠的行为，并说说老师可以怎么做。

五、简答题

1. 我国幼儿园保育和教育的总目标。

2. 扼要介绍习近平"立德树人"育人观。

第二节　一生为了事业

教学目的：掌握幼儿教师职业道德的涵义、内容、特征及具体规范，了解一些提升自身职业道德水平的策略。

教学重点：初步掌握幼儿教师职业道德的涵义、具体内容和规范。

教学难点：加强师德修养，树立高尚的道德情操和职业追求。

一、幼师的职业特点

（一）幼儿园教育工作的特点

《纲要》总则中提道："幼儿园教育是基础教育的重要组成部分，是我国学校教育和终身教育的奠基阶段。城乡各类幼儿园都应从实际出发，因地制宜地实施素质教育，为幼儿一生的发展打好基础。"

幼儿园教育是有目的、有组织、有计划地对 3—6 岁幼儿进行的教育，旨在促进儿童身体、认知、社会性全面和谐发展。

1. 教育形式生活化。

幼儿园课程生活化是当前我国幼儿园课程改革的一种主要趋势。《纲要》指出："幼儿园应为幼儿提供健康、丰富的生活和活动环境，满足他们多方面发展的需要，使他们在快乐的童年生活中获得有益于身心发展的经验。"由此可见，在幼儿园的课程中，教师应该关注幼儿一日生活的各个方面，在各类活动中积极地利用周围的环境和社区的资源，关注课程各领域的有机整合，促进幼儿整体、和谐、主动、健康地发展。

幼儿的学习存在于幼儿的一日生活中，幼儿园的教育内容也渗透到幼儿日常生活的各个方面。幼儿教师需要将教育内容与幼儿的日常生活相结合。

值得注意的是，生活化教育不是将生活照搬进课程。学前教育课程专家虞永平教授曾指出："生活化不是将生活本身原封不动地当作幼儿园课程，更不是将成人认为重要的知识体系原封不动地当作课程。将对幼儿发展具有重要意义的内容还原为与幼儿生活有关的、感性的、需要幼儿动用各种感官来学习的活动体系，这就是课程的生活化。"①真正的生活化教育最应该从幼儿的需要和兴趣出发，最基于幼儿的生活体验的，也是最有利于幼儿获得有益经验的；最有效地促进幼儿可持续发展的、最有效的应该是最注重生活的。

草坪上的课堂，激发了幼儿的探索愿望与兴趣

老师带着班里孩子来到操场最大的草坪上，孩子们发现泥土里钻出了许多小蚯蚓。孩子们纷纷讨论起来，小 A 说："看，它们都是蚯蚓，蚯蚓是生活在泥土里的！妈妈告诉过我。"

"可是现在它们都跑出来了呀？明明在地上。"小 B 提出了疑惑。

小 C 说："应该是春天到了，小动物们都醒了！"

小 B："快找找，快找找，还有谁？"

小朋友们愉快地找起来，老师发现光靠教室里的课件和材料完全激发不了幼儿的探索愿望与兴趣，于是就组织幼儿开展了一场户外课程。小朋友们对大片翠绿的草地表示惊叹！他们不时有新的发现："快来呀，快来呀，你们看，这是什么？"

"是大蚂蚁吧。"

"不是蚂蚁，蚂蚁是小小的，它太大了。"

"而且蚂蚁是黑色的呀。"

（案例来源：上海市静安区大宁国际幼儿园　戴永妍）

在整个活动中，幼儿能自由地观察和交流，他们对一切都充满好奇。他们通过视觉、触觉的感受体验以及与同伴的交流，分享自己的经验。在这个过程中，幼儿的语言表达能力和想象力得到充分发展，在交流中的自信也得到了增强。幼儿的"课堂"形式不只是说教，它可以是多种多样的，让教育来源于生活，并回馈于生活。

---

①　虞永平. 生活化的幼儿园课程[M]. 北京：高等教育出版社，2010.

以生活化教育的形式，为孩子提供生活实践的机会，有效促进孩子良好行为习惯和综合能力的培养，使孩子真正成为生活的主人。

2. 教育方法游戏化。

《纲要》中指出：幼儿园教育要"以游戏为基本活动，寓教育于各项活动之中"。游戏是最适合幼儿身心发展的学习方式，对幼儿的发展具有独特的价值。它既是幼儿日常生活的教育手段，也是幼儿日常生活的主要内容。

幼儿教育家陈鹤琴先生认为："游戏是儿童心理特征、儿童的生命、儿童的工作。可以说，幼儿能力的发展都是从游戏中获得的。"无论是自主游戏，还是有目的游戏，在幼儿园的环境中都潜藏着对幼儿学习与发展的要求，让幼儿通过对游戏的探索、学习来拓展有效经验的学习。

教育方法的游戏化对幼儿的全面发展具有重要价值。

（1）促进身体发展。

在幼儿游戏中，一些大幅度动作的需要，如跑、跳、攀爬等，这些能帮助幼儿加快身体的血液循环，促进新陈代谢；同时帮助幼儿在游戏中动作更协调。例如小肌肉动作的操作能帮助幼儿手眼协调能力的发展，同时增加幼儿的灵敏性，促进幼儿的身体健康发展。

（2）促进认知发展。

幼儿通过游戏探索环境、接触事物获得认知，自由地进行各种模仿与操作。游戏中潜藏着丰富的学习要素，如在搭积木中体会并认识颜色、大小、形状等概念；在"切水果"时发现食物外部与内部的区别；在"黑暗屋"中体验光与影的奇妙转换；在玩"大风车"时感知风速与风力等。游戏是帮助幼儿获取经验的一种独特方式，游戏能促进幼儿的认知发展。

（3）促进情感发展。

游戏能够帮助幼儿理解和接受情感，幼儿在游戏中相互学习，通过同伴间的交流互动，认识自己进而了解他人，学会合作进而懂得分享，同时游戏又能帮助幼儿巩固人际关系之间的概念。如："娃娃家"中有爸爸、妈妈、孩子……每个人都承担着不同的责任；"小医院"里幼儿通过已有经验再现自己看病的过程，"医生"通过各种方法帮助"焦急"的"病人"等。

3. 教育内容外显化。

幼儿园的活动内容大多是直接观察对象或贴近幼儿生活，幼儿对于外部信息的接收从具体形象慢慢发展到抽象概括，所以幼儿园的教育活动和内容相对外显。

幼儿的这种具有行动性和形象性的认知方式和认知特点，使得幼儿园课程必须以幼儿主动参与的教育性活动为其基本的存在形式和构成成分。对幼儿来讲，只有在活动中的学习才是有意义的学习，只有基于直接经验的学习才是理解性学习。

4. 教育价值内隐化。

幼儿园教育活动中很少有枯燥的大道理，但幼儿园一日生活皆教育，不论是习惯的培养、道德观念的形成，还是知识技能的习得，这些影响幼儿品质形成的因素都隐藏在幼儿的一日生活的各个环节中。

幼儿园教育本质上是一个有目的、有计划的教育过程。幼儿园课程也有明确的课程目标和基本学习领域。由于幼儿身心发展规律和学习的特点，幼儿园课程并非完全体现在课程里、教材中和课堂上，而是体现在孩子们喜闻乐见的生活、游戏等活动中。

（二）幼师的职业特点

1. 职业素养的专业性。

这里的专业是指幼儿教师的职业内容区别于其他行业，有专门的知识和能力以及其他特殊性。

幼儿教师是对 3—6 岁幼儿进行教育的专业人员，幼儿教师既从属于社会上教师这一个专门的行业，存在职业上同一性；幼儿教师又与大学教师、中小学教师相区别，职业具有特殊性，与其他教育阶段的教师相比存在差异性，是属于社会上专业化程度较高的一门职业。例如：在幼儿教师的教学活动中，不仅需要丰富的学科知识、广泛的知识面，而且同时也需要必要的适应幼儿身心发展规律的教育学科知识。幼儿教师具有独特的专业特征，是幼儿教师专业发展的客观基础。

《幼儿园教师专业标准（试行）》明确提出：幼儿教师是履行幼儿园教师教学工作职责的专业人员。幼儿教师职业的专业化成为必然的趋势。

2. 职业内容的全面性。

中国教育家陈鹤琴先生说过，一日生活皆教育。在幼儿的一日生活中，从保育到教育，从四大板块——生活、游戏、学习、运动到幼儿园的园本化特色，教师要在复杂多变的教育情境中，全面、创造性地运用教育教学规律，采取多种教育方法，塑造发展中的幼儿。

幼儿园教育的目的是促进幼儿的体、智、德、美几个方面的教育，促进其身心和谐发展，职业的任务具有全面性。同时保教结合是我国幼儿园教育中一项特有的原则，幼儿园教师既要照顾幼儿生活的各个方面，同时又要有不同领域的知识与技能。所以，全面与细致是幼儿教师必须具有的素养。

3. 服务对象的特殊性。

幼儿教师的主要工作对象是幼儿，他们正是处于自理能力和自卫能力都相对柔弱的人，这也是幼儿教师区别于其他教师职业的一个主要方面。幼儿的身心发展以及身体各机能、各系统发育尚不完备，此时发展的水平需求不断提高，但思维的发展还处在具体形象的阶段。

4. 职业态度的特殊性。

一名合格的幼儿教育工作者需要抱有严谨的职业态度。教师的职业内容是由这一阶段幼儿的年龄特点和个体差异性导致的，幼儿教师与其他的职业相比更全面、更周到。每个幼儿在沿着相似进程发展的过程中达到同一水平的能力和速度是不同的，每个幼儿都存在着个体差异。学前期又是幼儿身心相对来说发展较为迅速的阶段，因材施教、言传身教是教师最简单而又不简单的教育方法。

5. 职业道德的重要性。

幼儿园教师的职业道德与普通职业道德和教师职业道德具有共同点，同时，也存在一定差异性。首先，幼儿园教师是教学专业的一个分支，与社会上其他专业不同，具有教师这一职业道德的普遍特征。其次，幼儿园教师的教育对象是3—6岁的孩子。这时，孩子们正处于智力、情感和身体发育的关键时期。因此，这个年龄段儿童的成长规律使得学龄前教师的职业道德更加重要。

（三）幼师的职业准则

2018年教育部正式印发实施《新时代幼儿园教师职业行为十项准则》（以下简称《准则》）《幼儿园教师违反职业道德行为处理办法》[①]等文件。旨在弘扬高尚师德，明确底线行为，造就党和人民满意的高素质专业化创新型教师队伍。

中华人民共和国教育部表示，教师是决胜全面建成小康社会、建设社会主义现代化强国的重要力量，是落实立德树人根本任务、培养德智体美劳全面发展的社会主义建设者和接班人的关键。

《准则》包含十个方面：

1. 坚定政治方向。坚持以习近平新时代中国特色社会主义思想为指导，拥护中国共产党的领导，贯彻党的教育方针；不得在保教活动中及其他场合里有损害党中央权威和违背党的路线方针政策的言行。

2. 自觉爱国守法。忠于祖国，忠于人民，恪守宪法原则，遵守法律法规，依法履行教师职责；不得损害国家利益、社会公共利益，或违背社会公序良俗。

3. 传播优秀文化。带头践行社会主义核心价值观，弘扬真善美，传递正能量；不得通过保教活动、论坛、讲座、信息网络及其他渠道发表、转发错误观点，或编造散布虚假信息、不良信息。

4. 潜心培幼育人。落实立德树人根本任务，爱岗敬业，细致耐心；不得在工作期间玩忽职守、消极怠工，或空岗、未经批准找人替班，不得利用职务之便兼职兼薪。

5. 加强安全防范。增强安全意识，加强安全教育，保护幼儿安全，防范事故风险；不得在保教活动中遇到突发事件、面临危险时，不顾幼儿安危，擅离职守，自行逃离。

6. 关心爱护幼儿。呵护幼儿健康，保障快乐成长；不得体罚和变相体罚幼儿，不得歧视、侮辱幼儿，严禁猥亵、虐待、伤害幼儿。

7. 遵循幼教规律。循序渐进，寓教于乐；不得采用学校教育方式提前教授小学内容，不得组织有碍幼儿身心健康的活动。

8. 秉持公平诚信。坚持原则，处事公道，光明磊落，为人正直；不得在入园招生、绩效考核、岗位聘用、职称评聘、评优评奖等工作中徇私舞弊、弄虚作假。

9. 坚守廉洁自律。严于律己，清廉从教；不得索要、收受幼儿家长财物或参加由家长付费的宴请、旅游、娱乐休闲等活动，不得推销幼儿读物、社会保险或利用家长资源谋取私利。

10. 规范保教行为。尊重幼儿权益，抵制不良风气；不得组织幼儿参加以营利为目的的表演、竞赛等活动，或泄露幼儿与家长的信息。

《准则》是结合新时代、新要求、新形势、新问题制定的教师职业行为规范，既有正面倡导，也有负面禁止。《准则》规范的不仅是教师职业道德行为，还对教师提高政治素质、传播优秀文化、积极奉献社会等方面提出要求。

 案 例 二

三岁半的男孩，自己把外套挂到了衣架上

早晨一来园，业业(3 岁 4 个月)就笑嘻嘻地打招呼："老师，早上好！"

做了一会儿小司机后，业业觉得有点热，来到衣帽柜旁开始脱外套。最近一直在学习和练习穿脱衣物，业业很快就把外套脱了下来。在挂外套的时候业业遇到了问题，王老师看到业业用小衣架在衣服上反复比划了几次，还挂不上去。过了一会儿，业业把衣服反过来，又放了一次小衣架，但是外套还是没挂上去。这时，业业开始小声念起了儿歌："小手抱抱牢，小腰弯一弯……"但是外套还是不能挂到衣架上。

于是，老师问业业是不是遇到了困难？业业说："对呀老师，怎么老是挂不上去呢？"老师说："哦，你衣架的小肩膀放在哪里？"

"我知道的呀，衣架的小肩膀放在衣服的肩膀这里。"

"那你再看看？"

"……袖子呢？老师，袖子哪里去啦？"业业边说边找。

原来业业的袖子钻到了里面，衣服是反的，所以怎么也挂不进去。当业业把袖子翻正后，很快就把外套挂好了。

挂好外套后，业业高兴地在笑脸墙上给自己敲上了一个章。

(案例来源：上海市静安区大宁国际幼儿园　戴永妍)

 案 例 点 评

案例中的幼儿是一个很有礼貌的孩子，每天早晨来园都开开心心地和他人打招呼。起初，他想通过自己的努力独立完成挂衣服，可是遇到了困难。幼儿并没有及时想到寻求他人的帮助，虽然他很苦恼，但过程中并没有放弃。老师及时发现了幼儿的问题，但并没有直接动手帮助他，而是耐心地引导。

凡是幼儿自己能够做的，应当让他自己做，凡是幼儿自己能够想的，应当让他自己想，教师要"鼓励幼儿成为自己的小主人"。

(四)幼儿教师的职业效能

效能——指事物在一定条件下所起的作用。

幼儿教师的职业效能——指幼儿教师在一日教育教学过程中所达成的预期成果的程度。

一专多能——指教师培养幼儿时在精通本职专业知识的基础上，学习掌握与其密切相关的多方面工作技能的能力。

幼儿早期阶段是一个人生命发展的开始，在这个年龄段，幼儿的学习和发展有其独特的方式和特点。幼儿园教师要想胜任陪伴和引导这个生命群体的学习和成长的角色，能够培育和滋养这些"祖国未来之花"的心灵，就必须具备"多才多艺"的实践智慧和行动能力。根据我国《幼儿园教师专业标准》规定和要求，教师需要具备以下几个方面的能力：

1. 观察幼儿的能力。

观察能力不仅是教师应具备的一种能力，也是教师掌握幼儿经验、了解幼儿发展状况的基本途径。所谓观察，就是利用感官从外界收集信息的心理过程。专业人士的观察通常不同于日常生活中的观察。通过收集和分析信息，为职业判断和决策提供依据，是一种有目的、有计划的活动。

观察的最终目的是在观察的基础上，深入解读幼儿的行为。为了了解幼儿的兴趣和需求情况，我们需要收集有关幼儿发展的信息。这些观察和结论有助于教师判断幼儿在不同领域的发展是否正常，课堂上创造的学习环境和提供的活动材料是否恰当，师生互动是否有效，并能在此基础上提出调整措施或改进策略。

给瓢虫造个家

孩子们发现自然角里好几只瓢虫都死了，只剩下三只瓢虫了，他们着急地把装着瓢虫的容器拿来，问："王老师，瓢虫怎么都死了呢?"

老师回应："你们觉得呢?"

浩浩说："它是不是没水喝，渴死的?"

雯雯说："它一定是没东西吃。"

小贝说："它住的房子太破了。"

"那该怎么办?"老师鼓励孩子们思考,小贝眼前一亮:"我想给瓢虫造个家。"

幼儿们讨论起来,预示着一场学习探索活动开始了——"给瓢虫造个家",孩子们能成功吗?

第二天上午,老师邀请幼儿们进行尝试。只见幼儿们有的在手工纸上作画,有的拿剪刀剪些什么,午饭前,漂亮的"瓢虫的家"做好了。但孩子们很快就发现了问题:房子没有洞,瓢虫会闷死的;房顶上的装饰太多了,房子会垮的。

那么,"到底什么样的房子最适合瓢虫住呢?"

孩子们很快想起了办法——手工房子、泡沫房子、树枝房子、泡泡纸房子……教室里热火朝天。

"瓢虫小队"孩子们一次次尝试、质疑、反思、调整,"给瓢虫造个家"的愿望实现了。

(案例来源:上海市静安区大宁国际幼儿园　王琳)

案例点评

中班上学期的幼儿,受其语言发展和思维的制约,同伴间的互评需要借助教师正向的引导和环境支撑。于是,教师在环境创设中为幼儿过程性同伴评价提供了平台,将项目组孩子们对房顶材料的大胆猜测和尝试呈现给幼儿,并鼓励她们。教师通过观察幼儿的活动与行为,深入解读幼儿的行为,引导幼儿思考、反思,并对幼儿的活动提供各方面的支持。

教育建议

在探究中,不同的幼儿会遇到不同的问题,而产生问题的节点正是提升和强化幼儿学习品质的关键点。教师要及时把握幼儿的学习状态和需求,并为其探究问题提供支架,以发挥不同水平层次幼儿的学习潜能。

在幼儿学习推进过程中,教师不是传统意义上的"知识提供者"与"是非裁定者",而是以观察者、参与者的身份参与其中,他们应该以积极开放的心态与幼儿形成学习共同体。

2. 自我学习和反思的能力。

在学前教育快速发展的背景下,师资队伍建设成为人们普遍关注的重要课题。对于幼儿教师,要立足岗位实际和行业发展需要,不断加强自身能力和素质建设,为更好地履职尽责创造良好条件。

学前教育具有很强的实践性和行动性，这就要求幼儿教师不断反思、总结和提炼自己的工作，不断改进育人工作及其实效性，从而不断提升和完善自己。面对各种学前教育创新理念，幼儿园教师在繁忙的工作中也要不断地相互学习，反思和认识自己的职业。为适应现代学前教育发展的需要，幼儿教师需要制定专业发展规划，确立自我发展目标，不断提高专业素质。

3. 设计与指导能力。

幼儿园教师应该具有制订阶段性的教育活动计划和具体活动方案的能力，并能够在教育实施过程中观察幼儿，根据幼儿的表现和兴趣，适时调整学习的要求、内容，以及指导的策略与方法。儿童的学习具有启发性、全面性和直观性，这与中小学的学习不同。因此，教师在设计和实施教育活动时，需要体现出适合于幼儿的趣味性、综合性和生活化，并能够灵活运用各种组织形式和适宜的教育方式。

幼儿学习的行动性特点，需要教师在教育实践中，最大限度地提供操作探索、交流合作、表达表现的机会，支持和促进幼儿主动学习。

如以下为某教师在小班某主题下设计的个别化活动方案，考虑到幼儿的认知、情感经验，教师为每一个个别化活动设计选取可能性材料与多样化玩法（层层递进）。其中"重点"突出教师在本活动中对幼儿产生的问题及能力发展的预设和评估，最后将有反思和反馈的活动设计进行调整。

感知苹果和橘子的色香味形状大小及数字（幼儿园小班个别化设计）

一、认知经验：

1. 感知常见水果的特征（名称、外形、颜色、味道、大小、软硬等）。

2. 感知"1"和"许多"。

二、情感经验：

乐于动手（剥橘子、做果汁）。

三、活动内容：水果叠叠乐

四、活动材料：

1. 益智玩具（提示板上的葡萄为一串葡萄）。

2. 点数卡、数字卡（粘贴在提示板上）。

五、活动玩法：

1. 幼儿摆弄益智玩具，可任意创造玩法，如垒高等。

2. 根据提示板上的数字或点子找到相应水果并放到对应水果叉上。

3. 将提示板上连接铺平，幼儿根据任务卡（颜色、数量）摆放相应的水果。

六、观察重点：

1. 幼儿有哪些玩法、经验水平如何（垒高的方式和能力，数数的方式和能力）。

2. 幼儿按数取物的方法以及数数的能力（是否手口一致正确地点数说出总数、比较"1"和"许多"）。

（案例来源：上海市静安区大宁国际幼儿园　戴永妍）

①幼儿在摆弄水果益智玩具的过程中，学习按数取物，可以发展数学能力，同时垒高等建构能力得到进一步发展。

②在活动中，教师应关注并接纳幼儿的各种玩法，分析幼儿在与材料互动中反映了哪些关于水果方面的认知经验、数经验。

③沟通与合作能力。

《幼儿园教师专业标准》中明确指出：专业的幼儿园教师必须具备沟通与合作的能力，善于与幼儿、同事、家长乃至社区相关人员进行有效沟通与合作。

用积极语言①进行有效沟通十分重要。如：有时教师采取"直白式告状"方式与家长沟通，引起家长情绪波动，可能出现家长打骂孩子，导致孩子不停地哭，最后家长向教师不断抱怨的情况。遇到此类情况，教师可以采取积极语言，"委婉"地与家长沟通，善用倾听和积极引导，必要时帮助家长共同制定措施，和家长一起完成事后跟踪。家长了解情况并能根据情况的不同采取不同的措施，帮助幼儿在家里也像在幼儿园一样改正不良的行为和习惯，达到真正的家园共育。

同时我们要建立与同事间的良好沟通与合作伙伴关系。教师们应该善于及时和定期共同分析和判断幼儿的特点、需求和经验水平，共同协商制定适宜的教育计划和方案。同伴是自身专业水平提高的重要资源，与同伴分享和交流教育实践中的问题与经验，可以不断提高自身研究和改进教育实践的能力。此外教师还可以通过参与网络交流、专业化组织、协作等活动，不断与他人交流与合作，实现专业的共同发展。

二、幼师的职业道德

（一）幼儿教师职业道德的概念与内容

1. 幼儿园教师职业道德的概念。

教师的职业道德即师德，是教师在长期的教育教学实践中形成的比较稳定的道德观

---

① 陈虹. 幼儿教师语言技能［M］. 武汉：武汉大学出版社，2016.

念、行为规范和道德品质的综合，是教师的思想觉悟、道德品质和精神面貌的集中体现，也可以称之为教师的专业伦理规范。①

幼儿教师的职业道德是指幼儿教师作为社会上的一门专门职业，社会对幼儿园教师的职业行为提出的基本职业道德要求，侧重于幼儿园教师对保教工作的态度和个人修养等"个人品质"。②

伦理，意思是人伦道德之理，指人与人相处的各种道德准则。③

2. 幼儿教师职业道德的内容。

幼儿教师是绝大多数幼儿走出家门后遇到的第一位正规教育机构的老师，幼儿对幼师的印象最深，幼师对幼儿的影响也很深远。因此，幼儿教师应以加强自身职业道德修养为己任。幼儿教师职业道德主要包括以下几个方面：

（1）爱幼儿。

作为一名面向幼儿的教师，热爱和尊重每一位幼儿，是最基本的要求，这也是教育永恒的主题，更是幼儿教师职业道德的重中之重。幼儿教师应该关爱每一个幼儿，尊重幼儿的独特性和人格尊严，公平公正对待每一个幼儿，理解和把握幼儿的心理，从而循循善诱地教导幼儿，保护幼儿的合法权益，时时刻刻对幼儿怀着爱心、耐心，使幼儿能够在良好的环境下，身心健康地成长。

（2）爱事业。

作为一名幼儿教师，应热爱幼教事业，每时每刻都对幼儿教育事业充满热情。每一位从事幼儿教育工作的教师都应该抱有强烈的责任心与使命感，始终牢记自己的神圣职责，将幼儿教育作为自己的事业去热爱。专注本职工作，忠于教育事业，坚守岗位，尽职尽责。不仅从理论上要有高度而深刻的认识，不断更新、提升教育理念、丰富专业知识、提高专业技能，而且从心理上、情感上忠诚于党的幼教事业，不求回报、淡泊名利、心甘情愿地在幼儿教育这块沃土中辛勤耕耘、无私奉献，在丰富的教育实践中履行自己的光荣职责。

（3）重师表。

所谓"为人师表"，就是要求幼儿教师言传身教，以身立教。幼儿时期是一个人心理品质萌发、培养良好行为习惯的关键时期。这个年龄段的幼儿模仿性非常强，而幼儿教师作为和幼儿关系非常密切的成人，一言一行都会被幼儿捕捉到并进行模仿，因此，幼儿教师的言行举止会对幼儿起到潜移默化的作用。幼儿教师应做好正面的榜样示范：保持端庄大方的仪表、整洁得体的衣着、规范准确的语言、和蔼可亲的态度……在幼儿

① 教育部教师工作司. 幼儿园教师专业标准（试行）解读［M］. 北京：北京师范大学出版社，2013.

② 教育部教师工作司. 幼儿园教师专业标准（试行）解读［M］. 北京：北京师范大学出版社，2013.

③ 汉语大词典编纂委员会. 汉语大词典［Z］. 上海：汉语大词典出版社，2019.

面前时刻保持良好的行为习惯，通过良好的言传身教，对幼儿的健康成长起积极、正面的作用。

（4）重专业。

幼儿教师自身的专业文化素质，也是幼师职业道德的一个重要内容，幼儿教师应努力提升自身的专业文化素养。首先，幼儿教师应该保持学习状态：积极参加各类培训和学习，不断吸纳先进的教学理念、教学方法和专业知识，与时俱进，将现代化的教学技术和方法真正运用到教学当中；其次，幼儿教师应养成不断反思的习惯：幼儿教师在教育孩子的过程中，要保持时常反思的态度，寻找自身教学方式、教学方法、教学态度、家长工作等各方面存在的问题和需要改进的地方，并且有针对性地进行调整，从而有利于自身文化专业度的提升与发展；最后，幼儿教师应该勇于创新：在这个快速发展的时代，一切都在不断变革和升级中，幼儿教师的职能与最初的"保育"完全不同，面对不断变化的需求，幼儿教师必须学会思考，努力创新，结合丰富的、不断更新的先进理论知识和具有暗示性的、灵动到位的肢体语言能力，最大限度地启发幼儿的智力成长。幼儿教育本就不是原地踏步般的一成不变，需要与时俱进，创新能力的提高也是幼儿教师不断进步、不断提升自我的重要标准。

（二）幼儿教师职业道德的特征

1. 言行的规范性。

"学高为师，身正为范"。幼儿教师的一举一动、一言一行都会对幼儿产生重大影响。学前幼儿能够非常敏锐地感知外界周围的一切人和事物，而且有着极强的模仿能力，在教育过程中，幼儿在与幼儿教师长时间的接触中会观察、模仿幼儿教师，因此，幼儿教师的言行举止，会深深影响幼儿的发展。这就要求幼儿教师在日常接触幼儿的一日活动中，需要时刻注意自己言行举止的规范性，为幼儿树立良好的榜样，产生良好的引导作用。

借陪餐机会，引导幼儿形成饮食习惯

幼儿园开展了教师陪餐活动，每隔一段时间，都会有老师和孩子一起午餐。

班级第一桌的孩子平时用餐时间比较长，挑食情况也比较严重，常是班级中最晚吃完午餐的孩子。今天是陪餐的日子，老师和第一桌孩子坐在了一起。老师坐下后，将自己的三个圆碗拼在一起，一个碗放在最下面，另外两个碗，分别放在左右两个斜上方。摆好后，老师问孩子们："你们看，我的碗像什么？"

优优第一个反应过来："像米老鼠！"

其他孩子也学着老师的样子，将自己的碗摆成了"米老鼠"的样子，吃起来都很有兴致。

老师发现童童不愿意喝汤，原来，今天是童童最不喜欢的番茄蛋汤。于是，老师拿起汤说："我最喜欢喝番茄蛋汤了，番茄里面有番茄红素，你们看，汤的最上面，红色的就是，营养最好了！喝下去，脸蛋会像小苹果一样，红红的，很好看！"说完，老师非常享受、幸福地开始喝起番茄蛋汤来，其他的孩子也被感染，纷纷举起了汤碗，芮芮拿起"光盘"了的汤碗自豪地对大家说："我喝完了！"

其他孩子也很快吃完了，童童也被感染，捧起了汤碗，也喝完了！

老师看到后快乐地说："你们太棒了，把番茄蛋汤都喝完了，现在你们的小脸都跟小苹果一样红扑扑的，真好看！"

（案例来源：上海市静安区大宁国际幼儿园　李琴）

案例点评

第一桌小朋友在用餐习惯上需要加油。老师借陪餐的机会，以身作则，用行动给幼儿树立了正面的榜样，通过正面的示范调动幼儿的情绪，引导幼儿形成良好的饮食习惯。

教育建议

幼儿模仿能力非常强，在幼儿园中，幼儿教师是幼儿经常模仿的对象，因此，幼儿教师应该在平时做个有心人，用自己的行动来为幼儿作正面示范，建立正面、规范的榜样。

2. 道德意识的自觉性。

孩子，是一个国家的新生力量，他们承载着国家的未来。因此，为了幼儿自身的未来，为了国家的未来，幼儿需要拥有正确且符合国家发展需求的主流价值观念，这点是至关重要的！幼儿教师作为思想意识的传递者与教育者，在与幼儿接触的过程中，潜移默化地向幼儿传递初步的社会道德观念与常识，帮助幼儿形成良好的道德思想品质。

案 例 六

> 2021 年的"世界无烟日"，幼儿园开展了"无烟环境 清新校园"主题教育活动，播放了《大烟斗爷爷》的故事，孩子们了解了吸烟的危害及禁烟标志，知道张贴禁烟标志图的地方是禁止吸烟的。之后，孩子们制作了禁烟倡议书，用自己的感受表达吸烟的危害，并将倡议书带回家向家人介绍吸烟的危害。最后，孩子们还化身为"禁烟小卫士"，带着自己制作的禁烟宣传单，到园外进行宣传。
>
> （案例来源：上海市静安区大宁国际幼儿园）

案 例 点 评

这种思想道德上的影响与传播，很大程度上需要依靠幼儿教师自身的道德意识自觉，在具备基本的职业道德观念的情况下，用行动去传递正确的价值观念与道德意识，在幼儿心中"播种"正确的道德理念的"种子"，将高尚的道德素养进行传承。

教 育 建 议

①根据幼儿年龄特点，教师可以安排丰富多样的活动：欣赏故事、分享讨论、制作倡议书、园外宣传等，帮助幼儿树立道德意识。

②有效利用幼儿园、家庭、社会的资源，帮助幼儿树立正确的价值观。

3. 影响的广泛性。

职业道德是社会专业分工的产物，教师职业道德问题除了影响幼儿教师自身在幼儿园中的工作行为态度，对于受教者——幼儿也会产生影响。而幼儿一般又是一个家庭中最受关注和疼爱的家庭成员，一举一动都牵动着所有家庭成员的心，因此，幼儿教师的职业道德所产生的问题，还会影响幼儿家庭，甚至会成为社会热点问题，这也是社会各界如此关注幼儿教师职业道德问题的原因之一。

（三）幼儿教师职业道德的具体规范

幼儿教师职业道德规范是幼儿教师必须遵循的基本道德要求。但截至目前，相较于中小学的教师职业道德规范而言，幼儿教师的职业道德规范却没有统一的标准，因此，我们将收集到的全国各地关于幼儿教师职业规范的要求进行梳理和选择，结合教育部于

2018 年 11 月 8 日最新提出的《新时代幼儿园教师职业行为十项准则》，提炼出了幼儿教师职业道德的具体规范：

1. 牢记职责，不忘初心。

幼儿教师的职业特殊性，决定了幼师不仅是满足个人生存与发展的职业。从成为教师的那一刻起，幼儿教师不仅需要承担育人的重责，还承担起了这份职业本身所具有的社会责任。幼儿如同一张纯净无瑕的白纸，身心都处于"待开发"状态，幼儿教师如同在白纸上"打底色"的人，所传授的内容对幼儿未来的发展起着至关重要的作用。因此，向幼儿弘扬优秀的文化，对幼儿传授正确的观念，支持幼儿健康成长，是幼儿教师的重要职责所在。所以，提高幼儿教师自身的职责意识，不但可以提高教师的教学能力水平，还能在幼儿教师努力追求更高专业水平的同时，保证幼儿的健康成长与长远发展。

2. 注重形象，仪容仪表。

幼儿教师应注重自身的仪容仪表。幼儿教师大方得体的仪表形象，是职业素养的体现。作为塑造人类灵魂工程师的一名幼儿教师，幼儿教师要注重自己的形象礼仪，做到仪表衣着文明，符合教师身份。幼儿教师的衣着大方、整洁、美观，会潜移默化地对幼儿产生正面积极的影响和审美正向化的引导。幼儿教师在幼儿园中，要具有专业的岗位职业形象，做到衣着整洁得体、庄重，比如：教师进班不披发、不穿超短裙或超短裤，进班不穿高跟鞋及拖鞋，不戴首饰，不奇装异服……

3. 安全防范，保驾护航。

安全工作是幼儿园各项工作中的首要工作，也是幼儿园正常开展工作的前提。幼儿由于其年龄特点，自我保护意识和能力较弱，而且现在幼儿所处的环境和社会也不像从前那样单纯，因此，各种内部、外部安全隐患威胁着幼儿的安全。幼儿教师应该采取相应的安保措施并且进行有针对性的安全教育，最大限度地提高安全系数。

幼儿来园、离园"接送卡"

　　上海大宁国际幼儿园结合家委会成员的建议，升级进园、离园期间的安保方案，给每位幼儿家长发放对应自己孩子的"接送卡"，并且在幼儿园门口投放机器，机器有实时摄影功能，能够立即识别幼儿的脸，即时反馈幼儿的班级和姓名，并且比对幼儿的脸和信息库中幼儿的照片。家长在接送幼儿的时候，将"接送卡"在机器上扫一下，门口的执勤人员就能够第一时间知道这是哪个班级、哪位幼儿的家长，杜绝了社会无关人员混进幼儿园的可能。此外，幼儿园请家长根据年龄段分批接送幼儿，并在接送幼儿的时候，邀请家长志愿者和值班教师、保安一起，加强安保力度，为幼儿的安全保驾护航。

（案例来源：上海市静安区大宁国际幼儿园　李琴）

 案 例 点 评

  幼儿园的幼儿自我保护能力比较弱，容易成为一些犯罪分子的目标，因此，作为成人的教师和家长就要不遗余力地保证孩子们的安全。案例中的幼儿园，使用了先进的设备，制定了有序的安全制度，发动了教师、家长、保安等一切力量，来保证幼儿的安全，尽可能给幼儿最全面、最高规格的保护。

 教 育 建 议

  幼儿园最好的安全措施，就是防患于未然。因此，幼儿园应该制定完善的安全保护制度，使用先进的科技技术，不断调整保护机制……采取多元的方式和措施，给幼儿一个安全、有保障的环境。

  此外，幼儿园内部的事故风险也是存在的，比如：有安全隐患的环境和材料、一日生活中的突发安全事件，由于幼儿教师擅自离岗等原因使得幼儿受到身体或心理上的伤害……这些问题有些是由于幼儿教师的疏忽、不仔细，有些则是因为幼儿教师的懈怠、不敬业，而有些则是意外事故。

  4. 关爱幼儿，用心呵护。

  如果说，对幼儿安全上的看护是外在的，那么，呵护幼儿的内心，则是幼儿教师对幼儿内在的一种关爱。教师应该接受、尊重幼儿的差异性，细心呵护幼儿的心理健康。对乖巧、听话的幼儿，顽皮、内向的幼儿，以及特殊儿童都要关怀鼓励，悉心呵护，不挖苦讽刺幼儿，建立相互信任、和谐稳定的师幼关系。

案 例 八

尊重幼儿差异，包容幼儿行为

  杨杨非常活泼，精力旺盛。午睡时他入睡比较困难，每天需要一个多小时才能入睡，而且需要老师一直提醒他，不然就不睡觉。这天，午睡时间到了，孩子们都在床边脱衣裤，但老师在杨杨床头找不到杨杨，原来他躲到里面的娃娃家里去了。看到老师找到了他，他开心地对老师笑笑。

  老师请杨杨回到床边，站在杨杨身边，提醒杨杨快点把衣裤脱掉。到了大多数孩子们都进入梦乡后，他仍然没有睡着，于是，老师坐到杨杨身边，轻轻地握着他的手。过了一段时间，他终于睡着了，今天杨杨的入睡时间比平时短了一点。

（案例来源：上海市静安区大宁国际幼儿园 李琴）

幼儿在睡觉前和老师玩"躲猫猫"，后来虽然躺在了床上，但很久都没有睡着。老师包容了幼儿，耐心地请幼儿回到床上，还一直在幼儿旁边陪伴，直到幼儿睡着为止。

教育建议

都说孩子像花朵，需要老师像园丁一样去灌溉。其实，不同的"花朵"习性也不一样，有的花期长，有的花期短，有的早开放，有的晚盛开。老师作为园丁，需要给予足够的耐心，根据不同的"花儿"的情况，有针对性地照顾不同的"花儿"，学会等待，学会包容。而我们的这些"花朵"般的孩子们，一定会用自己的节奏来成长，用自己的方式来"盛开"。终有一天，他们会长成，向我们展现他们最美丽的样子。对于我们老师来说，这也是对我们付出的最好回报！

5. 尊重家长，廉洁从教。

家长工作是幼儿教师工作的重要组成部分，每位幼儿教师都应该重视家园合作的必要性和重要性。幼儿教师和家长都肩负着对幼儿启蒙教育的重任，两者在相互尊重、互相信任的基础上，用积极语言进行沟通并合作，交流孩子资讯，这种双向信息反馈便会形成教育合力，形成有效的家园共育。

幼儿教师在与家长交往过程中，要注意分寸感，并且时刻牢记"廉洁"二字，不收受家长的礼品，不能暗示、索要财物。不廉洁行为不但违背了幼儿教师职业道德，而且是导致幼儿教师差别对待幼儿，不公正对待幼儿的重要原因之一。所以，廉洁从教是幼儿教师堪称人师的前提，是幼儿教师特殊职业道德的重要内容和要求，幼儿教师应坚持在教育教学活动中公平、公正地对待每一位幼儿，不因幼儿的家庭情况、家长差异而采取不同的态度和情感模式，始终以廉洁的道德品行为幼儿和世人做出表率。

(四)提升我国幼儿教师职业道德的策略

1. 营造良好的社会环境，提高幼儿教师地位。

健康、良好的社会风气和氛围对于幼儿教师职业道德的培养有着积极作用。正面、良好的道德环境的引导，是影响幼儿教师职业道德发展的重要因素之一。

首先，杜绝捏造、嫁接和虚构破坏幼儿教师形象的虚假新闻。近年来，随着广大民众对于幼儿教师关注度的不断提高，有个别媒体为了博眼球，刻意凭空捏造有损幼儿教师形象的虚假新闻，这些不实报道引发了社会各界对于幼儿教师群体的负面情绪和评论。虽然曝光职业道德败坏的幼儿教师是必要的，但是，前提是曝光必须建立在事实的基础上。因此，我们第一要高度重视主流媒体在报道新闻时的真实性；第二，引导群众建立对幼儿教师道德问题的正确印象，鼓励群众进行理性思维；第三，及时清理和管控那些为了博取点击率和关注度的虚假新闻和消息，维护良好的社会风气。

其次，大力宣传、表彰优秀幼儿教师的正面事例。部分媒体会偏向于甚至只报道负面的恶性事件，而忽视了积极向上的新闻案例对于社会风气的影响力。一些优秀幼儿教师、最美幼儿教师的光荣事迹，也应该广泛地向民众进行宣传。虽然幼儿教师遵循职业道德、拥有高尚的师德是必然的，但也要大力宣传。

上海市特级教师应彩云的先进事迹

应彩云，上海市杨浦区本溪路幼儿园教师，获得"全国教书育人楷模""上海市特级教师""上海市劳动模范""上海市优秀教育工作者""上海市十佳教师"等荣誉称号。①

应彩云老师是一位在专业上不断突破自己、创新求索的优秀教师。她不仅形成了自己独特的教育风格，积累了丰富的教育经验，而且基于幼儿需求和课堂实践进行的研究也在全国产生了重要影响。② 她先后开展了"幼儿自主学习环境创设的策略研究""角色游戏的评价与孩子的认知""师幼互动促进教师专业成长的研究""借助图书的情景，开展幼儿园多元一体的教育的实践研究"等系列课题研究。

应彩云老师除了不断提升自己的业务能力之外，也非常注重对年轻教师的培养，慷慨地将自己的研究成果和教育心得分享给其他的幼儿教师，她每年向全国、全市教师开放教学观摩课 30 余次，开设专题讲座超过 20 次。在网络上，应彩云的教学视频点击量超过了 80 万次。"应彩云名师基地""应彩云工作室"等平台走出的年轻教师中，有人成为上海市特级教师，有人成为全国各省特级教师，还有很多学员完成了个人教育教学专著。

除了日常工作外，她积极参与公益活动，利用双休日陪伴感统失调的幼儿进行游戏练习，还去江西、贵州、内蒙古、新疆克拉玛依等地进行支教。

案例点评

像应彩云老师这样的动人故事和崇高品格，树立了幼儿教师积极正面的社会形象，提高了幼儿教师的社会地位。幼儿教师个人职业道德理念的提升除了依靠幼儿教师自身

---

① 张弘.上海市本溪路幼儿园教师应彩云：她是孩子天空一片永远的彩云[N].劳动观察，2019-08-27.

② 让"我懂你"成为教师对学生最深情的誓言.杨浦举行"应彩云先进事迹报告会"[EB/OL].教师博雅，2019-05-30.

的不断努力和自省，还需要外在的社会环境和风气的支持。

首先，幼儿教师要将外界对于自己的关注作为提高素养的动力，努力、主动地向先进典型学习，按照模范的行为方式来行动，争取自己的行为与之趋同，在健康的社会环境和教育环境熏陶下，主动提高职业道德修养，做到规范言行，营造良好的道德风尚。

再次，政府应重视提高幼儿教师的社会地位。在2018年9月10日的教师节，习近平主席在全国教育大会上提出了要提高教师的"三个地位"，并指出"努力提高教师政治地位、社会地位、职业地位，让广大教师享有应有的社会声望，在教书育人岗位上为党和人民事业做出新的更大的贡献。"①幼儿教师的社会地位以及社会对于幼儿教师的重视、肯定情况，很大程度上取决于政府对于教师地位的重视程度，幼儿教师职业道德的建设离不开一定的社会制度和政策的支持，公平公正的制度和政策，能够帮助幼儿教师在履行职业道德的时候不会受部分社会不良文化的影响，摆正职业道德理想与信念。

2. 加强幼儿教师职业道德长效机制的建设。

幼儿园的良好管理与制度改善是影响幼儿教师职业道德发展和教育的重要因素之一，重视、加强幼儿教师入职前、工作中和后期测评的考核，才能使幼儿教师的职业道德水平在工作中得以保持和提升。

其一，把控选入机制。重视幼儿教师的选拔制度，设置准入门槛，能从根源上保证幼儿教师的职业道德水平。在选择幼儿教师的时候，要从"德、能、勤、绩、廉"五个方面来考核幼儿教师："德"指思想道德，即思想觉悟和道德品质；"能"是指业务能力，即履行职责和完成任务的水平；"勤"考察的是工作态度；"绩"就是工作成果，即落实幼儿园各项工作计划和决策的情况；"廉"是指廉洁自律，不收受家长的礼物等。

要将幼儿教师职业道德的要求作为入园的重要衡量标准去进行观察，一位合格的幼儿教师除了要有相应的业务水平，还要具备一定的道德规范：廉洁从教、关爱幼儿、热爱幼教事业……拥有这些职业道德规范，对于幼儿教师自身和幼儿的发展，都有着举足轻重的作用，并且很大程度上影响着幼儿教师的工作热情以及在施教过程中的态度和行为。

其二，优化培训机制。幼儿教师的职业培训需要具备丰富性和多样性。除了有针对性的专业培训，有关幼儿教师职业道德问题的培训也不可松懈。生动有趣的培训方式，能够提高培训的效果，可以在培训中增加游戏性和互动性，同时还要重视真实性，比如，优秀幼儿教师"现身说法"，讲述具体生动的实例，使其他教师产生共鸣，从而提高自身的职业荣誉感和责任心。通过有效的职业道德培训，持续不断地对幼儿教师的"心灵"输送"养料"，幼儿教师的职业道德水平就会在潜移默化中提升。

---

① 习近平在全国教育大会上强调坚持中国特色社会主义教育发展道路培养德智体美劳全面发展的社会主义建设者和接班人[EB/OL]. 央视网新闻频道，2018-09-10.

其三，完善评价机制。科学完善的幼儿教师职业道德评价机制是公平公正的前提。将教师职业道德问题细致地梳理出合适的标准和条款，对教师在一定时期中的表现进行客观公正的评价，并且配合相应的奖惩机制：对于表现优异的教师进行嘉奖和鼓励，对于做得还不到位的进行相应惩处和有针对性的培训，针对教师的不同表现采取相应的措施，从而有效推动教师整体职业道德水平的提升。

1. 教师的职业道德：即师德，是教师在长期的教育教学实践中形成的比较稳定的道德观念、行为规范和道德品质的综合，是教师的思想觉悟、道德品质和精神面貌的集中体现，也可以称之为教师的专业伦理规范。

2. 幼儿教师的职业道德：指幼儿教师作为社会上的一门专门职业，社会对幼儿园教师的职业行为提出的基本职业道德要求，侧重于幼儿园教师对保教工作的态度和个人修养等"个人品质"。

3. 伦理：意思是人伦道德之理，指人与人相处的各种道德准则。

一、单选题

1. 幼儿教师在一日教育教学过程中所达成的预期成果或影响的程度是指( )。

    A. 幼儿教师的职业效能   B. 幼儿教师的职业态度

    C. 幼儿教师的组织与实践

2.《新时代幼儿园教师职业行为十项准则》的具体内容是：一、坚定政治方向；二、自觉爱国守法；三、传播优秀文化；四、潜心培幼育人；五、加强安全防范；六、( )；七、遵循幼教规律；八、秉持公平诚信；九、坚守廉洁自律；十、规范保教行为。

    A. 细致照顾幼儿   B. 全力保护幼儿

    C. 关心爱护幼儿   D. 耐心引导幼儿

二、多选题

1. 以下哪些是幼儿教师的职业特点？( )

    A. 职业素养的专业性   B. 职业内容的全面性

    C. 服务对象的特殊性   D. 职业态度的特殊性

    E. 职业道德的重要性

2. 幼儿教师职业道德的内容，主要有以下哪几个方面？( )

    A. 爱幼儿   B. 爱事业

    C. 重师表   D. 重专业

三、判断题

1. 教师是决胜全面建成小康社会、建设社会主义现代化强国的重要力量。( )

2. 习近平在全国教育大会上提出了要提高教师的"三个地位"，并指出"努力提高教师政治地位、社会地位、经济地位，让广大教师享有应有的社会声望，在教书育人岗位上为党和人民事业做出新的更大的贡献。"（　　）

四、简答题

1. 幼儿园教育的工作特点有哪些？

2. 幼儿教师职业道德的特征是什么？

五、案例分析题

案例：某幼儿园结合家委会成员的建议，升级来园、离园期间的安保方案，给每位幼儿家长发放对应自己孩子的"门禁卡"，请家长在接送幼儿的时候，出示门禁卡，并且根据年龄段分批接送幼儿，并在接送幼儿的时候，邀请家长志愿者，和值班教师、保安一起，加强安保力度，为孩子们的安全保驾护航。

问题：请结合幼儿教师职业道德的具体规范来分析一下这个幼儿园的举措。

第三节　一辈子奉献无悔

教学目的：理解"奉献精神"和"匠人精神"的涵义、内容和意义，弘扬幼儿教师无私奉献、兢兢业业的职业精神。

教学重点：掌握"奉献精神"和"匠人精神"的具体涵义、内容和意义。

教学难点：弘扬一辈子奉献无悔的奋斗观。

一、奉献是中华传统美德

(一) 什么是奉献精神

所谓奉献精神，就是一种自我牺牲精神。它是为了实现某一事业或理想，不顾个人得失，抛弃自己的一切利益，直至牺牲生命的精神。其核心是个人与社会的关系问题。社会主义时期的奉献精神，是全心全意为人民服务的大公无私的舍己牺牲精神。它正确处理了国家、集体与个人三者之间的利益关系，克服了传统奉献观的弊端，体现出时代性、阶级性的一致，革命性与科学性的统一。中华民族的奉献精神由传统走向现代，是社会发展的必然要求。①

(二) 中国传统文化——奉献精神的渊源与特征

中华民族是一个崇尚奉献的民族。在几千年的历史长河中，流传着许多有关无私奉献的动人故事，向一代又一代的人们传达奉献精神的可贵。

---

① 马必文. 中华民族奉献精神的内涵、特征及其现代思考[J]. 广东行政学院学报，2018(5).

1. 亘古以来，脍炙人口的神话故事传颂着"奉献精神"。

"后羿射日"，讲的是后羿不畏强权，在灾难时挺身而出，射下太阳，拯救苍生的故事；"大禹治水"中的大禹为了治水，三过家门而不入，舍小家为大家；"精卫填海"中的精卫为了避免被大海溺死的悲剧再次发生，日以继夜地衔来石头和草木来填海；"盘古开天辟地"中的盘古，用自己的身躯化作世间万物……这些故事中的主人公都具有"牺牲小我、成就大我"的伟大情操，而无私奉献的精神也随着故事的流传，在中国代代相传。

2. 从古至今，俯拾皆是的动人诗句歌颂着"奉献精神"。

诸葛亮的"鞠躬尽瘁，死而后已"；李商隐的"春蚕到死丝方尽，蜡炬成灰泪始干"；罗影的"采得百花成蜜后，为谁辛苦为谁甜"；龚自珍的"落红不是无情物，化作春泥更护花"；鲁迅的"横眉冷对千夫指，俯首甘为孺子牛"……这些不同朝代的经典名句，都记录下了不同时期杰出人物所共有的奉献精神。

3. 古往今来，层出不穷的伟大人物弘扬着"奉献精神"。

在背上刺上"精忠报国"四字的岳飞，一心报效国家，奋勇抗敌；近代科学先驱詹天佑，不计个人功名和得失，在没有资本、技术、人才的艰难情况下，排除万难坚持修建京张铁路；华罗庚教授放弃在美国的终身教授职务，毅然决然回国建设祖国；雷锋乐于助人、无私奉献，以帮助别人为己任；2020 年新冠肺炎疫情暴发时期，80 多岁的钟南山教授临危受命前往武汉，奋战在抗疫的第一线……这些令人敬佩的人物都用自己的实际行动施行着"奉献精神"。上下五千年，中国的奉献精神被代代传承下来，他们的光芒照耀着这片土地，他们是中国的脊梁！

（三）奉献精神的现代思考与意义

"奉献精神"作为一种积极的精神力量，在当今的时代背景下具有重要作用，具体内容如下：

1. 奉献精神有利于倡导社会主义核心价值观。

党的十八大报告强调指出：倡导富强、民主、文明、和谐、自由、平等、公正、法治、爱国、敬业、诚信、友善，积极培育和践行社会主义核心价值观。在社会主义核心价值观这 24 个字中，"奉献"两个字虽然没有出现，但却处处体现和蕴含着奉献精神。在大力倡导"奉献"之后，就会慢慢浮现出一些"敬业""友善"的楷模。

"敬业、奉献"的楷模

王兰花，1995 年 11 月入党。她把解决社区居民的操心事烦心事揪心事作为毕生事业，十多年如一日坚持志愿服务；她带领"王兰花热心小组"先后为居民解决各类困难 7000 多件，调解各类民事纠纷 600 多起，开展公益活动 7000

多场次，推动宁夏吴忠市利通区的志愿者从最初 7 人发展到 6.5 万余人。她先后荣获"全国三八红旗手标兵""全国民族团结进步模范个人"等称号。

张桂梅，扎根贫困地区 40 余年，创办全国第一所全免费女子高中，帮助 1800 多名贫困山区女孩圆梦大学，是为教育事业奉献一切的"张妈妈"。她探索形成"党建统领教学、革命传统立校、红色文化育人"特色教学模式，用红色基因树人铸魂。拖着病体忘我工作，持续 12 年家访超过 1600 户，行程 11 万余公里。荣获"全国脱贫攻坚楷模""全国优秀共产党员""全国先进工作者"等荣誉称号。

（案例来源：新华社）

 案例点评

模范人物就在我们身边，在他们的带领和影响下，社会正逐渐形成"公正""和谐"的风气，为建立"富强""民主"的国家奠定基础。奉献精神蕴含在社会主义核心价值观中，与社会主义核心价值观具有高度的内在一致性。

习近平总书记在 2013 年的"8·19 讲话"中就明确提到了"奉献"，他指出："要加强社会主义核心价值体系建设，积极培育和践行社会主义核心价值观，全面提高公民道德素质，培育知荣辱、讲正气、作奉献、促和谐的良好风尚。"①此外，习近平总书记还连续两年在五四青年节时鼓励青年要勇做走在时代前面的"奉献者"。2013 年，习近平总书记在给北京大学考古文博学院 2009 级本科团支部全体同学的回信中，勉励当代青年要"珍惜韶华、奋发有为，勇做走在时代前面的奋进者、开拓者、奉献者，努力使自己成为祖国建设的有用之才、栋梁之才，为实现中国梦奉献智慧和力量"。②习近平总书记这一系列的重要讲话，都表明"奉献精神"对践行社会主义核心价值观的重要意义。

提倡"奉献精神"，有利于人们树立正确的利益观，学会正确处理集体利益和个人利益；有利于增强社会责任感，自主履行自己对国家、社会的责任，将对他人和对社会的无私付出视为幸福和快乐，以实际行动向社会传递温暖和正能量。由此形成、发展良好的社会风气，有利于青年把社会主义核心价值观作为其价值判断、选择的准绳，自觉抵制西方功利主义、拜金主义、个人主义等与社会主义核心价值观相背离的思想。

2. 奉献精神有助于实现中华民族伟大复兴。

实现中华民族伟大复兴的中国梦，不仅要使伟大祖国在物质上强盛起来，而且要在精神上强大起来。引领和发扬奉献精神，有利于引导人们摆脱狭隘的个人主义的观点，

---

① 胸怀大局把握大势着眼大事努力把宣传思想工作做得更好[N]. 人民日报，2013-08-01.
② 习近平. 给北京大学考古文博学院 2009 级本科团支部全体同学的回信[N]. 人民日报，2013-05-05.

从国家整体利益的角度考虑，为更多人的幸福贡献出自己的力量，其中就包括奉献精神的弘扬。有了精神力量的激励和弘扬，中华民族伟大复兴的中国梦才能实现。2020 年的疫情给全世界都蒙上了一层阴影，但是，中国人民全力以赴地战斗着，涌现出一大批先进模范人物：钟南山、李兰娟、张文宏、李文亮……以及很多不知名的默默与死神赛跑的医务人员，他们放弃春节和家人团聚，还有过年期间不分昼夜赶建"雷神山""火神山"医院的建设工人、保卫人民生命安全的警务人员、守住国门的防疫人员……他们的先进事迹感动并影响着广大民众，如同定海神针一样，为人们驱走恐慌和危险，源源不断地为社会提供正能量，他们所体现出的奉献精神，正是实现中华民族伟大复兴所需要的。

二、幼师奉献精神的价值

(一) 当代幼师奉献精神的含义与特征

奉献的基本含义在于给予而不求索取或者说是不计报酬的给予。它包括两个方面的含义：一是"不索取"或"不计报酬"；二是"完全的给予"。这就是说，只有在给予的条件下而不索取才是奉献。因此，教师职业的奉献精神就可以理解为：一个人一旦理性地选择了教师这个职业，就意味着他或她为了学生的福祉和利益，应该最大限度地履行其职责，把所有的精力奉献给学校，奉献给学生，奉献给教育事业。[①]

(二) 无私奉献成为当代幼儿教师的主旋律

1. 平凡岗位默默耕耘。

幼儿教师是培养幼儿的工作，其劳动成果并不像科技人员的创造发明那样显著，也不像工人从事物质生产那样直接，更不像农民夺取粮食丰收那样明显，幼儿教师对孩子的影响一直都是"润物细无声"的。幼儿良好习惯的养成、能力的提高，都不是一蹴而就的事情。

> **引导营养不良孩子形成良好用餐习惯**
>
> 九月开学入学体检时，班级中发现两位重度营养不良的孩子和四位轻度营养不良的孩子，这些孩子的饮食习惯都有问题，需要老师的介入和引导。于是，这个班级的两位老师在幼儿午餐时，进班观察孩子们午餐情况，为孩子们介绍每天菜肴的营养，鼓励挑食的孩子尝试自己不喜欢但是有营养的食物，帮

---

① 周兴国. 论教师的职业奉献精神[J]. 当代教师教育，2009，3(2).

助他们养成良好的用餐习惯。此外，两位老师还通过讲座和一对一谈心方式积极开展家长工作，并开展"吃出一道彩虹"的项目式活动等，形成有效的家园共育。这样坚持了整整一个学期，在学期末的体检中，班中四位轻度营养不良的孩子和一位重度营养不良的孩子的指数全部达标。另外一位幼儿由于情况特殊，继续配合中医进行调理，情况也有显著改善。

（案例来源：上海市大宁国际幼儿园 李琴）

案例点评

幼儿教师是普通但却不平凡的工作，乍看之下，幼儿教师处理的都是一些"小儿科"的事情，但是良好的饮食习惯对一个幼儿来说是非常重要的，有了良好的体魄，才能面对人生中更多的挑战。幼儿教师将自己的心血倾注在孩子身上一个一个的细节上，一天天地用自己的爱来浇灌每位幼儿，让他们能够更好地成长。

教育建议

①细心观察、发现问题：幼儿园小班年龄段是培养幼儿良好饮食习惯的重要时期，案例中的老师能够在与幼儿的交往过程中，通过对幼儿的观察，及时发现班中大多数幼儿在饮食习惯上的问题，这就为之后解决问题、更好地帮助幼儿养成习惯做好了铺垫。

②制定计划、有效介入：案例中的老师根据班中孩子的年龄特点以及发展需要，制定了适合幼儿的计划，通过介绍菜肴、陪伴鼓励、开展"食文化"的项目式活动"吃出一道彩虹"……使用丰富多彩的方式方法来培养幼儿的饮食习惯。

③家园合作、精心培育：教师开展了相关讲座，并且积极与家长沟通，向家长介绍一些有用的培养幼儿良好饮食习惯的方法，通过有效的家园沟通、良好的家园合作，帮助幼儿养成不再挑食的习惯。

2. 辛勤工作不计回报。

当代人民教师的无私奉献精神体现在不计回报、无怨无悔地辛勤工作。由于教育投入不足与教育事业发展的矛盾突出，财政预算内教育经费虽然逐年有所增长，但由于教育事业发展以及物价上涨等各种因素的影响，幼儿教师的收入水平并不算高，社会地位也没有其他年龄段的教师那样受重视，与之相反的是，幼儿教师高强度的工作量和职业要求的高标准。但可爱的幼儿教师们还是怀着对幼儿的一片热忱，坚守在自己的岗位上。

幼儿教师面对年龄小的幼儿，为了孩子们的安全，要时刻打起十二分精神，一进班就要精神高度集中，"耳听六路，眼观八方"，关注每一位孩子的情况。等到孩子离园后，幼儿教师还要面对大量文案工作、环境创设、教具制作以及家长工作，还要应对各种考核、参加各种培训，遇到几年一轮的幼儿园验收或者幼儿园争创活动，加班加点更是家常便饭。但是，大多数幼儿教师能够凭借心中信念，无怨无悔地奋斗在第一线，为祖国的教育事业无私奉献，用自己的心血、汗水，生动诠释教师的奉献精神。

三、不懈奋斗，工匠精神

(一) 工匠精神的内涵

1. "工匠精神"的定义。

工匠精神，是一种职业精神，它是职业道德、职业能力、职业品质的体现，是从业者的一种职业价值取向和行为表现。"工匠精神"的基本内涵包括敬业、精益、专注、创新等方面的内容。①

"工匠精神"是一种追求极致的精神，其内涵是怀着对职业的敬畏之心，注重每一个细节，秉承持之以恒的信念，不断追求完美，最终将工作做到极致。在教育教学方面，"工匠精神"是指教师要用严谨、坚定、踏实、专注、精益求精的态度，培养、支持、关注学生的发展，挖掘学生的潜能。②

2. "工匠精神"的内涵。

对于"工匠精神"的基本内涵，经过一定的解读和总结，可以分成以下几个部分：

第一，爱岗敬业。爱岗敬业是"工匠精神"最根本的内涵，是工匠精神的力量源泉。爱岗敬业，由"爱岗"和"敬业"两者组成，二者互为表里，相辅相成。爱岗是敬业的基础，而敬业是爱岗的升华。所谓"爱岗"，就是要干一行，爱一行，热爱本职工作和岗位，认识到自己职业的价值；所谓"敬业"，就是要钻一行，精一行，对自己的职业有一份敬畏感，工作时勤勤恳恳，兢兢业业，一丝不苟，认真负责。

爱岗敬业的教师，以高度的热情保持对工作领域的关注和对自身工作能力要求的不断提升，以不断适应岗位技术技能提升的需要，从而将一项工作做到极致。

第二，精益求精。"精益求精"的精神品质是"工匠精神"的核心。"工匠"对于品质的追求，只有进行时，没有完成时。"工匠"不惜花费大量的时间和精力，反复改进产品，努力提升品质。从不满足、永不懈怠、追求极致，重视产品的精致与技艺的精湛，对自己的产品不断雕琢，并不断挑战技艺极限……这些是"工匠"们的共同特点，是他们能身怀绝技、出类拔萃的重要原因。"精益求精"的精神使工匠们愿意为某一项技艺的传承与发展贡献毕生的精力，对技术技艺不断进行持续思索和改良，从而青出于蓝而胜于蓝。

第三，专心致志。"专心致志"即"专注"，是"工匠精神"的精髓。具备工匠精神的人是向内收敛的，他们隔绝外界纷扰，凭借执着与专注从平凡中脱颖而出。他们甘于为一项技艺的传承和发展奉献毕生才智和精力。他们内心笃定而着眼于细节，耐心、执

① 论"工匠精神"［EB/OL］. 中国文明网，2017-05-24.
② 张妍、赵伟. 论教师的工匠精神及其培养路径［J］. 辽宁教育，2018(7).

着、坚持,这是一切"大国工匠"都具备的精神特质。古代工匠大多穷其一生只专注于做一件事,或几件内容相近的事情,一旦选定行业,就一门心思扎根下去,心无旁骛,几十年如一日的坚持与韧性成就了"术业有专攻"。

第四,勇于创新。"追求卓越的创新精神"是"工匠精神"的灵魂。新时代"工匠精神"强调的则是在继承基础上的创新,创新是民族进步的灵魂,是国家兴旺发达的不竭动力。"能工巧匠"不只是因为技艺熟练,更重要的是他们身上所具有的创造性品质。因为只有在继承基础上的创新,才能跟上时代前进的步伐,以满足社会发展和人们日益增长的对美好生活的需要。

(二)幼儿教师"工匠精神"的具体表现

当代幼儿教师工匠精神应包括以下价值意蕴:

1. 永怀"匠心"——精益求精。

幼儿教师精益求精的工匠精神体现在对于孩子每件事情的细心呵护,由于幼儿园孩子的年龄特点,需要老师非常细致地照顾孩子,为幼儿创设安全的环境、投放有趣卫生的材料、想好一日活动中的每个环节、每个细节,比如生活环节中的吃点心环节,从洗手、取放点心、吃点心到吃完后放餐具和擦毛巾,孩子的行走路线是不是顺,会不会互相冲撞……这些都需要老师事无巨细、仔细考虑。

2. 专注"匠术"——思变求新。

对于幼儿园老师来说,在个别化学习活动中老师提供或者自己制作符合幼儿发展需要的材料;老师在集体活动中准备符合幼儿年龄特点的教具;老师观察幼儿行为、解读幼儿行为后,对幼儿采取适当的支持策略;教师布置班级墙面的能力……这些都是老师需要掌握的"看家本领"。在信息多元化以及工具现代化的时代,幼儿教师应该与时俱进,将新元素、高科技带到工作中来,比如,根据幼儿的兴趣热点和实际情况,在"图书角"中投放平板和故事二维码,让幼儿能够扫码之后欣赏故事,激发幼儿兴趣的同时,让幼儿利用多种感官方式来获取信息。

3. 坚守"匠德"——爱岗敬业。

幼儿教师的"匠德"表现在兢兢业业做好每一件本职工作上。比如,在幼儿园孩子离园的时候,上海的大多数幼儿园是让老师将孩子带到楼下,然后看到家长,叫相应的幼儿名字,"手递手"将孩子送到家长手上。这样的做法,是为了孩子的安全。但是,同时几个班级一起接孩子的时候,场面就有些混乱,如果每个班级的接送时间都错开的话,时间会拖得很长。针对这样的情况,一些幼儿园在家长的接送卡上贴上孩子的学号,请家长来园时带好接送卡,根据卡上的学号排队,老师根据孩子学号的顺序依次叫孩子的名字。这样,接送时间比之前节省了一大半,老师和家长也更加省力。精心做好每一件小事,彰显了幼儿园教师的"匠德"。

4. 注重"匠行"——躬行实践。

幼儿教师的"匠行"体现在根据幼儿的年龄特点,在执教过程中,有效利用自己的专业,使用多种教学方式和教学策略,把活动中的重点、难点都用幼儿能够理解、接受的方式呈现给孩子，帮助幼儿获得知识、提升能力，从而让幼儿各方面能够得到发展。比如，幼儿园老师在学习《3—6岁儿童学习与发展指南》之后，根据《指南》中不同年龄幼儿在不同领域中的目标，提供了相应的、具有层次性的个别化学习材料，并且在仔细观察之后，结合《指南》中的建议，对不同能力水平以及发展需要的幼儿，进行有针对性的支持和指导，从而提升幼儿的能力水平。这样，就把在《指南》中学到的方法运用到了实际工作中。

(三) 培养幼儿园教师的工匠精神

1. 引导教师树立工匠精神的教育理念。

幼儿教师的教育对象是具有不同家庭背景、性格特征、能力水平的幼儿，因此，应将幼儿看作独一无二的工艺品，用心打磨，精雕细刻，以每个幼儿为本，从实际出发，因材施教。

从幼儿实际出发，满足幼儿正当需求

午睡前，成成从洗手间出来后，对我说："老师，我的袜子湿掉了！"于是，我把她的备用袜子拿给她，让她换上。当我把她的湿袜子晾出去之后，我发现她把备用的袜子含在了嘴里，然后拿出来，指着被口水浸湿了的袜子，对我说："哎呀，这双袜子也湿掉了，我今天不想穿袜子睡觉！"我说："不行，不穿袜子会着凉的！"于是，我拿来了保育老师的备用袜子，帮她穿上。成成被我穿上袜子之后，嘴里一直说："我不想穿！我不想穿！"她在床上翻腾了很长时间，发出的响声影响了其他小朋友休息。最后，她还是将袜子脱下来，扔在了一边。

我在感到挫败和无奈之余，也进行了反思：成成在家里睡觉的时候，一直都是光脚的，而幼儿园里我们一般都鼓励孩子穿着袜子睡觉。而她为了不穿袜子睡觉，就在洗手间里将袜子弄湿，用口水将自己的备用袜子弄湿。如果我由于怕她着凉而一直坚持让她穿上袜子睡觉，这会让她感觉不舒服。因此，她通过在睡觉的时候一直发出响声的行为来提出"抗议"，影响了其他幼儿。其实，光脚睡觉是她的生活习惯，这个要求很正常，老师是可以满足她的。

第二天，我在带她睡觉之前，和她约定：睡觉的时候可以脱袜子，但是要用被子把脚盖住，防止感冒。并且提醒她不要把袜子放进嘴里，因为那是不卫生的。她果然在睡觉前将袜子放好，睡觉的时候用被子盖住脚，很快进入了梦乡。

(案例来源：上海市大宁国际幼儿园 李琴)

就像是世上没有两片相同的树叶，我们面对的孩子们也都各不相同，每个孩子都具有自己的个性和需要，对于孩子的一些生活习惯、需要，老师能够适当地包容、满足，是非常必要的。

教育建议

①尊重幼儿、积极反思：面对不同性格、习惯的幼儿，每天都能够积极反思自己的教育行为，是否做到了尊重不同幼儿的差异性。

②接纳幼儿、给予包容：每位幼儿都是与众不同的，面对性格各异、需要和习惯百花齐放的幼儿，教师应给予充分的包容，接纳不同的孩子。

③智慧回应、合理调整：对于不同情况的孩子，找到最适合他们的沟通方法和教育方式，帮助他们更好地提高能力、养成良好习惯。

2. 鼓励幼儿教师养成终身学习的习惯。

作为新时代的幼儿教师，终身学习是非常必要的。幼儿教师需要坚持思考和学习，不断汲取最新的教育资讯、转变教育观念、更新教育思想、改善教学方法……通过不断更新教育理念、方法、内容等，给自己不断"升级"，提高教育水平和效率。

幼儿教师应不断提升专业素养。幼儿教师应不断学习、提升自己的专业知识和教学能力，准确把握施教内容和施教方式。不但有传授幼儿知识的能力和方法，更要有把握和了解幼儿心理发展的能力。因此，幼儿教师应该不断提高自己的教学水平，提升自己的业务能力，从而更好地作为幼儿的"传道受业解惑"者。

幼儿教师应不断提高文化素养。一个人的文化素养是从他的言谈举止中流露出来的综合气质和总体素质。一位具有深厚文化底蕴、高雅文化品位的教师，能够让幼儿得到正面的熏陶，有利于幼儿良好品位的养成。因此，幼儿教师应该坚持终身学习，不断提升自己的文化素养。

本节概念

1. 奉献精神：就是一种自我牺牲精神。它是为了实现某一事业或理想，不顾个人得失，抛弃自己的一切利益，直至牺牲生命的精神。其核心是个人与社会的关系问题。社会主义时期的奉献精神，是全心全意为人民服务的大公无私的舍己牺牲精神。它正确处理了国家、集体与个人三者之间的利益关系，克服了传统奉献观的弊端，体现出时代性、阶级性的一致，革命性与科学性的统一。中华民族的奉献精神由传统走向现代，是社会发展的必然要求。

2. 奉献：其基本含义在于给予而不求索取或者说是不计报酬的给予。它包括两个方面的含义：一是"不索取"或"不计报酬"；二是"完全的给予"。

3. 工匠精神：它是一种职业精神，它是职业道德、职业能力、职业品质的体现，是从业者的一种职业价值取向和行为表现。"工匠精神"的基本内涵包括敬业、精益、专注、创新等方面的内容。"工匠精神"是一种追求极致的精神，其内涵是怀着对职业的敬畏之心，注重每一个细节，秉承持之以恒的信念，不断追求完美，最终将工作做到极致。在教育教学方面，"工匠精神"是指教师要用严谨、坚定、踏实、专注、精益求精的态度，培养、支持、关注学生的发展，挖掘学生的潜能。

 练 习 题

一、单选题

1. 排除万难坚持修建京张铁路的近代科学先驱是（　　　）。

　　A. 邓稼先　　　　B. 钱学森　　　　C. 华罗庚　　　　D. 詹天佑

2. 幼儿教师"工匠精神"的具体表现中的"匠心"主要是指（　　　）。

　　A. 爱岗敬业　　　B. 精益求精　　　C. 专心致志　　　D. 思变求新

二、多选题

1. 以下哪些诗句歌颂了"奉献精神"？（　　　）

　　A. 春蚕到死丝方尽，蜡炬成灰泪始干

　　B. 白日不到处，青春恰自来

　　C. 身无彩凤双飞翼，心有灵犀一点通

　　D. 横眉冷对千夫指，俯首甘为孺子牛

2. "工匠精神"的内涵包括（　　　）。

　　A. 爱岗敬业　　　B. 精益求精　　　C. 专心致志　　　D. 勇于创新

三、判断题

1. "奉献"包括两个方面的含义：一是"不要回报"；二是"完全的给予"。（　　　）

2. 习近平总书记在 2014 年的"8·19 讲话"中就明确提到了"奉献"一词，他指出："要加强社会主义核心价值体系建设，积极培育和践行社会主义核心价值观，全面提高公民道德素质，培育知荣辱、讲正气、作奉献、促和谐的良好风尚。"（　　　）

四、简答题

1. 无私奉献成为当代幼儿教师的主旋律，请简述幼儿教师应如何无私奉献。

2. 请简述工匠精神的具体表现。

五、案例分析题

案例：上海大多数幼儿园在离园的时候，是让老师将孩子带到楼下，然后看到家长，叫相应的幼儿的名字，"手递手"将孩子送到家长手上。这样的做法，是为了孩子的安全，但是，同时几个班级一起接孩子的时候，场面就有些混乱，如果每个班级的接

送时间都错开的话，时间会拖得很长。还有一些幼儿园，老师们在家长的接送卡上贴上孩子的学号，请每个班级的家长来园时带好接送卡，根据卡上的学号排队，老师根据孩子学号顺序依次叫孩子的名字，这样的方法，让接送的时间比之前节省了一大半，老师和家长也更加省力。

　　问题：请根据案例，围绕"匠德"内容进行分析。

第二章 树 人 篇

第一节 育心灵：锤炼孩子积极品德

教学目的： 了解锤炼幼儿积极品德的重要性、幼儿品德形成的关键期及其策略。
教学重点： 品德发展的阶段性及其策略。
教学难点： 灵活运用品德形成的策略，以一日生活为契机，家园共育合力开展教育。

2018 年全国教育大会上，习近平总书记指出，坚持中国特色社会主义教育发展道路，培养德智体美劳全面发展的社会主义建设者和接班人，新时代新形势对教育和学习提出了新的要求。幼儿教育同样如此，幼儿是祖国的未来，幼儿教育培养幼儿形成良好品德，不仅是幼儿身心健康成长的需要，也是当今社会的需要，幼儿如果在早期开始陶冶品德，就有希望在他们心灵中播下美德的种子。

一、品德形成的关键期

幼儿期是每个人成长的初始阶段，诸如个性、基本能力、潜力等底色要在幼儿期涂写，幼儿园对幼儿的品德培养有举足轻重的作用。幼儿是一张白纸，幼儿园能够在白纸上涂抹色彩，所以，幼儿教师的教育引导至关重要。白纸要以爱心慎重涂写，如果随意涂鸦，就可能留下负面的印记，难以弥补。

（一）品德关键期的定义

品德，英语为 moral character，有"道德的品质"之意。在《品德发展心理学》一书中解释为：品德是道德动机与道德实践（行为）的有机统一，又是道德意识倾向性与道德心理特征的有机统一，也是道德认知、道德情感、道德意志与道德行为的有机统一，还是道德内容与道德形式的有机统一。品德是一个人的基本素质，是要经过长期培育才能形成的稳定突出的特征。品德形成的初始阶段十分关键，注重幼儿时期品德的塑成，是重要而迫切的事情。

万物的成长都有关键期。儿童个性心理特征会经过量变到质变的飞跃，这种飞跃往往集中在特定的年龄阶段，形成个性心理的这个特定的年龄段被称为关键期。

错失关键期，就会失去有利的环境和良好的条件。育苗当其时，抓住关键期，会对儿童成长，尤其是优良品德的塑造打下良好基础。

（二）品德形成的关键期

关键期是儿童在成长中对养分充分吸收而快速发展的时期，是获得技能和能力的敏感期。儿童与青少年心理发展的年龄特征存在着一种"关键期"或"关键年龄"的形式。

1. 幼儿品德的形成有递进成长的特征。

幼儿的个性品德形成过程是逐步深入的。我们不能从幼儿教育伊始就期望孩子能明辨是非、敢于担当等，品德的形成不能拔苗助长。《品德发展心理学》中指出，2.5 岁至3 岁、5.5 岁至 6 岁、小学三年级和初中二年级是儿童与青少年个性发展，特别是品德发展变化的关键期。

教育部《3—6 岁儿童学习与发展指南》①也明确指出，幼儿教育要符合幼儿道德认知各阶段发展的特点，要符合不同年龄阶段幼儿的自然特征。《指南》根据幼儿年龄将幼儿教育细化为三个阶段：以关心尊重他人为例，第一阶段，3—4 岁幼儿，长辈讲话时能认真听，听从长辈的要求；身边的人生病或不开心时表示同情；在提醒下能做到不打扰别人。第二阶段，4—5 岁幼儿，会用礼貌的方式向长辈表达自己的要求和想法，能注意到别人的情绪，并有关心、体贴的表现，知道父母的职业，能体会到父母为养育自己所付出的辛劳。第三阶段，5—6 岁幼儿，能有礼貌地与人交往，能关注别人的情绪和需要，并能给予力所能及的帮助，尊重为大家提供服务的人，珍惜他们的劳动成果，接纳、尊重与自己的生活方式或习惯不同的人。

近朱者赤，要塑造幼儿良好的品德，家庭和学校可以给幼儿成长的环境营造爱心、礼貌、善良等氛围。幼儿教师在幼儿的日常生活中既要了解、把握幼儿不同阶段的品德发展，又要展示幼儿教师对社会生活乐观、积极、理性的一面，同时，还要把社会主义核心价值观作为坚定不移的引导方向，适应幼儿心理发展关键年龄的特征，开展恰当的教育教学活动。

2. 在品德关键期形成中借鉴西方的道德伦理观念。

19 世纪末，美国心理学家哈桑（Hassan）、梅（May）、班杜拉（Albert Bandura）以及马勒（Mahler），瑞士心理学家皮亚杰（Jean Piaget），苏联心理学家维果茨基（Lev Vygotsky）等，提出了关于儿童品德发展的多种观点。

儿童发展心理学家科尔伯格提出，伴随心理的成长和认知的深入，人的品德形成具有阶段性特征，有其心理水平成长的规律。科尔伯格把人的道德认知能力以年龄为阶段划分为三个水平，每个水平又细分为两个阶段。

0—9 岁的儿童处于前习俗水平，这一水平儿童根据行为的直接后果和自身的利害

---

① 中华人民共和国教育部. 3—6 岁儿童学习与发展指南［M］. 北京：首都师范大学出版社，2012：34.

关系判断好坏是非。第一阶段的儿童没有真正的道德概念，第二阶段的儿童以对自己需要的满足来判断道德好坏。

9—15 岁的儿童处于习俗水平，这一水平儿童开始以社会成员的角度思考道德问题。第三阶段的儿童开始在意别人的评价，从别人的赞赏中获得道德满足感，第四阶段的儿童有了法规意识，认为符合法规的事才是道德的。

15 岁以后的儿童处于后习俗水平，这一水平儿童有了更成人化的道德观，法律与权威也会受到挑战，个人的尊严和正义开始萌发。第五阶段的儿童重视社会契约和法律，但不完全服从契约和法律，第六阶段的儿童心智更为成熟，道德判断会有强烈的自我准则，良心和自我原则成为心中的标尺。

科尔伯格理论的借鉴意义在于让人们认识到，幼儿品德的形成是从点滴生活经历里逐渐得到发展。科尔伯格的道德阶段理论不仅揭示了儿童青少年的道德发展水平，而且非常强调道德思维推理能力。该理论给幼儿教师许多启示：一是在幼儿日常做游戏、讲故事、看童话书等教学环节中，可自发融入道德发展活动；二是幼儿教育活动中，比如绘本阅读活动中许多图画故事书都包含道德评价，如：《花婆婆》《失落的一角》《爱心树》《獾的礼物》《爷爷一定有办法》等，这些书中都有亲情与友谊、勇气与智慧、责任与关怀，体现了儿童性与生命哲学的交融，故事都浅显有趣，充满想象力，可以满足孩子们的好奇心。这些道德主题的故事书是家长和老师培养孩子良好品格的最佳选择。

3. 在品德教育中注重中华传统文化的传承。

我国古代教育家的道德伦理观点潜移默化地融入了传统文化中，例如民俗中的剪纸、泥塑、皮影戏等，把古代英雄人物、爱国故事、孝敬父母等主题生动地表现出来。在利用现代手段教育幼儿时，可以把优秀传统文化元素植入其中，适度引导孩子的道德意识、道德判断和道德行为，例如，给孩子讲"岳母刺字"的故事：岳飞十五六岁时，北方的金人南侵，宋朝当权者腐败无能，节节败退，国家处在生死存亡的关头。岳飞的母亲把岳飞叫到跟前，听到儿子打算"精忠报国"时，她决定把"精忠报国"四个字刺在儿子背上，让儿子铭记在心。"岳母刺字"的故事激发了幼儿的爱国情感。又如教师利用端午节让孩子了解吃粽子的来历，而不仅仅是让孩子的兴趣停留在粽子本身，更重要的目标是给孩子讲解屈原的爱国情怀等。

4. 把幼儿品德培育的自然性和时代性结合起来。

20 世纪 30 年代，宋庆龄就提出了"儿童是主人"的思想。这一思想对充分发掘每个幼儿自身的潜力和天赋，顺应幼儿成长的自然规律非常有意义。但是幼儿品德的培育不能脱离我们所处的时代，要让孩子有最基本的生于斯、长于斯的情感认同，热爱自己生长的土地，认同民族传统文化和社会主义核心价值观。在幼儿品德培育中，可以把自然性和时代性结合起来。

《指南》中指出，幼儿教师、家长要遵守社会行为规则，为幼儿树立良好的榜样；幼儿教师结合社会生活实际，帮助幼儿了解基本行为规则或其他游戏规则，体会规则的重要性，学习自觉遵守规则；幼儿教师对幼儿诚实守信的行为要及时肯定等。

当今时代，多媒体电子产品的普及和各种信息的迅猛传播，给幼儿教育带来了新的教育形式，同时也带来了新的挑战，这就要求幼儿教师在选择道德伦理的主题和内容时要严格谨慎，认真把关。电子产品给孩子带来许多便利和诱惑，孩子玩游戏的过程其实也是一个智力开发的过程，但孩子拥有或接触的电子产品过多、过滥，不仅会占据孩子的时间，而且会直接影响到他们良好道德品质伦理的形成。我们要强调培养幼儿的规则意识，俗话说："没有规矩，难成方圆。"例如规定什么事情做好了，可以满足幼儿玩游戏的要求，但玩游戏的时间长短事先要约定好。成人要遵守约定，说到做到，培养幼儿的任务意识、时间意识、自律意识等。

在一定程度上，品德决定着孩子的未来。它比天赋、智慧和知识都重要，品德总是伴随着一个人的一生。如果孩子没有良好的品德，即便能力出众，难免会影响一生发展。品德才是孩子行稳致远的保证，家长、学校、社会都有责任共同携手，为每个孩子养成良好的品德形成合力。思想决定行为，行为决定习惯，习惯决定品德，品德决定未来。优秀的品德会帮助孩子成功，优秀的品德是孩子未来的第一竞争力。

二、品德培养的策略

十年树木，百年树人。在培养幼儿品德的过程中，幼儿教师承担着十分重要的作用，结合家园共育，形成合力，帮助幼儿发展良好的品德。在实施幼儿德育的过程中，拓展德育空间，拓宽德育渠道，借助多方力量，依托有效资源，才能体现一种开放的教育思想。将品德教育融入幼儿一日生活，是目前德育工作开展的首要任务之一。

（一）品德培养的策略

1. 在生活游戏中养成好品德。

《指南》中指出：幼儿园活动应"寓教育于生活、游戏之中"，这与陶行知先生所提倡的"生活即教育"的思想不谋而合。新《幼儿园工作规程》第三十一条也明确指出[①]：幼儿品德教育应当以情感教育和培养良好行为习惯为主，在幼儿生活以及各项活动之中潜移默化。幼儿教师要把握有利时机，有目的地将品德教育渗透于幼儿一日生活之中，逐步培养幼儿的良好品德。

幼儿园课程教学方式主要有两种：预设型课程和生成型课程，预设型课程占有相当大的比重，我们如何发挥品德教育的渗透作用？目前，在德育教学方面，预设型课程大多以一个品德小故事为载体，通过你问我答、观看故事、相互交流等环节来达到预设目标。生成型课程则是以老师观察到的幼儿某个品德行为作为契机，请孩子们讲一讲这一行为的对错。这样千篇一律的教学方式，忽略了品德教育对一名幼儿产生的实际作用，轻视了德育工作的核心素养、幼儿思想情感的建设，演变成了一种倾向于行为、做法的物理训练，而对精神层面、思想层面的影响小之又小。其实最直接有效的方法就是让儿童多经历、多切身思考品德的问题。在幼儿园教育中，要尽可能地改变传统道德教育的说教式、授课式方式，多设计一些实践环节和实际场景，让幼儿尽可能设身处地地思考品德问题。

---

① 中华人民共和国教育部. 幼儿园工作规程［M］. 北京：首都师范大学出版社，2016.

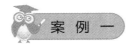

在故事中学会说，在操场上学会做

在大班以社会领域为主的集体教学活动"不怕困难，坚持到底"中，共有三个环节：

第一环节，教师出示一根幼儿手臂粗细的铁棒和一根绣花针，通过提问方式激发幼儿学习兴趣；

第二环节，观看《铁杵磨成针》动画片，引导幼儿思考坚持不懈这一品质的重要性；

第三环节，出示运动员跑步跌倒、解放军烈日下站岗等图片，使幼儿感受坚持不懈的品质与实际生活的联系。

晓宇认真看完视频，积极回答老师问题："做什么事情都要坚持，这样就会得到胜利！"还补充了一句，"我妈妈也是这么跟我说的。"

活动后，孩子们到操场运动。晓宇迟迟没有选择任何运动器械，眼看其他孩子都四散玩开了，嘉嘉老师走上前询问晓宇为什么不去运动。他回答道："我不会骑车。"原来晓宇想骑自行车，可是又担心自己不会。老师指导他骑车的动作要领，可晓宇没踩两下，就要下车了，"骑车太难了，我不要骑了"。"刚才学习的时候咱们说的是遇到困难要坚持下去的，加油啊！"晓宇听了撇了撇嘴，继续骑了两下，说道："我实在太累了，要去休息了。"说完放下车，就坐到一旁的座位上，直到运动时间结束。

（案例来源：上海市静安区汾西路幼儿园 童华嘉）

案例点评

晓宇知道应该要坚持，坚持很重要，但在遇到骑车难的实际情况时选择了放弃。类似情况在幼儿身上频频发生，说得容易，做到不易。另外，老师有时也就是说说而已，并未真正鼓励孩子一定要做到。孩子不做，老师也就接受了现实，不做就算了，反正也不影响其他人，不影响活动纪律。

教育建议

①当晓宇说："做什么事情都要坚持，这样就会得到胜利"时，老师要问他一下，遇到什么情况下要坚持呢，你给大家举个例子。如果你遇到困境时(或从下面要玩的游戏运动中选择一两个可能出现的困境)，你会怎么做，就能坚持到底呢？就是要将"坚

持"这个概念情境化、行动化、具体化，而不是说个概念"要坚持"就行了。只说"概念"，不涉及"行为和具体步骤"，就会出现"说得容易，做到不易"的情况。

②转换教学方式，给幼儿提供有一定难度的运动器械，或者预设一项幼儿"踮一踮脚"才能完成的任务。在孩子们运动游戏后应集中分享，交流活动中遇到的问题、成功完成任务的孩子是如何坚持的等，以"做中学"的形式让幼儿从活动中获取经验，整合原有知识、提升相关能力、习得良好品德。

2. 在失误和改错中练成好习惯、好品行。

人在成长过程中，不可避免地会失误或是犯错。老师们和家长都害怕孩子犯错、做得不对，不允许孩子犯错，必须让孩子做对，有的家长甚至对孩子的犯错或失误无法容忍。这样的教育观对孩子的成长过程是不利的，对幼儿的心理健康和人生观的形成会产生重大影响。在道德修养中，不贵无过，而贵改过。这种"贵于改过"的主张，以及道德教育中的求实精神和向前看的态度，是可取的。

不允许孩子犯错或出现失误，犹如让学吃饭的孩子不能把饭粒粘在嘴边，学走路的孩子不能摔跤，只会使孩子变得越来越害怕做事情，变得谨小慎微。其实，从某种意义上来说，失误或试错是孩子的权利，因为这是成长必经的一个过程。孩子只有在失误或出现较小错误的过程中，才能不断正误、习得正确行为，学会逐渐成长。

案 例 二

面对打翻了的花盆，从手足无措到积极应对

中三班教室里，娃娃家桌子上的花盆摔到了地上，盆子虽然没有摔坏，但泥土撒了一地，里面的植物也大部分露了出来，几个孩子围在一起，一个个都露出紧张的神情，一时不知该如何是好。谁都没有想过去扶起花盆，清理地面。那株鲜艳的小花，裸露着根茎，横躺在地上，伴随的是孩子们七嘴八舌、推卸责任的话语。

于是，我蹲下身，对着地上的小花说："哎呀，好可怜的小花啊，它离开泥土，快要枯萎了。"孩子们一听，立即围上来，一个孩子说："要快点把它送回泥土里。"紧接着，另一个孩子说："对，要先把地上的泥土捡到花盆里，然后把花再埋进去。"一旁一个小女生说："你们让开一点！当心，别踩到小花了！"几乎所有孩子都在为拯救这株花而努力。

（案例来源：上海市静安区汾西路幼儿园 童华嘉）

 **案 例 点 评**

在带班过程中，一线教师经常会面对如上情况，打翻的牛奶、撞倒的椅子，这些都是由于孩子们的失误造成的。许多人会因为这些突发状况对孩子产生不满，甚至抱怨，急于把这种失误归咎于孩子个人。但细细想来，失误的原因往往是因为年龄小的孩子对周围环境的判断不清、对正确标准感觉不明、反应敏捷度不够。所以，这种时候应当告诉孩子花盆什么情况下会摔到地上，怎样做能避免花盆摔到地上，路过花盆时要注意哪些行为等。当给幼儿讲清道理，并遇到相同事件再次重复道理时，幼儿会渐渐做到避免类似事件发生。

 **教育建议**

当孩子们造成失误、想法补救后，可以在班级中展开讨论，把个体经验分享至集体。比如，在花盆事件后，请孩子们坐到一块，想想花盆为什么会倒在地上？引导幼儿说出花盆易倒的原因，再想解决之法，然后模拟这些方法。通过相互讨论和体验模拟，共同调整班级环境。

成人需要为孩子们做的就是创造探索的机会和条件，让孩子们通过自己的实践活动获得解决问题的方法，鼓励孩子大胆尝试，让孩子在试错或失误的过程中找到纠正的方法。通过这样的教育观，教养出来的孩子往往探究精神和创造精神也很强，同时也能够正视失败和挫折。

3. 在自我评价中获得成长。

儿童作为教育工作中的"小主人"，理应对自己的品德作出评价，随着自我评价能力的发展推动自身品德的发展。通常，孩子们在实施道德判断时，会先对某种行为或情况作出对、错，或者应该、不应该的简单判断，然后说出判断的依据和理由。前者，是道德判断的内容，后者是道德判断的形式。

同样的问题：这样做对不对？不同年龄层次孩子的回答方式和内容会不一样。年龄越小的孩子，在判断是非时越会产生模棱两可的态度，年龄稍大一些的孩子会坚持自己的主张，年龄越大的孩子不但能够对事件作判断，并能够表述清楚其判断的理由。

案 例 三

星星墙上促发展

中班教室里有一面星星墙，上面贴着小朋友的照片，是孩子们用来评价自己的墙面。当幼儿评价自己在园一日活动表现优异时，可以将自己照片贴上星星墙。每天，教师会与幼儿就星星墙的内容进行交流。最初，幼儿对星星墙兴趣高昂，志在把自己照片展示在星星墙上，当被问道："你今天的表现怎么样？"基本上所有的孩子都会说："我今天很棒！"但其中有半数幼儿说不出具体事由，只有少数幼儿能够说出今天自己具体做了哪些好事情。比如：我今天午饭时帮助大妈妈给小朋友们分碗；看到地上有垃圾，我主动捡起来等。还有少数幼儿会模仿同伴的回答，说："我今天也给大家分碗了"，但实际并没有发生。教师会以肯定的方式，鼓励幼儿继续保持今天的优异表现，并在回应时帮助幼儿提升经验，如："今天你做了一件好事，是主动帮助他人。""你表现得不错哦，帮助清洁公共环境。"经过这样的自我评价后，不难发现，原本帮助大妈妈分碗的孩子找到了更多可以帮助他人的契机；主动捡起地上垃圾的孩子，更愿意帮助打扫教室，甚至是幼儿园其他公共环境了。久而久之，家长们也反映，孩子在家表现得更加勤劳了。

（案例来源：上海市静安区汾西路幼儿园 童华嘉）

教师通过星星墙展示照片的方式鼓励幼儿对自身在园表现做出评价，使幼儿主动反思，帮助幼儿逐渐萌发是非观。

教育建议

在要求幼儿做自我评价时，切记不要只问对与错，要引导幼儿说清楚理由和依据，鼓励孩子在不断自我评价中得到发展。

（二）品德培养的主要支持者

了解品德培养的策略，需要明确策略的支持者，方可实现策略的可操作性。教师需联动家长、同伴及自身的力量，共同推进幼儿德育工作的开展。

1. 家长——孩子的第一任老师。

（1）表达关爱。

父母作为孩子的第一监护人，对0—6岁儿童品德养成有深远影响。首先，在婴儿早期，孩子与母亲实际上是一种心理连体，孩子的心理感受、情绪和精神都反映着母亲在这些方面的状态。所以母亲要与婴儿多亲密接触，给婴儿以安全、快乐和温暖的生理和情感体验，培养婴儿对外部世界的基本信任、合作、互助的关系。母亲对孩子不要有厌烦、怨愤、抛弃等消极心理，同时，要经常对婴孩表达关爱，比如，肢体上的抚触、言语上的轻语、带着微笑的表情，让婴孩感到一切都安全和自然，孩子的身心各方面才会不受打扰、不受阻碍地健康成长。

（2）言传身教。

孩子就像父母的一面镜子，从孩子的行为习惯、说话方式等可以看到其家长的影子。幼儿学习的一大特点就是模仿，不需要旁人来教，只要是身边的人经常说的话、做的事，幼儿就非常容易习得。家长在平日生活中需要注意自身的言行，让孩子始终浸润在良好品德的环境中。

（3）客观评价。

家长对孩子的品德评价直接影响着孩子的品德行为。部分家长对孩子的任何行为都予以赞扬，比如，孩子在公共场所随意涂鸦、破坏公物甚至文物，家长却表扬孩子有艺术创造力；还有家长则完全相反，即对孩子的任何行为都予以否定，比如孩子助人为乐，扶起倒在路边的共享单车，妈妈反而批评孩子多管闲事等。如此没有正确价值观引领的评价，容易导致幼儿无法判断是非，对品德发展不利。因此，评价孩子的行为、引导孩子的品德，需要客观、科学，并带有一定的艺术性。

2. 同伴——孩子的小老师。

生生互动的过程就是孩子们相互交流、效仿，共同发展的过程。特别是在幼儿园一日活动中，无论是游戏、生活、学习、运动，幼儿之间很容易相互模仿行为、语言等，他们用各种能够相互理解的方式和途径进行交流、互助、合作，共同探索、解决问题。比如，对于操场攀爬架上进退两难的幼儿来说，同伴的一句鼓励："要勇敢！"胜过老师的千言万语。得到鼓励的孩子不但敢于接受挑战，也会在今后的生活中鼓励他人。再比如表演节目后，如果得到同伴的掌声，孩子会乐于赞扬他人，也会变得更自信，良好品德在彼此欣赏中形成。

3. 教师——孩子们的心灵工程师。

《师说》中提道：师者，传道受业解惑也。传授道理作为第一顺位就说明了教师在授学时的首要任务就是品德教育。教师不但直接作用于幼儿的品德培养，还要积极引导幼儿产生良性的生生互动，并肩负着指导家长如何教养幼儿品德的重要责任。

（1）以身作则。

当天真的孩子来到幼儿园，孩子们会认为老师就是万事正确的代言人。当遇到困难和问题时，孩子们会用老师说过的话去回应，话语的开头或结尾经常会是："我们老师说的。"家长们会发现孩子们回到家喜欢模仿老师的语言和动作。更有趣的是，曾经有孩子听到老师要去上厕所时，睁大眼睛、张大嘴巴，说："老师也要上厕所的吗？"还有些女孩子会想要拥有和老师一模一样的发圈，梳一模一样的发型。是啊，在孩子们的心中，老师就像超人，所以，身为孩子们心中的"超人老师"，必须约束自己的德行，做到为人师表。不吝啬对孩子说对不起的老师，所在班级的幼儿也会彬彬有礼；愿意随手拾起地上碎纸的老师，她的孩子们也会乐于助人。

教师的品行给孩子们带来的示范作用是相当大的。

（2）了解问题，发现对策。

教师在幼儿教育中的其中一个身份是观察者。一名善于观察的老师，能够准确捕捉到孩子一言一行所蕴含的教育契机，当发现这个教育契机后，就可以有针对性地制定目标并实施教学。只有了解到孩子们的真正需求和问题所在，才能思考出相应的对策。

（3）以儿童视角看品德问题。

相对于成人视角，幼儿在理解、处理品德问题上，有独特的判断依据、思维习惯等。所以，教师在看待幼儿品德问题时，不妨"蹲下来"，贴近孩子，运用孩子们的眼光来看待。

故意摔倒的佳慧只是想要抱抱

运动时间到了，童童老师带着小班孩子到操场玩拉圈快走游戏。突然，佳慧摔倒了，老师以为佳慧会马上站起来，可是佳慧过了好几秒还没站起来，老师感觉不对劲，害怕佳慧受伤了，就过去扶起她，抱抱她。可是，佳慧接二连三地摔倒，而且还没有受伤。老师明白了，孩子希望被老师关注，喜欢被老师抱抱。放学时，老师与佳慧妈妈进行了沟通，说明了当时的情况，提醒家长要从儿童的视角看待孩子发展的过程，不要总对孩子太严厉，要经常抱抱孩子，要慢慢地、温和地和孩子说话。可佳慧妈妈完全感受不到孩子的心情，根本不懂孩子的需求，当着老师的面还在斥责佳慧。

（案例来源：上海市静安区汾西路幼儿园 童华嘉）

案例点评

佳慧小朋友在运动活动中故意数次摔倒，教师发现，佳慧小朋友由于经常受到家长斥责，所以，极度缺乏安全感，她希望用"摔倒"的方式赢得教师的注意，这是孩子的基本需求，符合3—4岁孩子的"意志启蒙"发展阶段。她不是不想和其他小朋友一样玩游戏，而是想要老师多抱抱自己，因为被老师抱让佳慧感到温暖和安全。然而，孩子的母亲却没有以儿童的视角看待问题，认为佳慧有些"叛逆"，没有意识到女儿只是缺乏安全感而已。

教育建议

在这个阶段，当儿童能服从有关行为规则时，教育者要及时表扬、鼓励。不能把对儿童行为规则的锻炼变成对儿童行为的繁琐监督，更不能总是斥责孩子。斥责孩子会压制儿童的热情，打击孩子的创制性和积极性，导致孩子缺乏安全感，违背了儿童自主、自我确认的希望。所以，在这个阶段，教师要蹲下来看孩子，不但自己要以孩子的视角去看待事物，还要引导家长也要以孩子的心态去考虑问题，看其所看，想其所想。

三、家园共育对幼儿品德形成的作用

（一）家庭教育对幼儿品德形成的重要作用

幼儿园教育面向的群体是3—6岁幼儿，在这个阶段，要极为重视幼儿人格的培养。许多教师反映，年轻的家长们更重视对孩子知识、技能方面的培养，比如，新托小班入园的孩子不尊重家中祖辈家长，经常哭闹、绝食，甚至靠伤害自己来获得自己想要的东西，不愿说"你好""对不起""谢谢"。这些现象背后，是部分家庭对品德教育忽视的结果，还有部分家长则是重教而不会教。

首先，品德教育需要从家庭教育出发，这就要求家长们对幼儿的品德教育引起足够的重视，积极帮助孩子塑造良好的品德基础。其次，家庭教育贵在持之以恒，家长们要坚持做好良好的示范。最后，家人之间的教养态度一致，是教养幼儿成功的关键因素之一。

（二）幼儿园对家庭教育的指导作用

幼儿园的服务对象不只是幼儿，还要为家长们提供正确的教养策略，帮助家长正确解读相关内容，实时指导家长解决幼儿所表现出的品德问题，共同支持幼儿的身心发展。在面对品德教育时，部分家长对如何培养幼儿品德无所适从，那么，幼儿园就需要及时发现家长对幼儿培养的需求，并给出针对性建议。

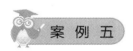

二胎家庭中家长对谦让品德教育的误解

大大和仲仲是兄妹，作为哥哥的大大，平日不爱说话，妹妹仲仲大大咧咧，与同伴相处有些霸道。据孩子家长反映，哥哥在妹妹没出生前不是这样，虽然比较内向，但还是愿意说出自己的想法，孩子妈妈表示哥哥是同意家里多一个小宝贝的，当妹妹还是小婴儿时，哥哥会经常亲亲妹妹。

然而，在一次全园亲子活动中发生了这样一幕：大大、仲仲的爸爸妈妈，用手指着大大，并用周围人都听得到的声音说："跟妹妹说对不起！把奖牌还给妹妹！"刚开始，大家都以为是哥哥抢走了妹妹的奖品，直到老师走向前询问才了解到：奖品是哥哥通过游戏关卡赢来的，妹妹由于年龄小，没有参加这项游戏，但希望得到奖牌。

爸爸妈妈二话不说就从大大手里拿过奖牌，给了妹妹，大大又抢了回去，

妹妹大哭。老师一边安慰妹妹，一边向妹妹解释奖牌是哥哥靠努力得来的，但遭到家长的打断："哥哥就要让着妹妹啊，要不然怎么当哥哥！哥哥人大了，要懂得谦让。"教师随后约谈了家长，向其分析了当天两个孩子的行为和心理情况，有针对性地指导家长如何处理二胎宝宝们的谦让品德教育问题。

（案例来源：上海市静安区汾西路幼儿园 童华嘉）

首先，教师与家长沟通了谦让是相互的，不是单方面无条件的忍让，谦让品德十分重要，它是人立足社会，与他人合作相处的重要品行。二胎家庭在生活中培养大小宝谦让的品德具有现实性和必要性，当发现兄妹俩相互谦让的行为要即时表扬。听完老师的讲解后，家长表示理解。

案例中，大宝"理应"谦让二宝，这样无条件的谦让是家长在品德教育中对谦让的误解。谦让是美德，但谦让是相互的。单方面的谦让，使得大宝感到委屈，二宝觉得理所应当。那么，大宝今后遇到比他年龄大的孩子，是否会以同理心去委屈他人，又或者事事退缩，处处忍让？二宝在外都要求众人以她为首？周围的人真的会满足二宝的需求吗？最后，这对兄妹的父母意识到了，自己对谦让教育的错误理解，及时更正了教养态度，明白了"是大宝的东西，不能无条件给二宝，要让二宝知道，自己也要学会努力，才能获得你想要的东西"。

教育建议

家长在幼儿品德方面的正确教养理念应该是：第一，对品德本身有正确的认识。第二，抓住生活中的契机实施品德教育。第三，孩子的品德教育非一朝一夕，家长的言行对幼儿的影响无形而深刻。

教育方式有：

①要求统一，对二胎或多胎孩子和其他家庭成员的要求都要一样，不偏不倚。

②示范正确，年龄小的幼儿喜欢模仿，家长自身的品行要端正。

③实践与言辞引导相结合，用正面的语言与幼儿交流，运用寓言、绘本故事、歌曲等启迪幼儿，通过反复的生活实践，让良好的品德行为成为习惯。

（三）家园共育中的有效策略

根据《幼儿园工作规程》要求，幼儿园在家园合作中应该起主导作用。"主导"作用是通过"服务"来达到的，因此，幼儿园的"服务"就是指导的服务，帮助家长提高开发孩子潜在的能力。

1. 双向互动进行家校合作。

利用多方资源，开设家长讲座，开展主题活动。讲座可以是面向全园，也可以是分年级进行，有针对性对家长进行科普宣传。全园性讲座可以理论性比较强，从较为宏观的知识点切入，分年级讲座可以从家长在家庭教育中存在的问题着手。

如大班由家长志愿者主讲——"入小学了，您和孩子们准备好了吗?"小班的妇幼保健专家讲座——"幼儿的科学喂养"等专题讲座内容贴切、生动，受到家长欢迎；在探索型主题活动中，邀请不同职业的妈妈进行专题访谈，邀请有才艺的家长加入幼儿园各类创作活动，带领孩子实地考察爸爸妈妈工作的地方；设置"咪咪餐厅"专栏，接受家长对幼儿园餐点、午睡情况的检查，起到督促与共育的作用。

2. 分层分类开展家教指导。

幼儿来自不同的家庭，生活习惯、家庭背景各不相同。常规家长会中可穿插具针对性的小型家长会，或是针对同质家长群体进行的团体辅导和培训。

如小班的"幼儿良好习惯的培养"以图表、品评形式展开；有效沟通、情绪管理等辅导和培训形式可以丰富多样，不要局限于听讲，多些互动，让更多家长有机会交流。可以分享成功经验，也可以探讨失败的教训，家长可在体验、分享、感悟，浸润中获得方法。

3. 资源共享建立家园联系。

为每位孩子建立各具特色的《家园联系册》，如小班的《宝宝成长记录册》主要针对刚入园幼儿的生活、常规等展开；中班的《幼儿成长录》围绕幼儿的学习、主题活动与家长建立沟通与对话；大班的《假日宝宝日记》则由幼儿用讲述、绘画、照片等记录形式把假日里的亲子活动一一呈现。不同方式、分类指导的《家园联系册》为教师与家长间架起了心灵之桥，发挥了家园的互通作用。

4. 设立家长学校。

家长学校是家长与家长、家长与幼儿园相互交流的重要平台，幼儿园与教师是家长学校的组织者。同一个班的幼儿品德发展水平参差不齐，家长对幼儿品德形成的教育方法各有千秋。当遇到共性问题时，家长们可以通过家长学校了解其他家长的做法；当遇到特殊问题时，家长们得以在家长学校中向其他家长和老师求助。家长学校可以是教育思想传播、教育方法汇聚、教育理念撞击的平台。在定期的家长学校活动中，家长们可以预设一个主题或者讨论一个幼儿案例。

5. 与不同类型家长的个别互动。

家长教养态度对幼儿身心及品德的发展有重要影响，所以，要根据家长不同教养态度进行分类，然后指导不同类型的家长。

(1)专制型：高控制，低回应。

采用这类教养方式的家长在孩子心中具有权威地位。他们对孩子设立较为严厉的规则与标准，并要求幼儿百分百服从；这类家长很少听从孩子的想法，或者考虑孩子对规则、标准、要求的感受。当与孩子意见不一致甚至发生争执时，家长通常以"我是你的爸爸(妈妈)，所以你必须听我的"来回应。

这类家长控制欲极高，例如不允许孩子和邻居小伙伴一同玩耍、一定要按照家长指定的玩法来玩玩具，经常使用心理控制，威胁、恐吓幼儿。例如，面对一个正在哭泣的孩子时，会告诉孩子"你再哭/你不听话/你不这样做，妈妈就不爱你了"诸如此类的话语。

（2）权威型：高控制，高回应。

这类父母也会对孩子设立一定的规定和标准，并树立权威的形象，但他们会耐心地与幼儿解释设计这些规定和标准的原因，试图让孩子理解标准的合理性。

例如，当孩子提出要和邻居小朋友一起玩的时候，家长会劝导："现在已经很晚了，邻居小朋友要回家了，下次我们早些约好一起玩好吗。"这样一来，孩子们能够理解父母的要求，父母也在一定程度上理解和满足孩子的需求。这类父母比较尊重孩子的需要，对孩子在情感上的需求会给予回应。

（3）溺爱型：低控制，高回应。

这类教养方式的父母基本不给孩子树立规则和标准，而是溺爱孩子，竭尽全力满足孩子需求。这类父母所教养出的孩子通常是"熊孩子""小皇帝"，这些孩子会逐渐形成不愿意或不会遵守社会规矩和道德规范的内心模式，将自己的需求排在首位，不懂得尊重他人，忽视外在环境的现实情况和他人的真实感受也就变得顺理成章，甚至在自己的需求得不到满足时会对父母口出狂言，大打出手。

（4）忽视型：低控制，低回应。

这类父母在孩子的成长发展中几乎是不参与的一种状态。他们很少对孩子设立规则，也很少回应孩子的需求。这类父母更多时候可能会觉得自己的生活比培养孩子更重要，没法担任起抚养孩子的重任。在这种教养方式下，孩子可能会出现情感缺失、内心脆弱或封闭。

幼儿园与家庭时而是教育与被教育的关系，时而是服务与被服务的关系，但有时更像是伙伴关系，每个成员都不可或缺。幼儿园提供"多元服务"让家长得到多角度、多层次的指导，促使不同层面的家长和孩子得到发展与提高，达到教育的目的。锤炼孩子的积极品德离不开家园共育，从小养成积极品德有助于孩子未来的发展。

一、单选题

1. 幼儿园的品德教育应当以情感教育和培养良好行为习惯为主，注重潜移默化的影响，并贯穿于幼儿（   ）以及各项活动之中。

    A. 学习   B. 生活   C. 运动   D. 家庭

2. 幼儿园教育应以（   ）为主体。

    A. 教师   B. 幼儿   C. 家长   D. 社会

二、多选题

1. 品德培养的策略有（   ）

A. 在生活游戏中养成 　　　　　　B. 在失误和改错中练成

C. 自我评价中获得 　　　　　　　D. 离开学校后形成

2. 根据对幼儿不同教养态度可以对家长进行的分类有（　　　）

A. 专制型　　　　B. 权威型　　　　C. 溺爱型　　　　D. 忽视型

三、判断题

1. 在培养幼儿品德时，需循序渐进，寓教于乐。（　　　）

2. 家园共育对幼儿品德的培养起到了辅助作用。（　　　）

四、案例分析题

案例：高个的小 A 和矮个的小 B 在为争抢一块较大的苹果争论不休，一旁较小的苹果无人问津。小 A："我听爸爸讲过《孔融让梨》的故事，长得小的人就要吃小的东西，那我比你大，我就要吃大苹果。"小 B："大人都要让着小孩子的，我比你小，你要把大苹果让给我！"两人共同大声喊："老师！他抢我的苹果！"

问题：当遇到以上情形，你会怎么做？

五、简答题

1. 品德培养的策略有哪些？

2. 请简单阐述家园共育中的有效策略。

第二节　育学识：引导孩子学习知识

教学目的：理解和掌握幼儿教师的教育观、教学观和学习观。
教学重点：理解和掌握教师如何进行课堂教学。
教学难点：教师如何进行课堂教学方法的内化、吸收和实践。

幼儿时期是人格健全的关键时期，更是身体发育和智力发展的最佳时期，幼儿教师通过课堂教学，引导孩子学习知识，树立正确的教育观，建立师幼互动、师幼平等、师幼和谐的教学观，培养自身终身学习、不断探索的学习观是幼儿教师职业道德的基本素养之一。

一、幼儿学什么

幼儿园课程体系主要以不同年龄段进行不同主题活动而进行，按照学习内容分可分为中国传统文化的学习和西方文化的学习。学习内容各有优势和劣势，教师应依据园本课程有的放矢地设计活动内容。

（一）中国传统文化的学习

国学经典诵读对于学龄前教育是弥足珍贵的。何为"中国传统文化"？中国传统文化是中华民族从古至今对人类历史的贡献。①

《上海市教育委员会关于在本市中小幼各学段开展"中国系列"课程建设的通知》（沪教委德〔2018〕52 号）中，公布了上海市首批立项的 100 门"中国系列"校本课程。在学龄前阶段的"中国系列"中，上海市长宁实验幼儿园的"幼儿园中华经典诵读"、上海市杨浦区本溪路幼儿园的"萌娃畅想中国梦"等都成为了优秀课程范本。

在幼儿园的课程中，如小班的"迎新年"主题，教师在教学时，将艺术、语言、社会、健康等领域融入春节元素，通过艺术领域的剪纸、画鞭炮、讲讲"年"的故事等环节，让孩子了解了"春节"，使得中国传统文化，以及年味、人情味深入孩子内心，希冀传统节日一代代传承下来。

新时代教师是中国传统文化的传播者，更是中国传统文化的传承者，利用多媒体手段、前沿信息技术，使得中国传统文化的教学实践充满童趣，相信被哺育的"20 后"幼儿在他们的心中已萌芽出一份传承之心、爱国之心、感恩之心。

（二）西方文化的学习

依据西方节日开展一些西方文化的学习，例如：复活节、圣诞节、感恩节等，利用童话故事、绘画、餐食教育等环节教授孩子各种节日礼节，开拓孩子视野。

二、幼儿怎么学

学龄前儿童正处在学习欲望和学习能力最强的阶段，此阶段儿童有两个重要特征：感知性和想象性，可以将中国五千年传承下来的古代幼儿的学习策略和现代幼儿的学习策略有机整合，探索出适合新时代幼儿的学习策略。

（一）中国古代幼儿学习策略

1. 重视立志教育。

孔子曰："吾十有五而志于学，三十而立，四十而不惑，五十而知天命，六十而耳顺，七十而从心所欲，不逾矩。"重视幼儿的立志教育，树立志向方可成大器。

2. 重视待人教育。

《周易》曰："积善之家，必有余庆；积不善之家，必有余殃。"意为在处理自己和他人关系时要对自己严格要求，善待别人。其次，古人还强调诚信是立人之本。

3. 重视勤奋好学。

"千里之行，始于足下""水滴石穿"等古语告诫后人，任何事情的结果都是一个积累的过程，必须经历由量变到质变、由感性到理性的发展过程。

4. 重视勤俭教育。

"锄禾日当午，汗滴禾下土。谁知盘中餐，粒粒皆辛苦。"这首诗词让 3 岁左右的孩子都朗朗上口，希望通过这种教育培养后代居安思危的意识，珍惜来之不易的生活，更

---

① 张岱年，方克立. 中国文化概论［M］. 北京：北京师范大学出版社，2004：6-7.

好地立足于社会。

5. 重视培养行为习惯。

《礼记·内则》曰:"子能食食,教以右手。能言,男唯女俞。男鞶革,女鞶丝。六年,教之数与方名。七年,男女不同席,不共食。八年,出入门户及即席饮食,必后长者,始教之让。"说的是古代教育学者重视幼儿的行为习惯培养,从自己吃饭、学习说话到认知等不同领域都有自然发展的规律。

(二)"爱满天下"幼儿策略

"儿童不是'小人',儿童的心理与成人的心理不同,儿童时期不仅作为成人的预备,亦具他本身的价值。"学龄前时期儿童身心发展最迅速、最关键,必须要了解儿童,研究儿童身心发展的特点和规律。

1. 研究与了解儿童。

儿童不是无知无识的,而是具有很强的适应能力和学习能力的。儿童有八个基本特征:好动、好游戏、好模仿、喜欢成功、喜欢合群、喜欢野外生活、情绪不稳定、思维带有直接行动性。根据研究儿童生理发展的不同阶段,学龄前儿童还可以分为:新生儿期、乳儿期、步儿期、幼儿期,每个时期身心发展的特点和教养重点有所不同。

2. 热爱与尊重儿童。

热爱儿童,是作为一个优良教师的起码条件。教师要用爱心与幼儿沟通心灵,把儿童视为具有平等且独立人格的人,提供给孩子探索的工具和空间,允许他们在不断尝试中"犯错"。教师需要把"热爱儿童、尊重儿童"作为工作标准,为实施好教育儿童的工作奠定基础。

尊重儿童,老师可以抱着"凡是儿童自己能够做的,应当让他自己去做""凡是儿童自己能够想的,让他自己去想"的期许,让孩子在自由、平等的环境中去发展①,幼儿教育的责任是帮助孩子生活、自立和做人,给儿童以关心和爱护,帮助儿童做事,并非代替。

三、教师怎么教

对于"怎么教"的问题,幼儿教师应根据不同孩子的气质和性格实施教学,渗透医教结合的概念元素,使教学融趣味性、科学性、探索性于一体。教育的目标是培养人,树立正确的价值观,在教学实践中,幼儿教师的教学方法可概括为"教学有法,教无定法"。

(一)在教学中渗透社会主义核心价值观

社会主义核心价值观集中反映了我国和谐社会所追求的价值尺度和文化观念。价值观是人们在实践中形成的,对价值的性质、构成、标准和评价的根本看法和态度,是处

---

① 北京教育科学研究所编. 陈鹤琴教育文集(下卷)[M]. 北京:北京出版社,1985.

理各种价值问题时所持的比较稳定的立场和观点的总和，价值观是人生观和世界观的核心与基础。

幼儿园教师应遵循以下原则：

1. 爱岗敬业——关爱幼儿是幼儿教师价值观的基本目标。

幼儿教师要有一种职业的敬畏感，敬畏工作、敬畏孩子，会产生发自内心的道德准则，自我约束不端行为，做德才兼备的幼儿教师。

2. 刻苦钻研——教师是一个终身学习的职业。

幼儿教师要不断学习新思想、新知识，拓展视野，精益求精，提高专业素养，做到终身学习，促进自身发展。

3. 勇于创新——新时代教师价值观的精髓体现。

幼儿教师要关注教育观念与学前教育的现状与发展，关注国内外前沿的教育思想和教育理论，关注幼儿教师的自身可持续发展，关注对幼儿的发展性评价。勇于创新，探索多种方式和手段的教学方法，因材施教，循序渐进，对个别儿童开展个别化辅导，最大限度地挖掘每一位幼儿自身潜力，发现孩子的"内涵"，提升幼儿的核心素养，为终身发展夯实基础。

(二) 中外优秀教法

国外幼儿课程教学通常采用"活动教学"或"情境教学"方式，注重学生的参与。如：北欧的森林课程，孩子们通过在真实森林里的探索，亲手摸了秋叶，赤脚蹚过小溪，爬一爬童话里的木屋，这样真实地体验和参与，让孩子感同身受，身临其境。

国外幼儿课程的教学用具通常采用彩色图片、漫画、教学软片、教学音乐带、短视频、格言、谚语及辅助教材的故事性读物。

在课堂上，国外幼儿课程更注重启发性谈话，教师根据学习目的，提出一系列前后连贯而又富于启发性的问题，引导幼儿根据自己的知识经验或根据眼前事物和现象的观察，进行思考而做出回答，借以获得新知识。

国内也有一些较好的教学形式。如：案例"奔跑的报纸"。

大班"奔跑的报纸"学习策略活动

活动地点：外滩"上海市人民英雄纪念塔"前的广场

在大班"我自己"的主题活动中有这样一个目标：了解身体各个部位都会活动，会欣赏和保护自己的身体，懂得活动能使我们的身体更灵活。

针对主题目标，大班组的老师在外滩远足活动中，设计了"奔跑的报纸"游戏内容，让幼儿在感受黄浦江边的风力和风向的同时，调动身体的各个部位灵活运动，尝试不用手帮忙，也能带着报纸一起奔跑。

事件描述
一鸣把报纸夹在下巴下，祺用小书包的背带把报纸压住，雨婷则把报纸放进了口袋里。 　　看到孩子们几番尝试并相互模仿彼此动作后，老师提出了新的要求：把小书包放在旁边，把报纸放在胸前、带着报纸一起跑，不能用衣服、身体的任何部位碰到报纸。 　　"啊，这太难了吧。"有人叫了起来，近三分之一的孩子把报纸折叠起来，放在胸前，可还没跑出一步，报纸就掉了。 　　当大部分孩子不知所措的时候，元干脆在报纸中间挖了一个洞，套在脖子上，大声叫了起来"瞧我的"，就开始向前奔跑。小熊也开始把报纸放在地上，尝试元的方法。 　　恬恬也折叠报纸，可一阵风吹来，遮住了脸，她试图拿下来，却没有成功，报纸一直贴着她的脸，她转动着身体，不知所措。

对策和感悟
在社会真实环境中的体验性活动，可以促进每个幼儿的自主体验和探索，可以增强同伴之间的相互交流、共同研究，更好地激发大家继续探索的兴趣。 　　在一开始的活动中，孩子们都是把报纸折叠起来，或许他们认为这样报纸就不会掉下来，可随着活动的进行，他们发现事实并非如此，报纸折叠得越小，掉下来的速度越快。 　　此时，同伴的成功是兴奋剂，给大家带来了希望。 　　无论是元的报纸打洞还是恬恬遇到的意外场面，都让小伙伴们发出了笑声，也引发了开始模仿的行为。 　　程也打开了报纸，可是由于风大，报纸怎么也放不到脸上，他就把报纸贴在身体前。由于当时他正好是迎着风站立，所以报纸没有掉下来，他向前走、再向前跑，持续了好久，"我成功啦!"程欢呼着。 　　很快，天天、乐乐等小朋友也开始模仿程的做法，"成功啦!""我们成功啦!"

（案例来源：上海市静安区新闸路幼儿园　王洁）

 **案 例 点 评**

　　报纸游戏孩子们并不陌生，可是不能借助手的帮忙，要让报纸和自己在一起，却是第一次玩。虽然有难度，但大班孩子的探索欲望被成功激发，孩子们跃跃欲试。每个孩子都进行了一次探索、体验和发现的活动，其中的感受是在幼儿园的课堂教学中无法替代的。

　　由于黄浦江边的风力大于上海市内的任何地方，给游戏带来了不确定因素，对幼儿的挑战也就更大。

　　当他们的报纸"跑"不起来的时候，教师没有急于介入，而是看着孩子们自己不断调整，在一次次的尝试过程中自主探索和体验。然后组织大家一起讨论，鼓励幼儿把感受和发现告诉大家。

虽然幼儿对风力、风向的概念尚不清晰，但在活动的后半部分可以看到，孩子们在不停地改变站位，观察风向，学着同伴的方法，努力让自己的报纸跑得更远。

在社会实践活动的设计和组织实施中，可以遵循以下原则：

①精选活动场地，巧用自然资源。

②教师耐心等待，幼儿大胆尝试。

③活动形式多样，活动评价多元。

上海市静安区新闻路幼儿园开展的"小眼睛大视界"的幼儿社会实践活动，从"回归生活，在社会自然环境中促进幼儿个性化成长"出发，利用实际生活场景，让幼儿通过观察、体验、模仿和探索，开阔眼界，了解一些基本的社会行为规则，逐渐形成基本的生活能力，学做文明的社会人。

（三）医教结合开展教学

幼儿园医教结合模式是"医生进校园"的一种活动形式，是指：幼儿园和社区儿童保健医生"彼此共生，相互需要"。幼儿园医教结合模式可以有效解决家长四个方面的需要：幼儿基础卫生与疾病预防、幼儿生长发育的科学指导、幼儿体检指标的解读、幼儿心理健康的维护。同时，也解决了幼儿园各岗位的"需要"，班级教师希望得到更多的育儿知识，保育人员希望儿童护理更规范，营养室成员希望菜谱更科学化。

医教结合能够实现"彼此共生，相互需要"的主要途径有：

1. 实践。

多种主题的健康课融入孩子的课程。根据孩子认知能力的发展，每个年龄段的孩子学习与掌握不同卫生保健的常识。每个月社区医生会挑一个下午从诊室转战教室，转换成教师的角色和孩子们面对面交流。社区医生穿着白大褂，既是医生也是老师，白色不再是孩子恐惧的颜色，它变成"守护健康"的代名词。

"医生老师"还针对教工、针对家长开展有针对性的培训。例如：新生家长会——侧重消除幼儿入园时家长的不安：对幼儿怎样穿着、来幼儿园可以带哪些东西，不能带哪些东西，入园洗手、发生传染病等的处理进行解答；期中或者期末家长会——侧重讲解营养保育工作过程、保育新举措，请家长品尝营养室推出的新菜、新点心；园务会议、保育营养培训——根据不同季节和时间段做主题培训等。培训过程中，教师们相互研讨最动态的儿童护理经验、分享最前沿的育儿知识、搭配最合理的膳食，"医生老师"现场指导，及时反馈意见，纠正错误做法，共同促进保育工作的进步！

2. 衔接。

真实的药箱放在班中，紧密衔接教学内容。孩子们对于小药箱的探索劲儿十足，开设"小药箱的秘密"健康课程，并延伸到幼儿园的角色游戏。幼儿班里的小医院有"小药箱的秘密"展板，小药箱的肚子里面有各种各样的外用药！保健室的橱柜内就像哆啦A

梦的"百宝箱",自制不同的教玩具以衔接教学活动,同时,还衔接了家长对于幼儿心理行为健康的需求。

3. 常态化。

幼儿园每学期的幼儿体检指标牵动家长的心,社区儿童保健医生利用放学后的黄金时间与家长进行"零距离"的交流,或对特殊儿童家长进行预约一对一访谈,有针对性地对幼儿健康状况进行剖析,并制定相应的解决方案。对保育和营养工作的督查常态化,快速反馈并及时改进了保健教师欠缺的问题。

4. 创新。

医教结合模式注重走出教室,带领幼儿在教室以外的地方用视觉、触觉学习安全标识,提高孩子的安全意识。尊重每一位孩子提出的健康问题,反馈孩子们对于卫生保健问题的疑惑。与社区医院防保科结合,教授教师及家长预防医学的知识;挖掘公益资源,邀请三级医院急诊科医生讲解幼儿意外伤害,例如溺水、烫伤等的自我防护和自救普及。

 练习题

一、单选题

1. 以下哪一个选项不是学龄前儿童的特征?( )
    A. 感知性   B. 自主性   C. 想象性

2. _____曰:"积善之家,必有余庆;积不善之家,必有余殃。"
    A.《周易》   B.《孟子》   C.《道德经》

二、多选题

1. 以下哪几项属于社会主义核心价值观的内容。( )
    A. 爱国敬业   B. 育人德育   C. 平等公正

2. 以下哪几句话代表陈鹤琴的教育思想?( )
    A. 儿童不是"小人",儿童的心理与成人的心理不同,儿童时期不仅作为成人的
       预备,亦具他本身的价值。
    B. 热爱儿童,是作为一个优良教师的起码条件。
    C. 凡是儿童自己能够做的,应当让他自己去做。

三、判断题

1. 凡是儿童自己能够做的,应当让他自己去做。( )

2. 来自家长和教工不同人群的调研,不能让幼儿园的医教结合工作更合理、更高效、更规范地落实医教结合工作。( )

四、案例分析题

案例: 在小班"迎新年"主题活动中,班级老师通过让孩子们回家收集新年元素的物品装扮教室,欣赏音乐《新年好》,动手制作"小鞭炮"等活动的开展,让孩子了解中国传统节日。

问题: 请问作为教师,你如何通过主题活动传承中国传统文化?

五、简答题

1. 如何做好幼儿园的医教结合工作？
2. 简述"爱满天下"教育思想的主要内容。

第三节　育思想：挖掘孩子创新思维

教学目的：理解和掌握挖掘幼儿创新思维的教育观和教学方法。
教学重点：掌握挖掘幼儿创新思维的教育观和教学方法。
教学难点：幼儿教师需了解创新思维发展与道德发展的关系，同时，幼儿教师还需充分了解和努力挖掘创新思维在儿童青少年品德发展中的特殊作用。

挖掘孩子创新思维的教育是人类最高层次的教育，也是当前核心素养培养的重要内容之一。道德教育是创新思维教育的重要组成部分，注重创造性道德人格的培育，让幼儿"学会做人、学会做事"是幼儿教育的最终目的。

一、激发幼儿创新思维的萌芽

创新是一个民族的灵魂，创新也是一个国家进步的源动力。作为幼儿教育工作者，我们应充分挖掘孩子的创新思维，发挥孩子的创造性，培养新时代具有核心素养的人。

（一）了解幼儿的创造性发展

儿童创造性发展（development of children's creativity）是儿童认知能力发展的一个方面，是儿童在独特地、新颖地解决各种实际问题中体现的创造性的形成、发展过程。儿童的创造力在其进行的各种创造性活动中表现、形成和发展，婴儿期已经有先天反射、直接操作和初步感知等创造力的自发性表现。而幼儿期随着幼儿在动作、语言及心理等领域的发展，他们创造力的发展也随着好奇心和创造想象呈正向发展。在其自身的强烈好奇心促使下，幼儿特别喜欢尝试做以前没做过的事情，从而表现出他们独一无二的创造力。

1. 关注自然，在自然课堂中挖掘孩子的创新思维。

大自然的课堂充满了未知神秘，在自然课堂中，孩子们自己进行探索，自然课程的教授内容往往不局限于老师的备课。在活动前期老师进行充分的实地考察，选择环境安全、光线充足、通风良好的场地让孩子进行探索。例如，在上海市静安区新闸路幼儿园的户外区域活动中，我们融入了"掏鸟蛋"环节，在校园小花园区域桑树旁放置一个爬梯。幼儿进入小花园后发现多了一个爬梯，纷纷爬上爬梯"掏鸟窝"。在活动过程中，我们还发现有的孩子会捡一些树叶放回"鸟窝"，他们告诉我，小鸟会飞回来，树叶可以帮他们取暖；有的孩子会说，"鸟窝"里面的蛋不要一次全部拿走，鸟妈妈会着急……孩子们通过他们对自然的理解，通过对生命的感知，在这样一个环节中，创造属于他们的精彩。

从幼儿运动角度看，"掏鸟窝"锻炼了孩子的胆量，锻炼了孩子"爬"这个动作，发展了他们的方向感。而在其他方面，我们也看到了一个孩子在情感需求、创新思维上进出的火花。

再如，有一次我们讲到"彩虹"。在城市里生活的孩子也许只有在电视上或者在书本上看到过彩虹，而这一节课我们的任务就是要寻找"彩虹"。带着这个任务我们来到了森林公园，让孩子去寻找他们眼睛里的"彩虹"。有的孩子发现泡泡机打出来的泡泡在阳光下有"彩虹"，路人的墨镜折射出"彩虹"，路边的光碟背后有"彩虹"……是的，在孩子眼里，彩虹不单单是一种自然现象，他们用闪亮的眼睛发现了其他各个角落的"彩虹"。

2. 着眼实践，加强幼儿手脑联动的培养。

幼儿心理过程的创新性培养需要侧重运动能力的培养，运动可以促进人的大脑发育——美国某研究所的动物试验结果显示，运动的动物大脑重量比不运动的动物重3%，运动的动物大脑皮层比不运动的动物厚10%。强化手的动作，可以促进人的大脑发育。研究表明，在大脑活动中，很大一部分是手的动作在大脑里的映射，也就是说，动了手才会动脑。大脑中的另外一部分映射，是来自语言，也就是开口说话，让孩子动手动口，才是最好的智力训练。

手与大脑是密不可分的，可以引导孩子用手完成一些独立活动，如喝水、吃饭、穿衣，和一些技巧动作，如用筷子、串珠等。教师可以在日常的运动课中花些小心思，例如：在平衡能力锻炼的同时，让孩子自主选择一些小器械，促进幼儿身心、知识、情感和创造能力等方面健康发展。

低幼期的时候，孩子都乐于通过声音、颜色、形状和角色扮演活动表达自己的想法。可以通过科学的早教活动，最大限度激发出孩子的创造力。

另外，我们在做一些大运动的同时，不要忽视精细运动的练习，让孩子在有限的空间做一些精细化动作，锻炼孩子小肌肉动作，例如：串珠、剥蛋壳、搭积木、折纸等。精细动作是在感知觉和注意力等多方面心理活动的配合下完成特定的任务，是儿童早期发展的重要组成部分，更是其他各方面均衡发展的重要基础。儿童手部精细动作的发展，是一步一步台阶式进行的，没有前面的基础，后面的动作便很难实现。

带领幼儿雨中实践，促进幼儿手脑联动

一个雨天，孩子们在室内运动区域中穿梭，看似热闹，但孩子们好像不太兴奋，平日里的笑声少了，运动中前进的速度也慢了许多。尽管每个区域中的老师都在和孩子一起运动，背景音乐也在烘托着气氛，但静心观察，出现这样一些镜头：

镜头一：孩子们在桌、椅、橱柜拼接成的行进路线上重复着钻、爬动作，虽然桌、椅、橱柜的高度不同，但由于教室里人数较多，孩子们只能耐心等待前面孩子的通过，重复着上上下下的钻爬动作，没有更多的发挥余地。

　　镜头二：恬恬走过来对王老师说："王老师，什么时候我们可以去操场玩呀？"瑶瑶说："每天下雨，真没劲。"王老师说："教室里不是也可以做运动吗？"瑶瑶说："地方太小了，不好玩。"

　　镜头三：天天换好衣服后一直没有走进教室，而是站在走廊上看下雨，时不时将手伸出去，接着雨滴后小心地收回手，把雨滴像宝贝似地握在手心里，看了又看。恬恬见状，也跑到了走廊上，看了一会儿雨，悄悄把脚伸了出去，用力踩在湿的台阶上，溅起了一些小水花，发出了"哈哈哈"的笑声。

　　雨中运动可行吗？

　　王老师和教研组老师们一起重新查看了一楼走廊环境，借助走廊上的立柱和长凳，拉起了一条条交叉的"封锁线"，形成了新的穿越路径。在走廊的转弯处，分别增设了扔飞镖、打高尔夫球、投篮等游戏项目，丰富活动区域，减少幼儿等待的时间。

　　由于教学楼走廊比较狭窄，无法安排双向路径，如果根据其围合状的路径进行游戏，也会显得单一。"如果露天的小操场中，有类似摆渡船的交通工具就好了。"老师们的一句感叹给了王老师灵感，于是王老师想到了自行车。可是难题随之而来：自行车没有顶棚，雨中依然无法使用。教研组的老师们先后用雨伞、雨衣进行尝试，都不尽如人意。一次次努力后，她们用软棒在自行车上架起了顶棚，用一次性透明桌布加以遮盖，这样既可以躲避雨水，又不影响幼儿骑自行车的动作。

　　（案例来源：上海市静安区新闸路幼儿园　王洁）

案例点评

　　改装后的自行车深受幼儿的欢迎，不仅解决了运动线路单一的问题，也让幼儿的雨中运动充满挑战。在朦胧的视线中，孩子们不仅要分辨自己的前进方向和终极目的，还要在上下车的过程中，尽量避免雨水的冲洗，不让自己的衣服、裤子和鞋子淋湿。

教育建议

　　自然教育是以自然为师的教育形式，在自然环境中，幼儿会自动采集和整理自然信息。

　　如今，每到雨天的运动时间，可以看到孩子们在室内外不同区域都有自己的发挥余地，尽享运动的快乐，其中以雨中的运动项目最受欢迎——

 案 例 二

> 　　**场景一**：运动中一向比较退缩的多多，也挤在了排队等候区的前列。一看到自行车来到面前，多多快速走下台阶往桌布下面钻，婷婷在他身后叫了起来："多多，地上有水。"多多头也不抬地说："我没有踩到。"随即坐上自行车出发了。
>
> 　　**场景二**：闽骑着自行车来了，还不时大声吆喝："谁要水？"看看没有人理他，他就把车骑到了我的面前，对我说："王老师，你需要水吗？"我说："下雨天，我不需要水。""我的水是干净的。"话音刚落，他就从自行车后座遮挡着的桌布下拿出一瓶水，"看，一点没有湿。"
>
> 　　**场景三**：妞妞在等候区等了好久，还是没有轮到她，看到恬恬骑着车，她就大声叫了起来："恬恬，我有急事，快来接我呀。"恬恬犹豫了一下，停下了自行车，妞妞立刻站到了自行车的后座上，把桌布拉向自己这边，恬恬叫了起来："不行了，不行了，我这里没有了。"两个小伙伴相互拉扯了起来，"我淋到雨了。""你再拉过去一点点呀。""现在好了吗？"……几个来回后，终于听到了妞妞的声音："这下好了，开车吧。"
>
> 　　　　　　　　　　　　　　　　（案例来源：上海市静安区新闸路幼儿园　王洁）

案例点评

　　看到孩子们在雨中的快乐身影，我们随后又用操场上的两幢大型塑料房子拼接成可以贯通的路径，让雨中的运动项目更加丰富。

　　通过对自然环境的接触，幼儿可以直接到自然界去观察和探索，大自然就是一部真实、丰富的百科全书，她有着丰富的"语言"等着人们去解读。雨中的运动，不仅满足了孩子们感知雨水的好奇愿望，而且可以积累雨中运动中的诸多生活经验。

教育建议

　　雨水看似是不利因素，但只要转换一个角度去思考，同样可以成为宝贵的教育资源。雨中的运动，在提高了幼儿运动能力的同时还提高了幼儿防滑、防湿等自我保护的生活能力。这些教育资源的有效利用是说教、灌输式的教育所无法达成的。

　　回归生活、回归自然，能给幼儿带来更大的发展空间，多维度、多角度的评价方式必将带来全体幼儿的个性化发展。

3. 重视劳动，提高幼儿德育品质。

让劳动教育成为幼儿自由自主的综合性、创造性活动。通过多样性的劳动形式，促进完整儿童的发展，幼儿园的劳动教育应符合学龄前幼儿的自然发展规律，让孩子主动承担、自由选择、自我表达。在劳动过程中，幼儿扩大了对劳动工具、劳动知识及相关事物的认知，提升了劳动技能相关的观察力、注意力以及动手处理的能力等，丰富了幼儿的劳动经验。可以说，劳动对于幼儿，是创造性的活动，也是创新性的教育。劳动是一个需要独立自主进行的过程，在这个过程中会出现很多问题，需要自己去面对、去解决，幼儿在劳动中学习，幼儿在劳动中成长，幼儿在劳动中得到全面发展。

(二) 注重教师人格的发展

阿德勒认为儿童的人格是整体统一的，即"儿童所经历和参与的每一项活动都是他整体生活和完整人格的表达，不了解儿童行为中隐藏的生活背景就无从理解他正在做的事情"。因此，教师的人格发展对创造性的影响是一脉相通的，阿德勒认为，"正确的生活意义就是对整体有所奉献、对别人产生兴趣、合作和关爱"。在教师培训的项目上，我们应从师德教育和专业技能两方面同时着手，侧重对教师师德的培养，通过优秀教师的案例分享、古今中外教育家经典的诵读，乃至一次次名家的师训讲座，提升教师师德修养，使得教师树立正确的育人观，紧跟教育部规划，培养新时代的幼儿。说到底教师是育人的职业，因为特殊的工作性质，教师岗位需要终身学习，不断汲取时代信息和时代技术，做一位合格的人民教师！

教师的人格魅力深深影响着幼儿三观的形成，品行优良的教师势必也是教师里的行为标杆，得体的着装、优雅的语言势必也是影响孩子们一言一行的"催化剂"。

成语"为人师表"说的就是老师在道德和言行举止方面成为学生学习的榜样。教师的言行时刻影响着学生，因此幼儿教师在立德树人的同时，可以通过语言、肢体、表情为幼儿创设一个宽松、自由的环境，以此提升幼儿的创造性。

(三) 成长型思维是送给幼儿的珍贵礼物

"成长型思维"这个概念是由美国斯坦福大学的卡罗尔·德伟克教授提出来的，[①] 它是一种以智力可塑为核心信念的系统的思维模式。简单来说，就是坚信智力、能力都是可以通过努力学习和练习得到不断提高的。成长型思维的人更关心自己的成长，愿意接受困难的任务和挑战。德伟克教授认为人的思维模式分为两种："成长型思维"和"固定型思维"。固定型思维的人会认为"人的特质和能力都是天生的，后天无法改变"。而成长型思维的人认为，"能力和技能是可以通过后天努力而得到发展的"。他们乐于接受挑战，乐于积极提升自己。

第一种思维模式：志存高远 ——"我可以学习任何我想学习的东西"。

学龄前的孩子正处于学习力最旺盛的时期，作为教师鼓励他们去尝试任何想学的东西，培养孩子乐于思考的习惯，抓住孩子的学习兴趣点。

① 玛丽·凯·里琪. 可见的学习与思维教学[M]. 北京：中国青年出版社，2017：9-11.

第二种思维模式：勇于行动 ——"我想要挑战我自己"。

追逐梦想需要勇气。没有勇气，梦想便仅仅是梦想。对于未知领域，陪伴并鼓励孩子一起挑战自我，激发其自身的创造力和勇气，在寻梦的路上越发坚定。

第三种思维模式：坚韧不屈 ——"我的态度和汗水决定了一切"。

教师应引导幼儿从每一次的挫折中汲取经验，不怕困难，迎难而上。坚韧不屈意味着要学会如何应对逆境并从中获得变通，提升"逆商"，学会处理在困境中解决问题的能力，是当代教育随着时代发展新面临的挑战。

第四种思维模式：积极乐观 ——"当我失败时，我会学到更多的东西"。

事物都有两面性，培养积极乐观的思维模式，用正向引导等方式，可以让幼儿拥有积极乐观的思维模式。

第五种思维模式：承担责任——"我总是可以改进的"。

引导幼儿主动地承担责任，从小养成不断改进、不断在和他们意见不统一时磨合的习惯。

第六种思维模式：善于合作 ——"我希望你表扬我很努力"。

善于合作的人是在未来社会受欢迎的人，被他人肯定，被同伴信任与尊重，不以自己为中心，大气谦卑是成功者的思维模式之一。

第七种思维模式：不断成长。

引导幼儿学习、成长、适应新变化，令幼儿在成长中拥有不断前进的勇气。

二、激发幼儿创新思维的策略

作为教师，我们可能存在疑惑，在幼儿园的一日生活环节我们如何激发孩子的创新思维呢？对于孩子创造力的激发，我们可以根据以下策略，因地制宜、因材施教对孩子进行。每一个孩子都是独立的个体，他们身上蕴含了不同的"宝藏"，这些"宝藏"带给社会的潜能是无限和无价的。

（一）开展全面促进幼儿认知活动的教育

1. 不批判、不攀比。

（1）不批判：首先，对于幼儿在课堂上天马行空的所思所想，我们要给予精神支撑，帮助孩子梳理正确的语言表达。如果孩子回答问题有误，我们可以用"谢谢你的回答，你的回答特别新颖，我们再听听其他人的看法"来回应，而不是直截了当地否认孩子的观念观点。这样孩子会认真倾听下一位孩子的回答，对于自己的想法和看法也会有一个思辨的过程。当孩子和孩子之间的思维进行碰撞的时候，创造就产生了。其次，教师在课堂上的问题设计，应以开放性问题居多，让尽可能多的孩子对问题有想法、有共鸣。古语有云，"温故而知新"，孩子在积累经验的同时对新鲜事物会产生新想法、新看法、新做法。

作为幼儿教师，我们更多的时候是一名观察者，而不是一位法官。我们应观察孩子的言行举止，观察孩子在课堂上的反应，观察孩子的表情和肢体语言，聆听和接纳孩子的言行，带着科学观察反思自己的教学设计。

（2）不攀比：对于孩子通过自己的努力制作出来的绘画作品或者 DIY 作品，我们应不攀比，不和孩子讨论谁做得好，谁的零件价格贵等，给孩子一个平常心，请每一位制作或者绘画的孩子来介绍一下他们的构思和他们的想法。读懂孩子的作品，给孩子一个真善美的世界是幼儿教师的职业本分。

2. 多肯定、多交流。

（1）多肯定：平时在建构区域搭建时，个别孩子会因为某零件缺失而沮丧，我们可以给孩子一些小提示："有什么材料可以代替吗？可能替代的材料有意想不到的效果。"和孩子保持一颗同理心，教师的视角多与孩子在一起，有时候不是我们教会孩子多少东西，而是孩子的活力给我们无限精彩。他们的创造力像潘多拉的宝盒，不知下一秒带给世界怎样的精彩。

（2）多交流：每一位孩子在婴儿期都有属于他们的"婴语"，而孩子的妈妈总能第一时间听着含糊其辞的"婴语"秒懂孩子的意思。作为老师，在幼儿园的时光里，我们要当孩子在学校的妈妈，懂得他们每一句话、每一个眼神的内在含义。孩子们需要家长和师者的肯定、支撑和精神上的温暖拥抱。试着当孩子的玩伴，放下师者的威严，和孩子聊聊今天的开心事，参与孩子的角色游戏，参与孩子的图书角，参与孩子的种植区，你会发现孩童的世界是如此美好。

（二）潜心塑造幼儿创造型人格

幼儿期孩子大多数的时间是"幼儿园——家庭"两点一线，作为师者和家长都应给孩子创设一个开放、宽松、自由，符合孩子年龄发展的外在环境，培养孩子创造型人格。

1. 挖掘课程内涵，整体规划教育教学。

培养孩子创造型人格，对于学校而言主要体现在课程实施上，从美术活动、音乐活动、运动活动等方面都可挖掘丰富的资源，而这些资源的挖掘重在孩子的实践，孩子通过自身亲自感受和亲身实践充分挖掘自身的创造力。举办一个画展，举行一个故事交流会，举行一个环保创意大赛……孩子通过自己的画笔和制作描绘出一个缤纷多彩的世界。

另外，中大班的孩子在课程设计上还可以融入科学探索的内容。淡水从哪里来？污水怎么排？垃圾分类有更好的方法吗？期许未来的科学家在这些创造性教育中萌芽。

2. 家园合作，培养幼儿创造型人格。

家庭环境影响着孩子的终身发展，孩子创造型人格的培养并不局限于家庭的房子有多大，父母的学历有多高，而是取决于家长的教育理念。

教师建议：夏天的夜晚家长可以带着孩子去楼下花园探索一下"夜行昆虫"，寻找一下萤火虫；在路边的树荫下听一听蝉鸣，感受一下"蝉"意；用快递纸箱搭建一个"城堡"，和孩子一起考虑一下哪里设置门，城堡里面如何安排。未来的小小昆虫家、小小音乐家、小小建筑师的启蒙在家庭教育的点滴中耳濡目染。

教师和家长探讨：是否给孩子买最昂贵的玩具就是创新培养？是否父母可以陪伴孩

子的成长，成为他们一个游戏的玩伴，成为他们一个想法的支持者，成为他们一个行动的谋划者？

（三）"六大解放"思想启蒙幼儿创新思维

陶行知"六大解放"思想指的是解放儿童的头脑、解放儿童的双手、解放儿童的眼睛、解放儿童的嘴、解放儿童的空间、解放儿童的时间。"六大解放"给了幼儿园课程新的内涵和无限空间。在早晨可以看到早来园的孩子们自己照顾植物；在运动场上可以看到肥胖儿在运动后自主监测心率，看看自己的心率是否达标；午餐时，可以看到值日生协助老师分发碗筷；午睡起床后，可以看到孩子们自己叠被子……幼儿园里的生活环节和学习环节都可以让孩子们自主发挥想象和创造力，通过切身实践和体验，让孩子不断成长。

（四）弘扬传统文化，种下幼儿创新的种子

1. 通过神话故事激发幼儿的感受力和理解力。

《嫦娥奔月》《西游记》等故事，足以给幼儿留下想象的空间，让人向往。这些精彩的故事，化抽象为形象，变空泛为具体，能激发幼儿对传统文学作品的兴趣，吸引幼儿主动地去欣赏，提高感受和理解能力，丰富想象力，获得愉悦的情绪体验。

2. 利用童话故事启发幼儿想象力。

童话故事中插图是和文字一起出现的，幼儿还未具有阅读能力的，老师要指导幼儿看图，边看边想，启发想象，鼓励幼儿续编故事，调动他们的积极性，培养他们的想象力。

童话故事作为培养幼儿想象力的一个有效载体，我们应该充分挖掘每篇经典童话中的教育功能，让幼儿的想象力得到天马行空的发挥。

 练习题

一、单选题

1. _____是一个民族的灵魂。

    A. 劳动   B. 创新   C. 经济发展

2. 以下哪个词的意思说的是老师的言行举止给学生做榜样。（   ）

    A. 诚信待人   B. 立德树人   C. 为人师表

二、多选题

1. 以下哪几项内容属于陶行知"六大解放"思想的内容？（   ）

    A. 解放儿童的头脑、解放儿童的双手

    B. 解放儿童的眼睛、解放儿童的嘴

    C. 解放儿童的空间、解放儿童的时间

2. 以下哪几个节日是中国传统节日？（   ）

A. 春节　　　　　B. 元宵节　　　　　C. 中秋节　　　　　D. 圣诞节

三、判断题

1. 幼儿教师应该在教学中利用主题活动弘扬传统文化，种下幼儿创新的种子。（　　　）

2. 家庭环境对孩子的终身发展没有影响。（　　　）

四、案例分析题

在绘画课时，有位孩子绘画的内容天马行空，你作为带班教师该如何评析？

五、简答题

请简述劳动教育对幼儿创新品质的影响。

第四节　育精神：教育幼儿自主自信

> **教学目的：** 理解和掌握提升幼儿自主自信的教育方法。
>
> **教学重点：** 掌握提升幼儿自主自信的教育方法。
>
> **教学难点：** 幼儿教师还需充分了解和努力探索自我意识在儿童品德发展中的特殊作用。

自我意识是意识的一个方面，包括认知、情感、意志等方面，自我感觉、自我评价等属于认识范畴；自我体验、自尊心等属于道德范畴；自我监督、自制力等属于意志范畴。在幼儿教师的职业发展中，自我意识发展对于幼儿教师的成长起着关键作用，教师只有找到教师这个职业的尊严和自信，才更容易走上专业发展的路径。幼儿教师不仅需要了解自我意识与道德发展的关系，还要充分了解和努力探索自我意识在儿童品德发展中的特殊作用。

一、培养自主自信的幼儿

自信是人们对自身能力与自我发展的认识与肯定，属于个性心理品质范畴。自信可以指引人的一生朝着积极方向发展，因此，培养幼儿自主自信是幼儿终身发展的核心素养之一，幼儿教师和家长应利用各项活动和环境因素培养幼儿的自主自信。

（一）在各项活动中培养自主自信的幼儿

1. 语言活动。

语言是交流和思维的工具，幼儿期的语言发展，特别是口语发展是幼儿身心及人格发展的基础。教师应为幼儿创设自由和宽松的语言交流环境，鼓励和支持幼儿与成人、同伴进行交流，让孩子想说、敢说、喜欢说。教育部《指南》要求，幼儿的语言发展主要包括：倾听与表达、阅读和书写的准备。

幼儿教师要为幼儿多提供倾听与表达的机会。例如：鼓励孩子通过收听新闻或收看摘录新闻，每天在全班进行新闻播报和天气预报介绍。在孩子新闻播报时可以创设环境，以提升幼儿的播报质量，比如，提供小舞台、话筒，给予肯定的眼神、小伙伴们的鼓掌，这样潜移默化地，"无声环境"为台上的孩子提升了自信，为台下的孩子提供了模仿对象，增加了下一次上台的自信。

（1）倾听与表达。

教导孩子要耐心听别人讲话，等他人讲完再表达自己的观点。和孩子交流的时候，作为成人，我们需要注意自己的言谈举止，语气语调要轻缓、温和，可以俯身或者半蹲保持视线和孩子在一个水平线，与孩子保持目光交流。在教室光线充足的位置设置图书角，根据不同年龄特征准备绘本、故事书、彩色卡片等，图书角会提升生生之间和师生之间的语言交流频次，孩子们通过绘本阅读，能够有效提升语言素养。还可以通过故事会、情景剧表演、影视配音等多种形式，激发孩子想说、敢说、喜欢说。

在语言活动上，和幼儿说话时，成人的语言要清楚、简洁。当碰到孩子因为急于表达而说不清楚的时候，提醒他不要着急，慢慢说。教师要耐心倾听，给予必要的补充，帮助孩子理出思路并清晰表达出来，让孩子通过语言活动表现出自信。

很多家庭都会在睡前给幼儿读绘本，孩子们通过绘本认识世界、探索世界。在此，提议阅读绘本可由爸爸主导，有些妈妈可能会问为什么？根据相关研究，对于孩子而言，父亲阅读可能更具创造性、趣味性。这对孩子的语言创造力弥足珍贵。

（2）阅读和书写的准备。

每个幼儿园都应提供一定数量、符合幼儿年龄特点、富有童趣的图画书。学校的图书室应选择在相对安静的地方，减少干扰，保证孩子自主阅读。在阅读中可以通过绘画、故事表演等不同形式鼓励幼儿表达自己对于故事的理解，发展幼儿想象力和创造力。

2. 劳动活动。

中共中央、国务院《关于全面加强新时代大中小学劳动教育的意见》（2020年3月20日印发），强调要把劳动教育纳入人才培养全过程，贯穿家庭、学校、社会各方面，促进学生形成正确的世界观、人生观、价值观。幼儿在劳动中认识生活、认识生命、认识自己，能够养成自主自信的意识和能力，在服务他人和社会的过程中尽早、尽快地养成优良品格。

幼儿园的劳动教育应根据小班、中班、大班不同年龄段幼儿发展水平，在就餐、午睡、运动、盥洗等生活环节，安排幼儿自理能力的学习内容。

课程要让幼儿"玩中学"。教师应多以丰富多样的游戏活动带领幼儿学习和练习劳动内容，例如：春季可设计"劳作"主题的课程，小班幼儿学习"剥豌豆"，中班幼儿学习"剥蚕豆"，大班幼儿学习"剥豆瓣"。孩子们通过一上午的春季劳作，给自己的午餐锦上添花，中午连一些挑食的孩子都吃得津津有味，劳动活动让孩子自主自信的同时，也进行了一场潜移默化的"食育"。

表 2-1　上海市静安区新闸路幼儿园幼儿自理能力教育内容

小班	中班	大班
独立进餐，使用小勺进餐；用毛巾擦嘴；用正确的方法用流动水和洗手液洗手；自主取拿点心	独立进餐，使用筷子进餐；用毛巾擦嘴；用正确的方法用流动水和洗手液洗手；自主取拿点心；独立穿脱衣服和鞋袜；运动时在同伴的协助下擦汗	独立进餐，使用筷子进餐；用毛巾擦嘴；用正确的方法用流动水和洗手液洗手；自主取拿点心；独立穿脱衣服和鞋袜；运动时自我保育，自己擦汗；独立盥洗；协助保育老师进行餐点和餐具分发；午睡后自己叠被子

在教室里可以设置"迷你动物园"，孩子们可以将小乌龟或者小金鱼带来。孩子们喜欢这些灵动的生物，老师和孩子进行约定，每天按时给鱼喂食，定期清理鱼缸，观察小鱼的成长。饲养宠物是对孩子综合能力的培养，几点喂食？喂多少？什么时候清洁？怎么换水？一些意想不到的问题会出现，老师和孩子一起面对、一起讨论、一起解决。孩子在这样的过程中会更放松、更自信，更擅长和他人建立良好关系。

劳动学习的场所除了幼儿园以外，还可以推动家庭和社会参与。比如，让孩子帮助爸爸妈妈整理床铺，给花盆除草，帮家人洗菜，照顾弟弟妹妹……孩子们在劳动中体会成长，在劳动中体会珍惜劳动果实。幼儿阶段的学习不是"纸上谈兵"，是带领孩子们亲眼看、亲耳听、亲手摸。

家长还可以和孩子讨论设置一个"植物角"，把大自然搬回家，通过观察、创作、设计，家长化身为孩子的"同班同学"一起出谋划策。想种什么？想把植物角放在哪里？如何照顾它们？把一个"种植项目"拆分出几个小任务，这样的过程可以培养孩子解决问题的思维品质。如种植香叶植物可以把叶子碾碎，让孩子闻一闻芳香，找一找家中哪些东西里有芳香植物的存在，可能是爸爸妈妈用的牙膏，可能是妈妈厨房里的香料；如种植蔬菜，可以给宝贝做一顿美食；种植草本植物，可以做树叶拼贴画，讲绘本故事《最后一片叶子》；种植含苞欲放的鲜花，和孩子共同期待春暖花开的季节。

家长引导孩子观察，种子是否破土而出，什么时候开花了，草莓或者番茄是否开始结果，孩子们可以用画笔、手机做记录，把这些里程碑事件记录下来，感受生命的成长、结果和新的一轮生命。

学龄前儿童的劳动教育的主要目的不是传授劳动知识，而是帮助孩子了解劳动的意义，珍惜劳动成果。通过一系列的劳动活动的学习，培养孩子们爱劳动的意愿，让幼儿体验自理生活的感受，感知劳动的乐趣，懂得人人都要劳动。

3. 社会活动。

良好的社会性发展对幼儿的身心健康和其他各个方面的发展都具有重要的影响。

带领幼儿在真实情境中感受努力过程及成功喜悦

通过远足、定向活动、微旅行等形式，让幼儿在真实的社会生活情境中，感受、感悟、触动内心。如大班每年举行一次毕业微旅行，孩子们以小组为单位，在带队老师指引下领取任务卡，孩子们从幼儿园步行出发，寻找各自的目的地，完成各自任务。每组孩子先后完成找邮编、找银行标志、找夏日元素、跳绳等，在一次次的任务挑战中向最终目标靠近。

孩子们通过合作，根据"墨镜""短发""条纹 T 恤"三个线索寻找目标人，在一次次失之交臂的错过后，孩子们还通过电话求助得到了与目标人有关的更多信息，最终孩子们找到了目标人，领取了自己的梦想兑换券。像这样的定向任务，集游戏和运动于一体，在语言、科学、艺术等领域潜移默化地教育着孩子，让孩子走进社会，在真实情境中感受努力的过程，感受成功的喜悦。

每个月都有两次全国外出的社会体验性活动，一个学期以 5 个月计算的话，三年六个学期，孩子们有近百次走出校园、参与社会体验性活动。

（案例来源：上海市静安区新闸路幼儿园　周倩璐）

幼儿园社会体验性拓展活动是依据"自然教育"课程理念组织的，"自然教育"是指在真实的环境和真实的情境下，尊重幼儿身心发展规律，整合社会资源，激发幼儿的潜力。

①可以通过在公园为路人表演节目，让幼儿学会觉察他人的想法，大胆表达自己的想法。

②可以通过到老年大学参观表演的契机，让孩子学习关心身边的老人，尊老爱幼，懂得理解他人的情绪。

③可以通过"毕业微旅行"，在寻找一项项任务目标中，体会到团结协作的同伴力量，提升幼儿的自信心。

（二）培养身处不利环境中幼儿的自主自信

儿童总是喜欢活动，喜欢成功，喜欢称赞。但有一小部分群体的儿童由于身处不利环境，身心健康受到负面影响，幼儿教师要创设出更好的环境培养这部分孩子的自主和自信。

1. 单亲家庭。

越来越多的单亲家庭儿童心理健康受到负面影响，这些儿童在情绪上出现了焦虑、抑郁等状况，表现出自卑等行为反应。单亲家庭儿童较为突出的问题是"焦虑"，而学龄前是介入解决的好时机，抚养一方如果能创设良好的家庭环境，会提升孩子自身的自信心。幼儿园可从孩子兴趣点着手，利用学校表演的机会，让孩子展示才艺，提升孩子自信。课间时教师可通过谈心、讲绘本故事，帮孩子舒缓负面情绪，缓解紧张和焦虑。在生活上多关心孩子，如：亲子活动日时，教师可以通过和幼儿监护人协商，是否可以邀请其他家庭成员参与活动。也可以通过"老师妈妈"或"老师爸爸"等角色进行代替，在活动中多用语言和行动鼓励孩子，让孩子感受到温暖和爱，发挥教师的育人本色。

2. 贫困家庭。

贫困家庭由于家庭总收入较低，处于"低保"水平。在大部分孩子不愁吃穿的今天，这样的家庭却在为孩子明天的衣食住行发愁。在生育和养育成本较高的一线城市，贫困家庭的孩子需要更多的关注和关心。如，幼儿园要进行一场"西餐礼仪课程"活动时，教师提醒家长要为孩子准备一套正装，但班中低保家庭孩子小 L 根本没有正装，教师就为小 L 采购了一套西装，为小 L 参加此活动做好了准备。

幼儿教师要利用校园环境和有效资源为每一位孩子创设平等、开放的教育，不因孩子家庭背景而忽视教育，鼓励贫困生多参与各项活动，多用积极语言鼓励孩子，开拓幼儿视野。

3. 留守儿童。

留守儿童不仅指因父母打工而留守在农村由祖辈照顾的儿童，还包括城市中因父母工作忙碌而由祖辈照顾的儿童，这些儿童的主要抚养人为老人。在家园联系上，教师应鼓励孩子父母在工作间隙抽出时间陪伴孩子、关爱孩子，了解孩子生活需求，提醒祖辈多给孩子创造劳动的机会，让孩子在劳动中提升自信。例如：帮长辈一起做家务，参与家庭菜肴烹饪，化劣势为优势。如果能在劳动方面多培养幼儿，孩子会比其他儿童更会照顾人，更懂得尊老，生活上也会更有自理能力。

二、幼儿自主自信的来源

3—6 岁儿童的生活和学习基本是"学校——家庭"两点一线，幼儿的自主自信主要来自学校老师的培育和家庭的影响。

（一）学校——自主自信的"培养皿"

孩子从早上 8 点入园到下午 4 点离园，有 8 个小时在幼儿园度过，占到孩子一天生活的三分之一时间。幼儿园要以立德树人为目的，通过教职工的言行举止、幼儿同伴之间的互动、校园环境的创设等提升孩子的自主自信。

以幼儿园一日活动的时间轴为线索，可以从如下环节培养幼儿自主自信。

表 2-2　幼儿一日生活中可提升自主自信的操作环节

时间	幼儿可操作环节	教育元素
8：00—9：00	为校园里、教室里的花草浇水	感受生命，培养幼儿责任心，让孩子在照料花草植物中提升自信心
9：00—10：00	升旗仪式	培养幼儿民族自信心和自豪感
10：00—11：00	收整户外运动器械	通过劳动教育，培养幼儿收整物品的自理能力，提升成长获得感
11：00—12：00	协助保育老师分发餐点	通过劳动教育，培养幼儿正确的食育理念，参与餐点准备，提升生活自主能力
12：00—15：00	整理床铺	通过劳动教育，培养幼儿生活自主能力
15：00—16：00	整理离园物品	培养幼儿物品整理归纳意识

（二）家庭——自主自信的"醒发箱"

融洽的家庭关系对于提升孩子自信有重要作用，家庭提升孩子自主自信的原则有：

1. 个性化差异。

幼儿与幼儿之间存在显著差异，家长切忌不可比较，要摒弃"比文化"。因为"比文化"中的竞争形式和竞争事件，在一定程度上能激发幼儿努力奋进，去追求最好，成为"第一"或"王者"。但追求"最好""第一"或"王者"的动机过强，容易使幼儿处于紧张的情绪状态之下，注意力和知觉范围变得狭窄，限制了幼儿的正常智力活动，思维效率和做事效率都会下降。

竞争总是会产生获胜者，但通常是失败者多于获胜者。幼儿在竞争中屡败不胜，就是总输，将要忍受失败带来的信心的丧失，所以，反复失败会严重损害幼儿的自尊心；常败偶胜的幼儿，将要忍受总有希望但往往破灭的情感折磨，尤其父母再时时表达对孩子常败偶胜的不满意，都会导致孩子因恐惧而放弃努力；如果幼儿处于胜败参半的情境中，就容易视同伴为"讨厌的人"，不但自己内心要忍受持续与同伴的对抗，还会产生攻击性心理或行为；常胜少败的幼儿容易挑其他小朋友的毛病，显得自己高高在上。

所以，要因材施教，注重个性化差异，鼓励孩子努力争取比自己的"昨天"进步一点点，"今天"又懂得了或学会了什么，而不要刺激孩子老是与同伴比高低、比输赢、比对错。对于孩子的薄弱环节，家长要多鼓励孩子"好多了，再努力一下就会更好的"，让孩子通过家长的言传身教体会到生活的快乐和成长的希望。

2. 循序渐进。

每个年龄段的孩子都有所不同。小班孩子的自信来源于自我意识的觉醒，可以通过三个步骤提升自信：步骤一，自己用勺子吃饭；步骤二，自己穿衣服和鞋子；步骤三，自己摆放自己的椅子。这些生活的点滴都可以让小班孩子觉得"我长大了"。中班孩子是承上启下的，在思维品质上有了明显发展，他们学会了表述自己的情绪、自己的感知、自己的快乐和难受。中班孩子的自信来源于运动能力的提升，可以通过：步骤一，让孩子连续拍球，提升孩子手眼协调能力；步骤二，借助浮板游泳，提升孩子身体协调性；步骤三，学会与他人合作，提升控制社会情绪的能力。大班孩子对于自我价值的实现有了需求，可以通过：步骤一，做一次升旗手，提升孩子的自信；步骤二，做一次值日生，体验责任感；步骤三，树立榜样的力量，通过孩子和同伴之间的互相欣赏，提升孩子的自信感觉和团结合作精神。

3. 耐心认真。

3—6 岁儿童充满了对世界探索的好奇心，对于自己的所作、所言都充满了自信。当孩子"娓娓道来""天马行空"或"吹牛嗨瑟"时，成人要给予肯定的目光和赞许的语言，耐心聆听，适当问询，在孩子需要帮助的时候帮助他们整理语言。

（三）环境——自主自信的"永动机"

为 3—6 岁儿童创设符合他们年龄段发展的外部和内在环境是教育工作者和家长义不容辞的义务，环境创设的优劣影响孩子随年龄增长时自主自信能力的提升。例如：制定一份生活活动打卡表，孩子自主完成进餐、承担一项力所能及的家务后，都可以获得一颗星星，积攒到十颗星星可以兑换一份"小梦想"；利用有限的空间和时间给孩子搭建沟通平台，如在参观博物馆时，让孩子完成一个小任务，任务的设定可以是先简单后复杂，复杂到孩子需要寻求他人帮助才可以完成，多次锻炼后，孩子会驾轻就熟地知道如何和人沟通，如何获得他人帮助。孩子们都乐于接受挑战，愿意开阔视野！

三、培养自主自信的方法

（一）自信、乐学

教师的语言、肢体动作、表情都会潜移默化地影响孩子。教师的语言要充满"童趣"，用孩子听得懂的话和孩子沟通，用热情洋溢的笑脸对待孩子。在角色游戏、个别化学习中，要倾听孩子的分享，微笑地点头，肯定孩子的奇思妙想，表扬的语言要具体化。例如："我觉得你这幅画配色很特别，我很喜欢。"孩子会充满自信向上的力量，也因此会继续热爱学习的过程。

幼儿在重阳节练习送祝福

　　小班孩子第一次参加社会实践活动的任务是：在雕塑公园里找一位爷爷或奶奶，送上自己做的节日贺卡和节日祝福。盈朵、杰杰和大宝手拉手一起走，路上没有遇到游客。

　　好不容易在一个转角处看到一位年纪大一点的阿姨推着婴儿车散步，三个孩子放慢脚步，眼望老师。老师问："这是要找的人吗？"

　　杰杰："不知道。"

　　"那怎么办？"老师说。

　　大宝："问呀。"

　　"谁去问呀？"老师的话音刚落，杰杰和大宝就停下了脚步，转身在旁边的花坛边坐了下来。

　　走在前面的盈朵，发现两个同伴没有跟上，也停了下来，转身也坐在了花坛边，三个孩子谁也不说话。那位阿姨站在远处看着他们。

　　看到孩子们坐着不动，老师问："你们准备什么时候去完成任务？"三个孩子没有反应，依然坐着不动。

　　"你们再不动，就没有时间了。"听到这话，杰杰第一个站上花坛，围着花坛一圈一圈地走。

　　大宝学着杰杰的样子，也围着花坛走。盈朵看着他们两个，说："你们不要玩了，我们一起去吧。"两个男孩依旧围着花坛边走边笑，很开心的样子。

　　"时间要没有了，完不成任务我们就不能回幼儿园了。"一听说"不能回幼儿园了。"杰杰和大宝停下了脚步，说："我们要回幼儿园的。"

　　老师说："我们和盈朵一起去问问那个人，是不是小宝宝的奶奶，好吗？"盈朵也说："我们一起去问吧。"三个人再次手拉手，老师紧跟他们的步伐，一起走到小推车旁，和孩子们一起问："你是小宝宝的奶奶吗？"

"不是，我是小宝宝的阿姨。"

"阿姨？"三个孩子大叫起来，满脸失望的表情。

老师问三个孩子："是我们要找的人吗？"

"不是。"

"那怎么办？"

杰杰说："我们到前面再去找吧。"

在接下来的活动中，三个孩子始终在一起，不久后遇到了一对老年夫妻。

三个孩子快速跑到爷爷奶奶面前，盈朵举起手中的贺卡，杰杰说："爷爷节日快乐！"大宝也跟着说："节日快乐！"

在爷爷奶奶的拥抱中，三个孩子的成功感油然而生。

（案例来源：上海市静安区新闻路幼儿园　王洁）

①小班幼儿具有强烈的好奇心。

小班幼儿对世界充满兴趣，对新鲜事物具有强烈的好奇心，第一次"找爷爷奶奶送祝福"的社会实践活动引发了他们的兴趣。所以，活动一开始他们认真对待，并有积极尝试的愿望。

②小班幼儿的行为受情绪支配。

小班幼儿的行为受情绪支配作用大。当看到公园里的陌生人，原有的热情烟消云散，面对陌生人的紧张和胆怯随之而来。

③小班幼儿对同伴和他人的情感反应敏感性比较强。

在活动的最初阶段，三个小伙伴的积极情绪起到了作用，他们能携手在公园里寻找目标。但当陌生人出现时，大宝和杰杰避而远之的态度显然影响到了盈朵，盈朵也感到不知所措。在老师的积极鼓励和陪伴下，孩子们开始调整自己的行为。

当小班幼儿第一次走向社会，参与实践活动时，教师要时刻关注孩子出现的矛盾和困难，要与孩子一起投入活动中。

一旦孩子们感受到了老师的支持，孩子们便会做出改变，提出"我们到前面再去找吧"，快速跑到爷爷奶奶面前问候"节日快乐"。

《指南》中指出，要"创造交往的机会，让幼儿体会交往的乐趣"。在送祝福活动中，幼儿学习了与长辈交往、交流的方法，体验到了与人交往的快乐。

(二)悦纳、爱群

悦纳、爱群即接纳自己，善待亲友、他人、社会和自然。幼儿教师要引导孩子热爱生活、热爱集体、热爱同伴、热爱家庭。教会孩子说积极语言，学会换位思考，能为他人排忧解难；同学之间能够互相关心，互相鼓励，友好相处，帮助他人。

动物岛的秘密

观察实录

四名幼儿：熙哲(男)、守毅(男)、芯怡(女)和晰(女)。

实录一：中班要组织去"动物岛"活动，晰第一时间叫了起来："今天我来当队长。"老师说："谁当队长，你们四个人自己决定哦。"

实录二：芯怡一把抢过记录板，说："我当队长。"晰脸上的笑容顿时消失，转过身坐在了椅子上。熙哲站在一边，面无表情地看着芯怡，什么话也没说。

实录三：守毅走过来，看看同组的小伙伴，也不说话，站在一边。看到芯怡一直在看记录板，熙哲走到她身边，两个人一起研究记录板上的标志。这时，晰"哼"了一声站了起来。

实录四：晰走到芯怡面前，说："要不然你当队长，我当副队长。""好吧。"得到芯怡的认可，晰放声大笑。

实录五："记录的笔谁拿呀？"老师拿出两支水笔，晰又第一个从老师手中拿了过去，把其中一支笔给了熙哲。熙哲拿过笔，转身笑着对守毅说："我来做记录。"守毅没有说话，面无表情地看着他。

实录六：走进"动物岛"，芯怡第一个发现了记录板上的标志，招呼大家来看："这是禁止喂食的标志，这是禁止戏弄的标志。"

实录七：晰拿过记录板，说："我来打勾。"并在相应的图标边画了一个"√"。

实录八：芯怡说："你的√画得不好，还是我来画吧。"熙哲和守毅则站在一边，看着她们。

实录九：做完记录，大家一起向前走，看到别组的小朋友正在一观赏区围观，四个人也挤进了人群。这时，观赏区内的哈士奇突然站了起来，贴在了玻璃墙上。守毅吓得倒退了一步，站在了人群后。芯怡则"哇"地大叫一声，将手里的记录板扔在了地上，并挤到了最前面，伸出手在玻璃墙上不停做着"抚摸"的动作。

实录十：退出人群的守毅，一声不响地捡起地上的记录板，认真地看着纸上的地图和各种图标。

实录十一：热闹过后，守毅把手里的记录板交给了芯怡。再次出发后的守毅，不再跟着同组同伴走，而是走在了最前面，并不时回头张望。

实录十二："哈哈，我找到了，快来看呀。"突然前面传来了守毅高兴的声音。

实录十三：再往前走，在一个转弯处，有位小女孩正在用自带的胡萝卜喂羊，四个人停下了脚步。

实录十四：小女孩问家人要胡萝卜，芯怡也跟了过去，说："阿姨，给我一根好吗？"那位游客问自己的孩子："小姐姐也要喂小羊，胡萝卜给她一根好吗？"小女孩说："好的。"整个过程，守毅一直在旁边看着，没有任何语言和动作。

实录十五：芯怡成功拿到了胡萝卜，并喂给了小羊。

实录十六：晰看到了，学着心怡的样子也拿到了胡萝卜，对守毅说："你自己去问阿姨要呀。"

实录十七：守毅一脸严肃，站在原地不动。此时熙哲走向那位游客，守毅终于迈开脚步，跟了过去。熙哲说："阿姨，我也要。"当那位游客给熙哲胡萝卜的时候，守毅也伸出了手，拿到了胡萝卜。老师提醒孩子们："你们拿到了胡萝卜，应该说点什么呀？"两个人一起说："谢谢阿姨！"

实录十八：拿到胡萝卜的守毅，快步走到羊圈边，但拿着胡萝卜的手刚伸出去又缩了回来，来来回回数次，始终没有让小羊吃到胡萝卜。

实录十九：看到守毅紧张的样子，芯怡说："你扔过去呀，它的嘴巴会咬住的。"守毅看看芯怡，没有任何动作。芯怡急了，一把拿过守毅手里的胡萝卜，转身扔向了后面的羊圈，果然有只羊咬住了胡萝卜。如此默契的配合，引来了大家的笑声，原本一直处于紧张状态的守毅也忍不住笑了起来。

评价依据及观察解读：

1. 与同伴的交往：喜欢和同伴一起活动，有语言交流，有比较固定的同伴。

小组四个人都喜欢和同组同伴一起活动，相互之间有语言交流，活动过程中两个女生经常在一起，两个男生经常在一起，无形中又形成了女生和男生两个小组。实录七和实录八就是两个女生之间的语言与动作的交流，两个男生是旁观者。

2. 陌生人的交往：根据活动需要，能独立用语言与陌生人交流。

"动物岛"内各种禁令标志上的字有95%四个孩子都认识，个别不认识的字他们会看图猜字，没有人愿意去询问工作人员或游客。当他们看到游客小女孩在用自带的胡萝卜喂小羊时，芯怡第一个上前与陌生游客交流并获得成功。晰随之效仿，同样成功。守毅没有用语言，只是跟随熙哲，用伸手的动作表示需求。

3. 想加入同伴的游戏：会运用介绍自己、交换物品等简单技巧加入同伴游戏。

从实录一到实录五的记录来看，晰这方面的需求强一些。当她"做队长"的愿望被芯怡否定后，有些不开心，但很快调整了情绪，用"我做副队长"的方式得到队长芯怡的认可，还把拿到的两支记录笔分了一支给熙哲，巧妙协调了小组成员的关系。而守毅整个过程没有任何语言和动作，只是看着同伴，性格沉稳。

4. 分享活动材料：能轮流、分享大家都喜欢的活动材料。

从实录一和实录二中可以看到，大家都非常关注记录板，都抢着要。芯怡的表现最强烈，直接抢在手里不松手，并用"我是队长"来确保自己拥有记录板的权限，可见她"对大家都喜欢的活动材料"还不能做到轮流、分享。束晰能把拿到的记录笔分一支给熙哲，说明她有一定的分享意识，并付诸行动。

5. 注意别人的情绪：能注意到别人的情绪，并用语言或动作表示关心。

从实录十九的记录看，当芯怡看到守毅不敢喂羊时，能注意到别人的情绪，并用语言或动作表示关心。

6. 对新环境适应能力：能关注到新环境中与本次活动相关的各种元素。

"动物岛"里有很多标志，由于芯怡拿着记录板，因此她是第一个发现需要寻找的目标物的，晰和熙哲也看了记录板，所以也能找到需要的目标物。实录九到实录十二，显现了守毅的观察能力，当他看到芯怡把记录板扔在地上时能及时捡起来，并观察记录板上的内容，并在随后的行走过程中，及时关注到新环境中与本次活动相关的各种元素，获得了成功。可见，四个孩子对新环境的适应能力都比较强。

7. 在小组中的角色：主导、决策者，带领小组成员一起活动。

整个活动过程中，芯怡是小组的主导、决策者，她能带领小组成员一起活动。晰和熙哲也能发表自己的意见，守毅则经常保持沉默，跟随着同伴活动的时间较多。

8. 文明游园：能遵守规则，文明游园，不戏弄、不惊吓动物。

四个孩子都知道"不随意给动物喂食"。过程中，没有人拿自己的面包或零食喂给动物，当他们看到游客用胡萝卜喂羊时能做出正确判断：这是合适的行为并随之效仿。

（案例来源：上海市静安区新闸路幼儿园　王洁）

 案 例 点 评

此案例还原了"人与自然"和谐相处的游园过程，记录了孩子们互帮互助、善待自然、齐心协力完成任务的过程。在游园过程中，孩子们文明游园意识强，遵守规则，和同伴友好相处，和动物和谐相处。

教育建议

　　幼儿教师在带幼儿到相对陌生的环境前，需要事先进行相关的教育教学活动，让孩子们有心理准备。加强幼儿的安全教育及文明礼仪教育，培养孩子文明游园，萌发孩子热爱动物的爱心。在活动中，教师应作为观察者，通过视频、照片等形式记录孩子们的活动过程，在活动结束后书写案例，挖掘教育内涵，反思教育行为。

练习题

一、单选题

1. 2020 年 3 月 20 日，中共中央、国务院印发的《关于全面加强新时代大中小学劳动教育的意见》，强调要把_____纳入人才培养全过程，贯通大中小学各学段，贯穿家庭、学校、社会各方面，促进学生形成正确的世界观、人生观、价值观。（　　）

　　A. 家政教育　　　　　B. 劳技教育　　　　　C. 劳动教育

2. _____是一个民族的灵魂。（　　）

　　A. 科技　　　　　　　B. 创新　　　　　　　C. 健康体魄

二、多选题

1. 语言发展主要分为哪两部分内容？（　　）

　　A. 倾听与表达　　　B. 阅读和书写的准备　　C. 听写和表达

2. 培养自主自信的方法有哪些？（　　）

　　A. 肯定孩子的奇思妙想　　　　　　B. 引导孩子热爱同伴

　　C. 同学之间能互相关心、互相鼓励

三、判断题

1. 利用童话故事可以启发儿童想象。（　　）

2.《3—6 岁儿童学习和发展指南》指出，要"创造交往的机会，让幼儿体会交往的乐趣"。（　　）

四、案例分析题

　　案例：小 A 目前就读于大三班，是一位单亲家庭的贫困生，日常主要照料人为小 A 的奶奶，奶奶平日身体也不好。小 A 在班级的时候性格很内向，平时和同伴玩耍交流的时候，他听到其他孩子周末可以去游乐场，有很多玩具，小 A 总是投来羡慕的眼神，并会闷闷不乐一直低着头。

　　问题：你作为班主任老师，如何去解决这个问题？

五、简答题

1. 简述儿童创造性发展的含义。

2. 请设计幼儿园一日活动中可以提升幼儿自主自信的操作环节。

第三章 学 识 篇

第一节 学习动机：教师学什么、怎样学

一、树立终身学习的观念

终身学习是指，个体为适应社会发展需要和实现个体发展需求而进行的持续的、不间断的学习过程。[1] 终身学习既是时间层面上不间断的、持续一生的学习方式，也是知识层面上不断学习的意识和行为。终身学习已成为重要的、世界性的教育思潮，已成为伴随每个人生命的一部分。在我国古代，就有类似于终身学习的理念，"吾生而有涯，而知也无涯"，意思是人的生命是有限的，而知识是无穷无尽的，要求人们要活到老、学到老，不断学习。

《国家中长期教育改革和发展规划纲要（2010—2020 年）》提出"到 2020 年，基本实现教育现代化，基本形成学习型社会，进入人力资源强国行列"的战略目标。[2] 2019 年

① 张婷. 终身学习理念下教师教育改革[J]. 中国教育学刊，2019(S1)：222-223+229.
② 国家中长期教育改革和发展规划纲要工作小组办公室. 国家中长期教育改革和发展规划纲要（2010—2020 年）.［DB/OL］.http://www.moe.gov.cn/srcsite/A01/s7048/201007/t20100729_171904,html,2010-07-29.

中共中央、国务院印发的《中国教育现代化 2035》①中提出把"更加注重终身学习"作为教育理念，把构建服务全民的终身学习体系作为面向教育现代化的十大战略任务之一。

（一）新时代习近平总书记对教师终身学习提出新要求

2013 年 9 月 9 日，中共中央总书记、国家主席、中央军委主席习近平写信祝贺广大教师节日快乐。在慰问信中，习近平总书记对全国教师提出"牢固树立终身学习理念，加强学习，拓宽视野，更新知识，不断提高业务能力和教育教学质量，努力成为业务精湛、学生喜爱的高素质教师"的要求。② 2014 年 9 月 9 日，习近平主席在北京师范大学发表重要讲话，明确"四有"好老师的标准，提倡教师要始终做到终身学习，强调"教师要甘当小学生，要面向世界、面向未来，不仅要学习书本的知识，更要加强研究学习课外的知识，不断丰富自己的思想，提高自己的认知能力"。③

习近平主席在系列讲话中均强调了终身学习的重要性，教师肩负着培养社会主义事业建设者和接班人的责任与使命，因此教师应做到终身学习，树立观念并养成习惯，通过不断学习提高自我。④ 习近平总书记对于教师终身学习的论述，不仅是对教师提出了新要求，更是为我们明晰了未来不断努力实践的方向。中国特色社会主义进入了新时代，教育就要更符合新时代学生发展的客观要求。

在信息网络快速发展的今天，学生获得知识的途径不仅局限于课堂、书本，一成不变的教学知识和教学方法是无法满足学生的学习需要的。教师要保持终身学习的态度，不断丰富自己的专业知识，学习新的教育理念和方法，成为学生心目中的"好老师"，做好学生的"引路人"。

（二）终身学习引领教师专业成长

教师的专业成长是指教师在实施教育教学过程中所实现的专业知识和专业技能不断积累和完善，由新手教师成长为专业教师，终身学习是教师实现专业发展过程中的必经之路。

教师是一个尤为需要进行终身学习的职业群体。唯有进行不断的学习，更新知识结构、提高执教技能，才能适应不断发展的社会，掌握与时俱进的教学方法。人才培养的关键是高质量的教育，而高质量的教育依赖于高素养的教师。教师要牢固树立终身学习

① 新华社. 中共中央、国务院发《中国教育现代化 2035》［EB/OL］. http://www.gov.cn/zhengce/2019-02/23/content_5367987，htm，2019-02-29.

② 中华人民共和国教育部. 牢固树立终身学习的理念——八论学习贯彻习近平总书记致全国教师慰问信精神［EB/OL］. http：//www. moe. gov. cn/jyb_xwfb/s5148/201309/t20130922_157585. html，2013-09-19.

③ 习近平. 做党和人民满意的好老师——同北京师范大学学生代表座谈时的讲话［N］. 人民日报，2014-09-10(1).

④ 习近平. 决胜全面建成小康社会　夺取新时代中国特色社会主义伟大胜利——在中国共产党第十九次全国代表大会上的报告［EB/OL］. http：//www. xinhuanet. com/2017-10-27/c_1121867529. htm，2017-10-27.

的理念，作为教育者首先应是学习者，"吾生而有涯，而知也无涯"，以某个学科教学领域的知识为例，其中不仅包括教育学科理论的知识，更包括科学与人文的知识，知识是永远无法学尽的。特别是，作为一名教师光有理论知识是不够的，将所学知识创造性地应用于实践才是教师必须具备的能力。

幼儿园教师所面对的对象是幼儿，主要工作不仅是传授知识，更重要的是育人，教师作为幼儿成长道路的引路人，应该不断学习，提升自身素质，从而激发幼儿内在潜能，使其成为德智体美劳全面发展、乐观自信、讲礼仪的人。

(三)终身学习是幼儿教师职业生涯发展的必然要求

幼儿教师常被誉为"十项全能"，因为幼儿教师可能会接触到"墙面设计师""花匠""保育师""清洁工""手工艺术家""歌唱家""舞蹈老师""作家""研究者"所做的工作内容。由于教育对象是身心迅速发展的幼儿，阶段性教育无法解决幼儿教师职业所需，所以，终身学习就成为幼儿教师职业生涯发展的必然要求。幼儿教师树立终身学习的理念，加强理论与实践学习，才能实现幼儿教师职业生涯发展的可持续、个性化、全面发展。

一名幼儿教师的培养绝不是职前师范院校中一次性就可以完成的。幼儿教师的职前培训固然重要，但职后的不断学习和提升同样十分必要。只有在职前职后连续不断的学习过程中，幼儿教师才能更为从容不迫地应对职业生涯中出现的难题与挑战。职前与职后制度化学习与自主学习等非制度化学习相结合，能帮助幼儿教师持续补充专业知识和提高专业素养，保证和促进幼儿教师职业生涯可持续化发展。

传统的幼儿教师职前培训多由高校中具有深厚理论功底的专业理论教师承担，课程设置上实践技能类培养内容占比较少，存在理论与实践两类课程不相平衡的问题。职前培训设置多是统一的课程内容，依据统一目标、统一方式进行师资培养，会关注不到幼儿教师的个性特色。缺乏个性的幼儿教师是无法适应新时代幼儿教育要求的，而终身学习即可打破统一标准学习的禁锢，尊重幼儿教师的个体选择，实现幼儿教师个性化、全面化发展。

二、幼儿教师的知识结构

知识结构是教师专业素质的核心，是教师在知识积淀、专业发展、技能提升过程中形成的具有个人特色的知识系统。① 教师的知识结构对教师教学质量及育人能力有重要影响。②

(一)幼儿教师的知识结构

根据《幼儿园教师专业标准(试行)》中对于合格幼儿教师专业素质、专业知识和专

①　岳亚平．幼儿园新教师专业知识结构的特征分析[J]．幼儿教育(教科版)，2010(3)．
②　王翠红．浅议当代教师知识结构[J]．当代教育论丛，2007(5)．

业技能的规范与要求，幼儿教师专业知识可分为三个维度：幼儿发展知识、幼儿保育与教育知识、通识性知识。

1. 幼儿发展知识。

何为幼儿发展知识？幼儿发展知识包括：第一，了解幼儿生存、发展和保护的有关法律法规及政策规定，例如《中华人民共和国教育法》《中华人民共和国未成年人保护法》《幼儿园工作规程》《联合国儿童权利公约》等。第二，了解不同年龄幼儿年龄特点及规律，能够根据幼儿的年龄特点采取适宜的教育策略及方案。第三，了解不同幼儿存在个体差异性，每个幼儿都有其独特的个体发展水平、速度，不同幼儿优势发展领域不同，教师能够尊重幼儿的个人差异，采取不同策略和方法，了解幼儿的最近发展区，对于不同发展水平的幼儿给予不同层次的指导与帮助。第四，了解幼儿发展中容易出现的问题与适宜的对策，例如在集体教学活动中幼儿出现注意力不集中现象时，教师能够分析3—6岁幼儿主要的注意仍是无意注意，相对成人来说自制力较弱，注意力集中时间较短且易分散，因此，教师应注意避免无关刺激对幼儿的干扰，有效保持幼儿注意力在当前活动中，恰当引导幼儿进行注意力转换，既增加活动对幼儿的吸引力，又使幼儿对活动感到有趣和好奇。

2. 幼儿保育与教育知识。

在幼儿园除了对幼儿进行教育活动外，保育工作同等重要。在《幼儿园教师专业标准（试行）》中提出，幼儿保育与教育知识应包括：第一，"熟悉幼儿园教育的目标、任务、内容、要求和基本原则。掌握幼儿园各领域教育的学科特点与基本知识"。幼儿园教育内容分为语言、社会、健康、艺术、科学五大领域。幼儿教师应了解不同领域教育的学科特点、了解不同领域的教育目标，促进幼儿各个领域的发展及各领域之间相互渗透、相互结合。第二，"掌握幼儿园环境创设、一日生活安排、游戏与教育活动、保育和班级管理的知识与方法。"幼儿园环境作为隐性的教育因素，是保育和教育活动得以实施的载体和途径，学会创设适宜的幼儿园环境是十分重要的；而了解幼儿园一日生活流程、掌握游戏与教育活动的设计要点、清晰幼儿园保育和班级管理的实施要点是幼儿教师工作开展的前提。第三，熟知幼儿园安全应急预案，减少和避免发生安全事故。如幼儿园发生紧急意外情况或幼儿面临危险，幼儿教师应能够对幼儿进行防护和救助，保证幼儿安全。第四，掌握观察与评价幼儿的基本方法，能够通过观察、记录、谈话、作品分析等方式更好地了解幼儿。第五，"了解0—3岁婴幼儿保教和幼小衔接的有关知识与基本方法"，学前教育广义上指对出生未满6周岁的儿童实施的保育与教育，幼儿教师需要了解0—3岁婴幼儿早期教育的相关知识，正确认识0—3岁早期教育的重要意义，从而帮助幼儿更好地入园适应、减少入园分离焦虑；保障幼儿与婴儿教育的一致性，促进幼儿良好发展。同时幼儿教师要关注幼儿发展的连续性，做好幼儿教育与小学教育的双向衔接，帮助幼儿能够顺利过渡，做好入学适应。

3. 通识性知识。

在《幼儿园教师专业标准（试行）》中明确提出幼儿教师必须具备的通识性知识，包括自然和人文知识、中国教育基本情况、艺术基础和现代信息知识等。教师注重积累通识性知识，首先能够更好地将所教授知识进行跨学科融合，将知识用于实践，更加符合幼儿的年龄特点；其次，幼儿常常会问各种各样有意思的问题，如何能不让幼儿失望，与幼儿良好互动，更好地回答他们的问题，要求教师具有广博的通识性知识，以促进幼儿认知发展，启发引导幼儿开动脑筋，对世界好奇、热爱探索，有利于幼儿智力提升和创造性等良好品质的培养。

（二）不同专业发展阶段教师知识结构特征比较

1. 新手型幼儿教师的知识结构特征。

工作时间不满 3 年的教师我们称为新手型教师，美国学者伯顿将教师成长分为三个阶段，即生存阶段、调整阶段与成熟阶段。入职工作时间较短的新手型教师就处于伯顿所说的生存适应时期。所谓生存适应期是指，幼儿教师刚刚进入教育工作岗位，作为教师本身满怀激情与热情，迫切希望将自己所学所知运用于实践，但实践过程会中往往会出现未曾预料到的问题，导致现实与教师原本规划之间产生差距。面临这种情况，初入职场、尚无经验的新手型教师很容易丧失信心、产生焦虑。如何顺利完成一节活动，幼儿在园如何安全、平安度过一天是幼儿教师心中最关心的事，从而这一时期的教师更多关注于班级管理技巧、如何同幼儿相处、幼儿的一日生活如何组织与实施、玩教具的制作与投放等。这些技能更像是幼儿教师专业活动中的"生存技能"。相对比调整阶段和成熟阶段的教师，新手型教师在教育实践过程中面临更多的教育困境，在不断的挑战面前或许会更多感受到挫折感。然而新手型教师这一时期的所学所感及其知识结构，对幼儿教师未来整个教育生涯都起着奠基作用，是决定日后专业发展方向与教学品质的关键期。特别是幼师入职第一年，在这一年教师所获得的专业上的教学经验，将对教师整个职业生涯产生重要影响。

2. 发展型幼儿教师的知识结构特征。

发展型教师一般指工作年限为 3—10 年的教师，度过新手型阶段，教师进入发展型阶段。处于这一阶段的幼儿教师已积累一定的教育教学经验，掌握了基本的教育教学技能，对于幼儿一日常规性工作具有较强的计划性和目的性，能够根据自身的教学理念及知识处理不同教学情境下的事件和问题，挫折感降低，心情也较放松。因而，教师开始有精力关注和了解幼儿的复杂性和多样性。发展型教师的知识结构相较于新手阶段发生转变，不再是单单关注"如何做成"，开始逐渐过渡为"不同情况下的不同做法"，即由原来的更多关注"班级管理技巧"知识转向关注教学情境与幼儿个体差异性，对于不同发展水平的幼儿能够不断寻求和尝试各种新的教学方法和适宜策略。然而相较于成熟型教师，发展型教师的知识结构仍在调整和完善，教师灵活运用教育策略因材施教的能力尚有不足。

3. 成熟型幼儿教师的知识结构特征。

成熟型教师一般指工作年限在 10 年以上的教师，他们处于"自我完善"的发展阶段。在这个阶段的幼儿教师熟练掌握了教学活动设计，将游戏活动同五大领域内容相融合，了解和熟悉教育环境，教师感到安心，因而更关注幼儿需求以及师幼之间的关系。成熟型教师在不断的教学实践过程中已形成了具有个人特色的教学方式，形成了具有个性特征的实践性知识。这些在实践中形成的教育经验体系与教育智慧能够帮助教师在遇到可能会产生的新情况和新问题时，及时采取比较合适的教育教学方式来确保各项教育活动的开展和延续。成熟型幼儿教师善于把握教育契机，支持和引导幼儿充分的学习。成熟型教师还善于创设幼儿教育环境，使环境成为熏陶感染幼儿的隐性课程。

三、理论学习与实践性知识

《现代汉语词典》对"理论"条目的解释有两种，一是作为名词，其意为"人们由实践概括出来的关于自然界和社会的知识的有系统的结论"；二是作为动词，"辨别是非、争论、辩论"的意思。① 本文中取名词含义，"理论学习"指幼儿教师通过系统学习获得专业知识。

"实践"，是马克思主义认识论的核心概念。从内涵来说，它是人类为了变革客观现实而进行的一种有意识的活动，通过实践将思维和认识转变为现实。幼儿教师实践性知识，是教师自身在日常教学情境中一边实践一边生成的知识，实践性知识源于教学实践过程，同时指向教学实践，直接作用于教师的教育行为，是教师关于"如何做"的一种稳定的认知经验体系。②

(一) 理论学习是幼儿教师形成专业理念和师德的重要来源

《中共中央国务院关于全面深化新时期教师队伍建设改革的意见》中强调，要"努力建设一支政治素质过硬、业务能力精湛、育人水平高超的新时代高素质教师队伍"，体现国家对于教育的高度重视以及对于"高素质专业化"教师队伍的期待。

1. 理论学习使教育活动符合教育规律。

教育活动是幼儿教师将教育理念转变为教育行为的实践活动，教育活动的质量受教师教育理念、教育观的影响，教育理念是教师有效开展教育活动的基础。专业理论学习是幼儿教师生成正确教育理念与教育观的有效途径，通过理论学习，帮助幼儿教师的教育活动更加符合教育规律。在理论学习的过程中，教师了解幼儿身心发展规律、不同幼儿的年龄特点、不同发展阶段幼儿心理特点以及影响因素，在实践中能够正确认识和分析教育现象与问题，掌握幼儿教育的原则和科学的教育方法，使教育幼儿的过程更加科学化。

2. 理论学习激发教师专业自觉、促进专业身份认同。

理论学习激发教师专业自觉。教师在理论学习过程中，促使新获得的知识同自身原有知识结构进行碰撞，理解知识、巩固知识、应用知识，在运用知识的实践中不断反思并生成专业自主意识，形成专业自觉。③ 幼儿教师通过专业理论学习后的反思，使个人的信念与个人理论发生实质性变革，从而提升自身的实践经验、开展更有效的教学实践

① 中国社会科学院语言研究所词典编辑室[Z]. 现代汉语词典(第6版)[M]. 北京：商务印书馆，2012：795.

② 李丹. 幼儿教师实践性知识发展研究[D]. 重庆：西南大学，2011.

③ 赵明仁. 教学反思与教师专业发展[M]. 北京：北京师范大学出版社，2009：6.

活动，实现持续的专业发展。

专业理论学习促进幼儿教师理解并认同自身的专业身份，帮助教师具备清晰的职业价值观。在面对朋友、家人、社会舆论对幼儿教师职业身份的评论时，多数教师很难客观审视外部评价，理论学习可以帮助幼儿教师正确认识自己的职业角色，思考自己要成为什么样的教师、教育信念是什么、应具备怎样的专业素养和专业行为等，理性地将外部要求转换为内部动力，在持续的教育实践中不断反思、不断调整，获得实现自我价值的职业体验。幼儿教师唯有在理解并认同自己专业角色的基础上，才能明确自己的专业发展方向进而实现专业自主发展。①

做一名终身学习的幼儿教师

从事幼教事业8年的龚爱红老师，不但工作认真，而且热爱学习。从事幼教工作一年时就参加了国培项目"幼儿园教育活动设计与指导技能培训"。龚老师在培训中收获了许多理论知识，明确了自己的发展方向。参加国培学习前，龚老师基本熟悉班级日常工作及流程，学习后，她开始尝试合理安排和专业组织孩子们的一日生活常规（科学保教），第二年，她就担任了班主任。

担任班主任以后，龚老师深知自己的专业知识还很欠缺，所以她珍惜每次的学习机会，比如，参加市级幼儿教师集中培训、区域活动课程的培训、幼儿园之间的观摩活动、园内组织的分批次集中学习《指南》、园内听课活动、相互评课、课后反思、课后研讨等。代园长和钱园长严谨抓细节，有效提升了老师们的教育和保育专业知识。

通过不断学习与实践，龚老师逐步形成了自己的教育理念和教育风格，也更加坚定了从事幼儿教育、服务基础教育的信念。

（案例来源：湖北省天门市佛子山镇中心幼儿园　龚爱红；园长：李美霞）

幼儿教师入职第一年是教师走向专业化的起步时期，是充满未知和调整的过渡时期，是教师形成职业观及教育观的重要时期。新入职教师会出现迷茫感，感到专业知识欠缺。通过理论学习，教师可以掌握幼儿教育的原则和科学的教育方法，逐渐消除焦虑和彷徨，坚定教育信念，并促进教师认同自己的专业身份。

---

① 夏雪薇. 终身学习理念下的企业大学发展研究［D］. 武汉：湖北工业大学，2019.

职业适应是幼儿园新手教师专业发展的基础，除了幼儿教师自身要提升职业素养外，幼儿园还要提供具有针对性的理论培训、适合新手教师专业发展的入职培训计划、因材施教的专业技能培训，使新手教师能够更快提高专业技能，更好地适应幼儿园教师的职业需求，尽快适应工作环境，全身心投入教育教学工作。

(二)丰富实践知识，提升实践智慧，促进专业发展

1. 理解实践性知识对于专业发展的重要性。

理论知识和实践性知识对于幼儿教师专业发展都有重要作用。一些幼儿教师对实践性知识缺乏正确认识，在实践过程中缺少总结与提炼，没有将实践智慧转换、凝练为实践知识。对于幼儿教师来说，丰富实践知识、提升实践智慧首先需要转变的是教师的知识观，正确认识实践性知识的重要性与价值，明白实践性知识和理论知识同等重要，转变教师认为积累教学经验没有学习理论知识"管用"的观念。唯有理解实践性知识对于专业发展的重要性，教师在实践过程中面对实际问题才能够自觉地不断反思、不断研究，生成富有实践智慧且对于复杂多变的教学情境行之有效的行为法则。[①]

幼儿教师巧用"游戏法"

游戏在幼儿每天的活动中起着重要作用。中班幼儿晨晨，平时害羞胆小，话不多，可是在表演区游戏活动时晨晨却变了样。晨晨扮演美丽的公主，和佯装王子的老师交谈得非常顺畅。老师特别安排晨晨与小朋友们合作表演节目，晨晨表演大方、生动。游戏活动提高了晨晨的口语表达能力，让晨晨有意识地主动与他人相处。晨晨变得开朗起来。

中班男孩哲哲在开展集体教学活动时，一会玩自己的衣服和手指，一会和旁边的小朋友讲话。老师发现后请哲哲进行区角游戏活动时，哲哲却可以玩积木玩好长时间，还能够认真思考如何搭出美观坚固的建筑，心思一直在拼搭的建筑上。建构区的游戏活动不仅提高了晨晨的动手能力，还提高了晨晨的专注力。在实践中，老师发现，游戏对幼儿有很大的吸引力，所以尽量在教学中避

① 李丹. 幼儿教师实践性知识发展研究[D]. 重庆：西南大学，2011.

免长时间的说教和管教。

（案例来源：湖北省天门市幼儿园　杨俊；园长：熊俊英；指导者：湖北省天门市教育科学研究院　彭康利）

教师知识和能力的提升是在教学实践中逐步完成的。幼儿教师应在教学实践中，从幼儿的视角出发，注重体验，积极运用游戏教学，引导幼儿参与其中，培养幼儿自主学习的能力，让幼儿在体验中获得进步。

幼儿教师如何在幼儿活动中生成实践性知识是教师应该思考的重要内容。教师应在幼儿游戏过程学会观察并了解幼儿，关注幼儿需求并全力解决。与此同时，教师要明确游戏活动的意义，通过自学、专家理论培训，认真剖析幼儿心理，提高自身专业技能，使实践性知识从沉寂状态走向自觉状态。

2. 通过反思实践模式形成实践知识。

幼儿教师要认识到反思对于提高教育质量、发展自我的特殊价值，要形成反思批评的意识，愿意深入反思教育实践的方向、质量及水平，多从实践经验、教育智慧中总结、提炼出解决教育问题的有效行为法则。幼儿教师反思的途径多种多样，撰写教学反思、听课评课、参与教学研究等形式，都可将实践智慧显性化。

在反思和学习中成长

张金霞老师刚当上幼儿教师时，看到主班老师组织孩子时用简单的几句口令就把孩子们的目光集中到了老师那里，张老师当时觉得这太简单了。第二天，张老师自信满满地向主班老师申请"组织孩子们活动"。当张老师用主班老师同样的话语、同样的方式组织孩子们时，效果完全不同。孩子们自己玩自己的，不理张老师。张老师以为是声音不够大，于是大喊："亲爱的宝贝们！"孩子们照旧各玩各的，没人回应老师。张老师向主班老师投去求助的眼神。主班老师一出面，孩子们一下就按照要求做了。此次活动让张老师意识到"幼儿园教师并不简单，不是单靠模仿就能做好幼儿工作"。

课后，张老师反思自己"为什么用同样的方法，孩子们一点反应也没有"，主班老师一番话启发了张老师："组织孩子看似简单，但要有方法和技巧，要了解幼儿，并不是声音大孩子就听从要求，要看在哪个环节叫孩子。所以，组织孩子要注意看孩子的活动能力、水平和结果。以后，你要多观察、多问、多积累经验……"这些话对张老师帮助很大，用张老师的话来说就是"我不再像以前那样自以为是了，我会用心观察幼儿，学习其他老师组织孩子以及教学的方法，最重要的，我要研读《3—6岁儿童学习与发展指南》"。

通过不断实践和反思，张老师逐渐找到了方法。在带领孩子们学习科学"奇妙的叶子"公开课上，张老师开场时用谜语猜一猜吸引了孩子们注意力，然后开始了教学活动。整节课孩子们都饶有兴趣，掌握得也不错。课后张老师结合听课老师的点评进行了反思，反思后改进了这节课，择日又进行了第二次教学。张老师每上一节课都会反思，并融入新内容，如导入环节设置成手指游戏，利用孩子们发现的新鲜事物作为导入内容等，实现了吸引孩子兴趣、引发孩子探索的教育教学目标。

（案例来源：湖北省天门市岳口镇中心幼儿园　张金霞；园长：刘琼；指导者：湖北省天门市教师进修学校　刘秋香）

案 例 点 评

幼儿是一个生命体，并不是简单的容器。选择幼儿教师这个职业，就要随时充电，不断学习，不断反思，更新教学方法，提高教学质量。

给学生一杯水，教师要有一桶水，并且要源源不断的活水。所以，教师要反思，让水"活"起来。只有反复推敲实践中的情境问题、应对行为和处理效果，幼儿园教师才能找到合适的行动策略。

教 育 建 议

实践后的有效反思是教师形成实践性知识的重要途径。

建议一：要形成反思意识，即愿意总结教学实践中的经验教训。

建议二：写反思日记，使实践性知识显性化，提升自我认识。

一、单选题

1. 尹老师特别喜欢学习，不仅在幼儿园中积极观摩老教师组织的活动，而且在业余时间自修研究新课程、学习最新学前教育理念，潜心研究教学方法。她虽然年轻，但已经连续三年被评为优秀教师，这体现了尹老师（　　　）。

A. 有终身学习的理念　　　　　　B. 专注自身学习，将来能考研究生

C. 关爱学生　　　　　　　　　　D. 志存高远，乐于奉献

2. 幼儿教师要适应时代发展需要，拓宽知识视野，更新知识结构不断提高专业素养和教育教学水平，就必须（　　　）。

A. 爱岗敬业　　　　　　　　　　B. 勇于创新

C. 严谨治学　　　　　　　　　　D. 终身学习

二、多选题

1. 幼儿教师的知识结构包括哪几部分？（　　　）

A. 幼儿发展知识　　　　　　　　B. 幼儿保育与教育知识

C. 通识性知识　　　　　　　　　D. 环境的创设与利用

2. 下面哪几项属于幼儿保育和教育知识？（　　　）

A. 掌握幼儿园各领域教育的学科特点与基本知识。

B. 掌握幼儿园环境创设、一日生活安排、游戏与教育活动、保育和班级管理的知识与方法。

C. 熟知幼儿园的安全应急预案，掌握意外事故和危险情况下幼儿安全防护与救助的基本方法。

D. 具有一定的自然科学和人文社会科学知识。

E. 掌握观察、谈话、记录等了解幼儿的基本方法和教育心理学的基本原理和方法。

F. 具有一定的现代信息技术知识。

三、判断题

1. 教师教哪个年龄段的孩子，就只需要掌握哪个年龄孩子的年龄特点。（　　　）

2. 教师要具有一定的自然科学和人文社会科学知识。（　　　）

四、案例分析题

案例：来自一名一线幼儿教师的访谈："工作后才发现读师范时老师讲的非常有用，后悔当时没有好好学、好好听老师讲课。其实关于环境创设，老师当时教了很多内容，她有出国经历，还给我们介绍了许多国外环境创设的先进理念和方法。但是当时不理解这个到底有什么用，有多大作用，稀里糊涂地就上完了，考完以后就忘得差不多了。而现在才认识到，其实原来我们平时做环境创设，不仅要会剪贴制作，把教室布置得很漂亮，更重要的是要有一种理念，要知道布置某种环境背后的意义，要有一个整体性思路，把幼儿发展和幼儿园日常教学活动贯穿到幼儿周围的环境里。我自己也在网上

收集了很多环境创设方面非常好的图片和案例，但是我只能单纯地模仿，觉得缺乏理论，不能把自己的思路有效整理，拧成线，形成一种有系统、有深刻意义的环境创设方案。"

　　问题：试分析这名教师为什么会产生"后悔当时没好好学"、"当时不理解……考完以后就忘得差不多了"这种想法？从"终身学习""理论和实践结合"角度谈谈如何成为一名合格的幼儿教师。

　　1. 终身学习：终身学习是通过一个不断的支持过程来发挥人类的潜能，它激励并使人们有权利去获得他们终身所需要的全部知识、价值、技能与理解，并在任何任务、情况和环境中都有信息、有创造性并且愉快。
　　2. 知识结构：知识结构是指知识系统诸要素相对稳定的组织方式。（《现代汉语辞海》）
　　3. 理论：人们由实践概括出来的关于自然界和社会的知识的有系统的结论。
　　4. 实践：马克思主义认识论的核心概念。从内涵来说，它是人类为了变革客观现实而进行的一种有意识的活动，人类要把各种需要和理想转化为现实，就需要以实践作为中介。
　　5. 实践性知识：是幼儿教师自身所具备的知识，为幼儿教师在日常教学情境中逐渐生成的针对"如何做"建立起来的稳定的策略认知体系。

第二节　知识水平：教师学识扎实、学术精湛、博学明理

教学目的：
1. 理解理论知识与实践性知识间关系，不断提升专业化水平。
2. 秉承正确教育观念，在实践中因材施教。
教学重点：储备理论知识，积累实践经验。
教学难点：灵活运用理论，在实践过程中进行教育辩证。

　　社会呼吁学习型教师，幼儿园教师的专业发展是多种因素共同作用的结果，这就要求教师不断储备理论知识和积累实践经验，提高自己的专业化水平。

一、在理论指导下进行反复实践

　　幼儿园教师要学习先进的教育理论，树立前沿的教育观，不能认为高深理论在幼儿教育中作用不大，从事工作后将教育理论抛弃。教育理论比较抽象，但教育实践是具体

复杂的。教师需要灵活运用理论，根据不同幼儿因材施教。

(一)将理论创造性用于实践

幼儿园教师面对的是处于发展变化中的不同个体，工作任务繁琐而零散。因此，教师应吃透、灵活运用理论，具体问题具体分析，在教学中进行创造性活动，体现教师的教育智慧。具体方法有：可以邀请学前教育专家到园讲座，丰富教师的专业知识；鼓励教师参加高一级的学习进修，多渠道学习脑科学、神经科学等方面的研究成果，优化知识结构。

理论指导实践

　　范梦晨老师在参加"信息技术与幼儿教育整合策略"的培训课时体会最深的是："幼儿园教师要充分发挥现代信息技术辅助教学的作用，通过图、文、声、像多重感官刺激，使教与学、学与练的活动变得丰富多彩。寓知识学习、朗读训练、智力开发于生动活泼的教学形式中。将灌输式教学转变为探索式教学，将呆板的课堂氛围营造为活泼的课堂氛围，使上课成为游戏，变抽象为直观，变单一为开放，扩大课堂教学的知识容量，萌发幼儿想学、要学、乐学的心理，促进早期智力的开发。"

　　范老师在培训中得到了理论的指导，她原来以为，多媒体运用就是放点音乐、图片等，让幼儿看看热闹就行了，没想到要用信息技术辅助教学，要激发幼儿学习动机，调动幼儿的积极性和主体性。通过理论学习，范老师意识到，只有当幼儿大脑处于兴奋状态、对活动产生浓厚兴趣时才会积极参与活动。所以，她下决心充分利用多媒体技术为教学营造轻松、活泼的情境，激发幼儿学习动机。

　　在中班"毛毛虫啃苹果"音乐活动中，范老师准备了：《毛毛虫啃苹果》PPT和音乐、节奏的图谱、贴有苹果的苹果垫。在播放《毛毛虫啃苹果》的音效时，让幼儿们先听，然后再猜，再跟着毛毛虫啃苹果的节奏和图谱，让幼儿们站起来模仿毛毛虫的动作。在夸张的形象表演中，幼儿们很容易就理解了内容、学习了知识。由于整节课声情并茂、生动形象，为幼儿提供了多样化的感官刺激，幼儿学习的兴趣和对事物的好奇心充分被激发，提高了课堂效率。

　　(案例来源：湖北省天门市净潭中心幼儿园　范梦晨；园长：蒋小兵；指导者：湖北省天门市教师进修学校　刘秋香)

3—6 岁幼儿往往是以无意注意为主，在课堂上的注意力不容易集中。幼儿的学习兴趣是学习的直接动因。然而兴趣和动机不是天生固有的，而是通过外界事物的新颖性、独特性来满足幼儿的探究心理需要引起的。范老师在"多媒体"要辅助教学的理论指导下，巧妙运用了"多媒体"，有效激发了幼儿的学习兴趣。

教育建议

建议一：幼儿专业教育者应该具有不断研究专业知识的意识与能力，用教育理论知识去解释教育实践中出现的问题。

建议二：要想追求卓越，教师就要学会将理论创造性地运用于实践。教育理论最终要走向教育实践，但教育理论的"可行性"并非面面俱到，具体问题具体分析。教师学习理论后，应加以内化并善于思考如何在理论与实践之间建立桥梁。

(二)注重理论与实践的结合

教育科研理论和实践是同一教育过程的不同侧面，幼儿园教师要想做到将理论研究的宗旨与实际现状相结合，就要不断学习理论知识，结合教育实践交流经验，再将经验上升为实践知识，灵活变通教育理论，提高运用知识解决实际问题的能力，顺应时代的发展要求。

巧用"强化"理论，纠正不良就餐行为

幼儿园一日活动中，吃午餐是子瑞最怕的环节。午餐时子瑞总是最后一个去端饭，还挑食、不吃蔬菜，就是吃饭也不专心，在座位上动来动去，时不时找一下老师，或是找小朋友讲话。不仅影响了班级就餐纪律，也不利于子瑞身体健康。正当我一筹莫展时，突然想到前段时间读的《教育心理学》里讲到的"强化理论"。斯金纳提出可以通过"正强化""负强化"或"不强化"的办法来影响行为的后果，从而修正行为。班杜拉提出让观察者看到榜样或他人受到强化，从而使自己也倾向于做出榜样的行为。

班级老师进行了研讨，制定了一个计划。首先，对于子瑞"午餐时找其他人讲话"的行为采取"不强化"方式，使其消退；接着通过"替代性强化"引起子瑞的模仿行为；最后通过及时对子瑞良好行为给予肯定和奖赏(正强化)，使子瑞重复良好行为。

老师调整了就餐的座位，叮嘱小朋友在吃饭时不要和子瑞讲话。午餐时，子瑞果然又想找小朋友们讲话，可大家都专心吃饭，不理他，他转头想找我们，我们也都不说话，只默默地给他添饭添菜。子瑞见不到我们的回应，就坐下来乖乖吃饭了。可看着碗里的青菜，子瑞露出了嫌弃的表情。这时，老师走到甜甜身边，看着甜甜把青菜都吃了，问道："甜甜，青菜好吃吗？""好吃！""甜甜真棒，一点都不挑食，老师今天要给把青菜吃了的小朋友每人一朵小红花！"子瑞听罢，也用勺子挖了一棵青菜放到嘴里并吃了下去。看到这里，老师笑着对子瑞说："好孩子，吃了青菜，老师奖励你一朵小红花。"听到老师的话，子瑞露出满足的笑容，马上又多吃了几口。午餐在轻松愉悦的氛围中结束了，老师们都松了一口气。

为了巩固成绩，老师们还调整了强化方式、刺激强度，把"强化理论"讲给家长听。最终，在幼儿园和家庭的共同努力下，子瑞可以和小朋友们一起就餐、吃青菜了。

（案例来源：湖北省天门市竟陵中心幼儿园 蒋碧容；园长：刘志红；指导者：湖北省天门市教育科学研究院 彭康利）

案例点评

幼儿年龄尚小，他们的生理和心理尚未发展完全，心智尚未成熟，很容易产生一些偏差行为，如何选择有效且适宜的纠正策略值得教师思考。本案例中教师巧妙地将理论与实践进行了结合，学以致用，通过"强化理论"对幼儿进行积极引导，使幼儿获得积极情绪的同时，改正了不良就餐习惯。

教育建议

幼儿出现偏差行为，可能是由于外在社会环境、家庭因素所影响，教师可以面对幼儿出现的问题，分析问题背后产生的原因，站在幼儿的角度，在充分理解幼儿的基础上，结合自己以往的理论学习，寻找适宜的解决措施。

二、在教育研究中反复论证

幼儿园教师教育研究能力是指幼儿教师在保育教学实践中发现问题、分析问题、解决问题、改进教育教学实践的能力。

（一）幼儿教师教育研究能力内涵

幼儿教师教育研究能力结构要素主要包括：发现问题能力、反思能力、自主学习能力、合作能力、创新能力、归纳总结能力。[①]

发现问题能力是指教师具有问题研究意识，能够在日常的教学实践过程中发现具有研究价值的现象与问题，不单纯满足于完成教学任务，审视教学工作、不断思考。发展问题是开展教育研究的第一步。

反思能力是教师必备的能力。反思是指在实践活动中不断追问自己，不断细化问题，不断更新教学观念，不断调整教学行为。教师反思的内容包括教学活动设计、教学组织策略、师幼互动水平、观察评价能力等。

自主学习能力是指幼儿教师为了解决自己在教育教学中的困惑与问题，根据日常教育教学的实际需要自主学习，如阅读书籍、查阅与分析资料、参与培训等。

合作能力是指幼儿教师在教育研究过程中相互合作。幼儿教师能够主动寻求帮助，能够在研究过程中与不同的教师一起交流与探讨。教育研究比较复杂，教师常常会面临不同的问题，合作能力能有效帮助教师达成研究任务。

创新能力是指幼儿教师在进行教育研究时要能创造性地解决问题，具体表现在能够采用新视角、新方法、新研究工具来探索教育问题，具有清晰的研究思路，能够迁移已有研究可借鉴的内容解决新的实际问题等。

归纳总结能力是指教师在分析处理问题时是否能够梳理归纳，总结经验，提出解决对策，形成有参考价值的理论规律。

（二）幼儿教师将教育研究深入日常教育实践

教育研究并非只在教研活动、撰写研究论文的时候才进行，而是与教育教学过程有机融合、贯穿于日常教育教学始终的"现场式"研究，在教师每日的教育教学过程中教师发现问题、研究问题、分析问题、解决问题，不断提升教师的专业能力，达成促进幼儿发展的目标。有智慧的教师不会将教育教学与教育研究相分割，最了解的幼儿、最熟悉的工作伙伴，最常遇到的教育现象与问题均是最有价值的研究对象，研究的过程并不会使教育教学变得更加复杂、"忙上加忙"，而是能使日常教育教学工作更加科学、合理、丰富、有效，享受教育研究的乐趣。

案例三

在实践中探究帮助幼儿理解、记忆歌词的有效方法

幼儿在新歌曲学唱环节常常记不住歌词，王焕琳老师在教授幼儿学唱时原来都是自己画歌词的图示，但她发现孩子们接受得并不好。王老师就开始研究，

---

① 杨雪．幼儿园教师教育研究能力提升的策略研究［D］．长春：东北师范大学，2019.

如何让孩子参与体验，并易于接受呢？

一天在区域活动的环节，熙熙用小点点代表"雨"，用嘴巴代表"亲亲"，画出了《亲吻雨》的图画。熙熙的创意启发了王老师的教学思路，王老师尝试在以后教学歌曲时请幼儿们一起想歌词图示，看看效果怎么样。

在组织幼儿们学唱《洋娃娃和小熊跳舞》时王焕琳老师提示："孩子们，我们要画一首歌。"

孩子们惊讶："啊？歌怎么能画呢，歌不是唱的吗？""今天的歌老师想和小朋友们一起画，想来玩吗？"孩子们争先恐后地举起手："带我玩，我想玩。"王老师唱完《洋娃娃和小熊跳舞》后故作疑问："我不看词记不住怎么办？"孩子们纷纷帮忙出主意："洋娃娃和小熊跳舞，就画两个小人转圈圈。""转圈，就在两个小人旁边画个圈。""小洋娃娃笑，就画她的眼睛弯弯的，嘴巴咧大大的，我们就知道了。"

在孩子们的共同参与下，整首歌词用画图形式呈现了出来。由于教学过程中是孩子们自己思考、表达出来的歌词图示，所以，歌曲学唱进行得特别顺利。

（案例来源：黑龙江省哈尔滨幼儿师范高等专科学校实验幼儿园 王焕琳；园长/指导者：王颖）

 **案 例 点 评**

这是典型的"现场式"研究，教师在教育教学过程中发现问题、研究问题、解决问题、完善教育行为，实现了促进幼儿发展的目标。王老师发现自己画的图示孩子们不容易理解和记忆，她围绕这个困惑，一直在寻找突破的路径和方法，受到孩子《亲吻雨》图画的启发，她找到了解决问题的方法，让幼儿们参与绘制歌词的活动，抓住了幼儿的学习兴趣和表现欲望，促进了幼儿对歌词的理解和记忆。教育研究与教育教学完全是同步、同向发展，在工作中体现了研究的目的，使研究过程成为了理性的工作过程，既科学、合理，又丰富、有效。

教 育 建 议

幼儿掌握一首歌曲是一个渐进的过程，图谱能够帮助幼儿理解歌词、有效识记歌词。建议教师不仅可以让幼儿自己创造、设计歌词图谱，同时可以借助图谱发挥幼儿自主探索的主动性，帮助幼儿自主学习，由教师的教逐渐过渡到教师的"不教"。利用图谱的过程不仅帮助幼儿识记歌词，同时还能帮助幼儿掌握节奏、理解情感。

开展陶笛教育科研，在教学过程中提升幼儿对美的欣赏

　　老师们发现，幼儿们自制了陶笛后，喜欢模仿老师吹奏。幼儿园发现幼儿有吹奏陶笛的渴望，于是，把陶笛带进了课堂教学。"如何把陶笛练习变得有趣"成为了老师们需要研究的问题。

　　幼儿园成立了教研组，开展陶笛游戏化教学的实践研究，以情景剧表演方式，创设了陶笛国王、王后、小王子淘淘、大胖等生动有趣的形象，让孩子在玩中学、乐中学、做中学。教研组老师们还和幼儿一起，编排好玩的剧情，用绘画的方式记录下来，集结成册。既让幼儿了解了陶笛艺术，又让幼儿产生了对美的理解。

　　该项研究历经三年，在教研组老师们的积极努力下，幼儿从准确视唱乐曲开始，到正确把握按孔，再到空指熟练练习，最后到能熟练吹奏乐曲，幼儿的眼、手、耳等器官运动区与脑神经都得到了发展，不但提升了幼儿触觉、视觉、听觉等多种感官的协调性，而且提升了幼儿对美的欣赏能力。幼儿园还出版了陶笛绘本教材《陶笛王国漫游记》。

　　（案例来源：华北电力大学回龙观幼儿园　刘丽华；园长：张艳苓；指导者：徐培）

案例点评

　　教师通过游戏化教学的方式将枯燥的陶笛练习变得有趣，案例中的研究既源于教学实践，同时又有效作用于实践。教育研究并非教师们原来想的那么复杂，即幼儿一日生活中出现的难题，可以生成一项有价值的研究。让孩子在玩中学、乐中学、做中学即为我们的教育目标。

教育建议

　　幼儿艺术领域活动游戏化教学十分值得幼儿园教师进行深入研究，不单单是陶笛教育，日常教学实践中的艺术活动均可以尝试将游戏与活动内容进行紧密联系。如情境模拟游戏教学，使教学过程更加有趣；角色表演游戏教学，增加师幼互动，同时帮助幼儿能够将艺术领域内容与其前期经验建立联系。

三、在博学明理中进行教育辩证

幼儿教师的重要任务是培养幼儿养成良好习惯，在游戏、活动中挖掘幼儿潜力，促进智力发挥，进行身体方面的平衡能力、协调能力的培养和训练。幼儿教师是否能够根据幼儿年龄阶段设定活动目标，可以体现出教师是否具备博学的潜质和多元的能力。

（一）幼儿教师多元的专业能力对应博学的专业需要

有一中班男孩，一连几天都从口袋里掏出小汽车，向其他幼儿自豪地介绍，慢慢地，越来越多的幼儿带玩具汽车来幼儿园。教师体现出了教育的智慧和专业的能力，她没有下令孩子不许带小汽车来园，而是借此机会，发动幼儿收集各种玩具汽车以及汽车图片，把教室布置成了汽车博览会。在这个过程中，教师查阅了很多汽车知识，带领幼儿们了解了汽车名称、种类、特征和用途。幼儿在喜爱的活动中思维能力和语言能力都得到发展。教师成为汽车博览会活动的支持者，为幼儿提供了活动的时间，实现了幼儿了解汽车的愿望，满足了幼儿热爱汽车的兴趣，增长了幼儿的生活知识，体现了教师的专业智慧和多元能力。

幼儿教师是一个"全科大夫"，不仅要关注幼儿的心理变化、情绪变化，培养幼儿的良好行为习惯，还要提升自己在幼儿的生活方面、保育方面、家长沟通方面的能力及教育教育学的能力。因此，幼儿教师的专业能力是多元的、综合的、全过程的。幼儿教育的目标是培养一个完整的儿童。

（二）教育观与教育行为间的不断碰撞

所谓教育观是指对于教育现象、教育问题的看法与认识，而教育行为是指在教学实践中的具体行为做法。教师的教学观与教学行为之间的关系存在三种状态：第一是教育观同教育行为相一致，即教师秉承何种教育观念，在实践中就会如何去做。第二是教育观念与教育行为不一致，表现为教师抱有一种教育观念，但在实践过程中却没有按照所认为的去做。第三种是教育观与教育行为不断碰撞，相互作用、调整。表现为教师口头持一种教学观念，也有相应的教学行为，但教育行为实际所产生的教学效果与应然的教学效果不相同。例如幼儿教师清楚要尊重幼儿的个体差异，在实践过程中虽设置了不同水平，但仍未完全符合不同发展水平幼儿需要，教师不断调整以更好达到促进幼儿发展。

作或话语来提示，让戴数字帽的同学说出自己帽子上的数字。

小朋友说："8和6是它的相邻数""是3+4的答案""这个数字长得像拐棍"，还有的小朋友比出"7"的样子。

在这个教学过程中，老师的指导思想是：如何能够将"数"同幼儿的已有经验建立联系。在这个指导思想指引下，老师通过游戏，引导幼儿通过联想、猜测、推理，唤起幼儿已有经验，整合原有数学知识，通过表达想法，发展思维的准确性、敏捷性及独特性。孩子们通过积极思考、踊跃表达，学习品质和学习能力提高很快，远比学会"这个字是7"更重要。

（案例来源：华北电力大学回龙观幼儿园　石荣；园长：张艳苓；指导者：徐培）

《纲要》中指出："幼儿教育必须遵守幼儿身心发展规律，尊重幼儿的年龄和学习特点，以游戏为基本活动，促进每个幼儿富有个性的发展。"此教师深刻意识到：思考的学习品质和解决问题的能力远大于知识点。所以，做到了引导幼儿发现问题，鼓励幼儿想办法解决问题，并为幼儿提供了表达所需所想的机会。

要不断挖掘幼儿潜能，使幼儿在参与活动过程中体验到获得自主学习能力和解决问题能力的快乐。

练习题

一、单选题

人获得全面发展的根本保证是(　　)。

 A. 先进的社会制度   B. 理论与实践相结合

 C. 脑力劳动与体力劳动相结合   D. 教育和生产劳动相结合

二、多选题

幼儿教师教育研究能力包括(　　)

 A. 发现问题能力   B. 反思能力

 C. 动手操作能力   D. 观察能力

 E. 自主学习能力   F. 合作能力

 G. 创新能力   H. 归纳总结能力

三、判断题

1. 正是因为幼儿教师的教育对象是幼儿，幼儿教育事业对应博学的专业需要，因此幼儿教师需要多元的专业能力。（　　）

2. 一个人的教育观与其教育行为一定保持一致。（　　）

四、简答题

结合幼儿教育实践，谈谈幼儿教师教育研究能力的内涵。

1. 理论：指概念和原理的体系，是系统化了的理性认识。正确的理论是客观事物的本质和规律的正确反映；来源于社会实践，并指导人们的实践活动。

2. 实践：指人类有目的地探索和改造世界的一切社会物质活动。具有客观性、能动性和社会历史性。生产斗争、阶级斗争和科学实验是三项基本的实践。其中生产斗争是最基本的实践活动。

3. 教育观：指关于教育现象和问题的基本观念体系。

4. 教育行为：是教育意识的外在表现。指教育活动中为实现某种教育意图所采取的具体的教育行动。

第三节　学习素养：教师勤于学习、充实自我、追求卓越、富有创新精神

教学目的：
1. 明确学习素养的概念及教师勤于学习的意义和价值，具有勤于学习的内在动机。
2. 具有追求卓越，勇于创新的精神，注重提升专业素养。

教学重点：
1. 明确勤于学习、不断充实自我，是幼儿园教师终身发展及幼儿成长与发展的必然要求。
2. 掌握追求卓越、努力创新的基本途径和方法。

教学难点：
1. 将所学内化于心，真正激发起学习的愿望和动力。
2. 能够从追求卓越、富有创新精神的途径和方法中获得启发，并引发积极行动。

概念界定：

素养的概念界定：

《现代汉语词典》解释为平日的修养。在《辞海》中解释为"经常修习涵养"，强调后天环境的影响。在英文语境中，素养强调的是一种知识和修养水平。素养的三个关键特

征：素养是知识、技能和态度三方面的整合体；素养不仅包含认知方面的内容，也包含意志等非认知方面的内容；素养具有需求取向性，和专业职位、社会角色及个人计划有关，表现在特定的情形下，符合个人的需要、工作或所面临的挑战。

学习素养的概念界定：

针对"学习素养"没有一个确定的界定。第一种观点认为，学生学习素养包括学生的学习态度、学习习惯、学习方法和学习能力四个方面。第二种观点认为，学习素养是一种"治学精神"，即具备勤奋、专注、刻苦、顽强、谦逊、有恒、抗挫、严谨、求异等品质。第三种观点认为：学习素养是个体在某种特定的学习情境中，运用有关学习的知识、方法与策略来应对或解决相关问题的过程中所表现出来的具有创造性的能力和品质的统一体。① 第四种观点认为：学习素养就是作为个体的人在学习领域、活动中所表现出来的素质，是个体素质的一种具体化、情景化体现。也就是说，学习素养是学习者个体在参加学习活动时表现出来的一种稳定品质和基本倾向。同时，其概括了学习素养的六个基本特征：发展支持功能、主体内在性、相对稳定性、综合系统性、社会历史制约性、循环累积性。②

一、勤于学习，不断充实自我

幼儿教师应该站在对儿童负责、对社会负责、对国家负责的强烈责任感和使命感高度上，来审视教师学习提升的问题，时刻把素质教育、人才培养放在思想首位，从心底明确"为谁培养人？培养什么样的人？怎样培养人"，并积极付诸行动，这是幼儿教师职业道德与伦理的最高体现。

（一）为什么教师要勤于学习

邓小平早就指出："一个十几亿人口的大国，教育搞上去了，人才资源的巨大优势是任何国家比不了的。有了人才优势，再加上先进的社会主义制度，我们的目标就有把握达到。"③

2014 年第 30 个教师节前夕，习近平总书记在勉励广大师生的讲话中提出了"四有"好老师的希望与要求："有理想信念、有道德情操、有扎实学识、有仁爱之心。"教师只有勤于学习，不断充实自我，才可达到"四有"好老师的标准。

勤于学习可以从以下几方面来理解：

1. 国家政策、法律、法规依据。

（1）《中华人民共和国教师法》第一章总则第三条提出："教师是履行教育教学职责的专业人员，承担教书育人、培养社会主义事业建设者和接班人、提高民族素质的使命。教师应当忠诚于人民的教育事业。"勤于学习是忠诚于教育事业的积极表现。第二

---

① 侯月. 高中教师学习素养的现状调查研究——以 H 省 X 州为例[D]. 武汉：武汉大学，2017.
② 齐宇歆. 基于 PISA 的学习素养评价系统设计[D]. 上海：华东师范大学，2013(4)：197-200.
③ 邓小平文选(第 3 卷)[M]. 北京：人民出版社，1993：120.

章：教师的权利和义务第八条教师应该履行的义务中则提出，教师要"不断提高思想政治觉悟和教育教学业务水平"。

（2）《中华人民共和国教育法》第二章教育基本制度第十七条提出："国家实行学前教育、初等教育、中等教育、高等教育的学校教育制度。"学前教育被写入国家法律，可见其地位之重要。作为基础教育的重要组成部分，学前教育越来越被国家、社会、家庭所重视。幼儿教师作为学前教育阶段幼儿素质教育的主要实施者，其自身专业能力和素养的高低，无论是对师幼个体，还是园所，甚至整个学前教育领域而言其影响都是重大和深远的。

《中华人民共和国教师法》《中华人民共和国教育法》都明确提出教师要"忠诚于人民的教育事业"，这是对教师的最重要的职业道德要求。

2. 地方政府及教育部门依据。

针对国家关于教育的相关法律、法规，结合师幼发展、园所发展、学前教育领域发展需求，各地纷纷出台了适用于本地区的纲领性文件，具体指导各级教育主管部门和园所及教师实施教育工作。

《北京市贯彻〈幼儿园教育指导纲要（试行）〉实施细则》提出，教师要"不断提高自身修养"。勤于学习，就是要不断丰富自己的认知结构，丰富知识内容。"教育原则"里提出"尊重、热爱幼儿"，就是要通过学习，了解幼儿年龄特点、学习特点及学习方式；用真才实学表达对于幼儿的热爱，而不只是表象的嘘寒问暖、微笑或拥抱。"实施整体教育"要求教师不仅要有整体教育的意识，更要有把控整体教育的能力，能够抓住出现在眼前的教育契机。

教师要有高尚的道德情操，做符合社会伦理道德所能够接受的人、适于当今时代发展需求的人，所以，要勤于学习，不断丰富思想内涵，涵养道德情操，升华精神世界，只有这样，教师才有可能培养出同样具有高尚道德情操的未来接班人。教育要面向未来，这个"未来"是广义的，包含着国家、家庭、个人、幼儿、他人……这些都需要教师终身学习、勤于学习。

 案 例 一

幼儿教师只有不断学习，才能把幼教事业做得有声有色

一位从 18 岁接触幼儿教育，历经二十余年光阴走上园长岗位的幼儿教师说：在不断学习、自我提升过程中，我发现了幼儿教育的有趣，体会到了幼儿教育的伟大。

这位园长始终坚信：井底观天只能看到井口大的天，只有走出去才能看到天外有天。她曾赴日本、新加坡、马来西亚、美国、德国等地，参观学习国外

先进的幼教理念、知识、做法和技术；到北京、上海、南京、郑州、杭州、深圳、广州、台湾等多地学习；到云南省昆明市的三幼、一幼、十幼、十五幼、联盟幼、新迎一幼、二幼、教工一幼、市政府机关幼儿园去学习；倾听各种专家的观点，和专家们对话，这些理论、观点、做法、经验，使得这位园长不但知识和能力得到快速提升，最重要的，思想内涵和道德情操得到有效提升！

随着学习和积累，园长结合园里实际条件，制定了办园理念：返璞归真，回归自然。前院四季花园，让孩子观察发现春夏秋冬典型植物；后院自然活动区，重点打造山丘迷宫、沙池、水池、原始木工区、绳索区；侧院种植区，四季飘香，采摘区有二十余种水果，农耕区可播种、测量、丰收二十四节气不同瓜果蔬菜。除五大领域课程外，将食育课程作为园所特色，教授幼儿认识食物的营养价值和搭配；会制作食物：幼儿每周将菜园里蔬菜采摘回来，自己洗，自己切，自己制作成食物，共同分享！

（案例来源：云南省昆明市官渡区领凡爱弥儿幼儿园　王娜　王兰英；园长：王娜；指导者：昆明市官渡区教师进修学校　付丽萍、肖瑛）

案例点评

习近平总书记对全国广大教师提出了争做"四有"好老师的要求："有理想信念、有道德情操、有扎实学识、有仁爱之心。"这位园长有坚定办好教育的理想信念，更有高尚的道德情操，把园所发展、幼儿成长作为努力的重要方向；在广闻博览中不断地学习、思考，不但知识和能力得到快速成长，最重要的，思想内涵和道德情操得到有效提升！结合实际，积极打造自己的园所环境、园本课程，体现出对幼儿成长的期待及浓厚的仁爱之心。教师是需要终身学习的职业，作为园长，更要成为最热衷于学习的人。正是由于热爱学习，才使得这位园长把工作做得有声有色。

教育建议

第一，引导教师积极向这位园长学习，明确——勤于学习首先需要有从内心出发的获取知识理念、自我提升的渴望，即：要有学习的内驱力。在内驱力的驱动下，梳理自己的学习需求，从最基本的、最迫切的内容学起，并做到循序渐进，坚持不懈。

第二，建议教师应该多学习一些与幼儿教育相关的专业理论知识及实践指导案例，理论结合实践案例学习，再结合切身感受和实践工作，把理论和实践建立关联，才能够真正通过学习来促进工作的开展。唯有学习，才是能够真正充实自我的有效路径。

3. 学前教育的职业特性。

(1)幼师所面对教育对象的特性。

3—6 岁幼儿在心理、智力、性格等方面处于快速发展阶段,个体差异性尤其突出。作为幼儿的支持者、引导者、合作者,教师的角色绝不是承担一日或半日活动,做好生活细节或教育环节那样简单。幼儿园教师不仅需要具有教育教学专业方面的能力,还要具有幼儿心理学、发展心理学、语言心理学、卫生保健等多方面知识。仅靠工作中的点滴经验或入职前在学校学习的内容,还不能游刃有余地处理教育现场、突发情形和个案等,也难以处理好幼儿个性化、社会性、情绪情感等方面的问题。

(2)幼师所面对服务对象的特性。

幼儿园带有一定的服务性质,面对的幼儿家长群体非常广泛(幼儿家中的成人都可能成为与教师互动的对象),教师与家长互动频繁、内容琐碎、涉及面广。

学前阶段的家长群体对幼儿成长与发展高度关注,与教师交流频次极高,对教师的要求也非常高。家长们不仅关注幼儿情绪变化、饮食、睡眠等情况,还期待教师在教育与养育幼儿问题上给予家长们一些专业引领,教师的专业性及能力水平直接影响家长对于教师的信任程度。因此,幼儿园教师不仅要具备应对家园沟通的能力,更要具备过硬的专业能力和职业素养。

寻迹——"怕老师"还是"怕吃饭"

小班的小瑞父亲对业务园长说,小瑞不愿意来幼儿园,一出家门就哭,但小瑞到了班级门口就不哭了。小瑞父亲的言外之意是"孩子好像怕老师",猜疑老师是否吓唬了孩子。业务园长了解到:小瑞特别懂事,和小朋友玩得也很好。但是小瑞一到吃饭时就发愁、害怕,因为他不会咀嚼,炒得很烂的菜也嚼不好。原来3岁前,父母都是将蔬菜、肉等打磨成汁、泥,结果小瑞从来没吃过切成段或者块状的食物。吃饭看似小事,但对于3岁小孩来说却是一日生活中最重要的事。小瑞吃饭时由于父母不在身边,所以就害怕上幼儿园。

找到了孩子害怕来幼儿园的原因是"怕吃饭"后,老师告诉小瑞父母,原来对小瑞的那种养育方式出了问题,指导家长要给予孩子练习咀嚼的机会,让孩子学会自主进餐。一段时间后,小瑞尝试到咀嚼块段食物的乐趣后,不再害怕在幼儿园吃饭,也快乐地上幼儿园了。家长也解除了对老师的猜疑,在家园共同努力下,小瑞变得阳光、快乐了。

(案例来源:北京市昌平区阳坊镇中心幼儿园 任彬;园长/指导者:张丽红)

教师充分理解家长的猜疑，通过告知幼儿父母幼儿的真实情况，解决了幼儿进餐问题。这件事的处理体现出教师能够把握好幼儿身心发展特点，准确看到幼儿的问题，能够关注到个体差异，还反映出教师与家长进行沟通的能力，这些都是对幼儿园教师职业特性的要求。

教育建议

第一，教师发现幼儿不会咀嚼后，在向家长反应和了解情况的同时，要从幼儿年龄特点、心理发展特点和该幼儿自身的个性特点出发，为家长提出有效建议，使家长及早意识到自身养育方式的问题，及时调整。

第二，在小班新生入园前进行家访，全方位了解幼儿生活习惯、自理能力等情况，提前通过家园共育给予幼儿及时的引导与鼓励。

第三，在班级中给予幼儿更多隐性指导，不过分强调他的咀嚼问题。积极采用游戏的方式，逐步引导他掌握咀嚼方法。

(3)幼师所面对教育范畴的特性。

幼儿园教师不仅要了解、精通"五大领域"的核心要素、发展目标，更要广闻博览，追求学习的广度、深度，才能实现对幼儿情绪情感、个性、社会性等各方面发展的促进与影响。

勤于学习 充实自我

阚老师在接触到学前儿童数学学习与发展核心经验PCK课程后，就积极报名参加了学习。她在培训课程前就发现书中许多专业词语都很难懂，便提前翻教材，做笔记，将不能理解的地方标出来，每次都是有准备地参加学习，而且紧跟老师的讲课思路去思考。

学习结束后，阚老师把PCK课程核心内容转换应用到实际教育教学中，不仅落实到每天一日生活中，还渗透和运用在其他领域，提升了专业能力和道德修养。阚老师表示，PCK课程的学习让她明白：每块内容都有重点核心内容，都有幼儿发展轨迹可循，而不是无从下手。PCK课程的学习让她找到了一个培养幼儿养成热爱学习、热爱思考好习惯的方法。

(案例来源：华北电力大学回龙观幼儿园 阚鹏鹏；园长：张彦玲；指导者：北京市昌平区教师进修学校 陶鑫萌)

 **案 例 点 评**

幼儿园教育具有"整体性、整合性"的特点，要求教师"多角度、全方位学习，用专业知识武装自己"。案例中的教师有"终身学习"的思想，愿意用先进的教育教学理念和专业知识武装自己，不断加强自身的道德修养，并积极付诸行动，展现了青年教师勤于学习的风采。

 **教 育 建 议**

第一，要根据幼儿不同年龄，清晰梳理数学知识范畴，目标要明确，要能够随时随处引发幼儿数学学习；

第二，学习是广义的，教师要培养自己广泛关注生活、观察生活的习惯和能力，发现更多数学教育及其他教育的契机；

第三，注重学习五大领域知识，"扬长补短"，促进自身均衡发展的同时，促进幼儿均衡发展。

(二)教师勤于学习的意义和价值

"天地之化日新，不为尧存，不为桀亡。"身处时代之中，一切事物瞬息万变。时间的脚步从不为任何人停留，对未来毫无规划之人将被时代淘汰，教育更是如此。所以，唯有对未来方向拥有清醒认识、主动寻求发展的人，方能得到发展。

1. 教师勤于学习对于自身成长的意义和价值。

(1)教师勤于学习能够促进自身专业化发展。

教师专业化是指教师个体不断提高专业素养的过程以及社会为提高教师职业的专业地位而努力的过程。教师的专业化发展没有一个绝对的终点，教师需要终身学习来不断提升专业化水平。

 **案 例 四**

明确职业规划 积极寻求发展

新教师何洪芳，学前教育专业毕业，非常喜欢幼儿，热爱幼教事业。刚入职时，何洪芳老师被分在了小班，工作热情高，做事很积极，班主任希望何老师尽早学会组织教学活动。精心准备之下，何老师组织了第一场教学活动，可活动结果不理想。后进行多次尝试，结果依然不理想。

何洪芳老师开始反思，并听取了班主任的意见："先做一个职业规划，分析自身优势和劣势，对自己有清晰的定位，再有目的地逐步提升自己。"

第一步，何洪芳老师分析了自己的优势和不足：有绘画专长，最大的不足是教育理论知识不够，缺乏实践经验。

第二步，她给自己制定了发展规划：先要学会适应，再通过不断学习，练就教学基本功。获得经验和技能后，逐步形成自己的教学风格。

第三步，落实发展规划：积极参加园所培训和国培计划，将每次学习内容进行总结，经常到其他班上听课，把学习到的授课技巧运用到自己的教学活动中，反复进行课后反思和总结，不断提升自己。

第四步，深入学习绘画技术，精通绘画这一强项。

（案例来源：湖北省天门市净潭中心幼儿园　何洪芳；园长：蒋小兵；指导者：湖北省天门市教师进修学校　刘秋香）

案例点评

何洪芳老师有五项宝贵品质——热爱幼教工作、注重职业规划、善学善思、有意识地进行"扬长补短"、遇到挫折不气馁。何老师这种主动尝试多种渠道丰富教育教学经验，以提升实践能力的精神，值得新入职教师学习、借鉴。

教育建议

第一，进一步拓宽学习途径、拓展学习内容。尤其要在幼儿年龄特点、心理特点、学习特点、师幼相处之道、家园共育等方面多下功夫。

第二，刚入职教师，可以先制定《个人三年发展规划》，分解逐年计划，定期调整规划、目标和策略，不断优化计划，利于达成目标。

第三，在规划实施过程中注重积累，如：撰写教育随笔、反思感悟、学习故事等，能图文并茂更好。日积月累记录下一日生活各环节中的点滴问题与经验，不仅是个人成长轨迹的记录，更是一笔珍贵财富。

（2）教师勤于学习能够促进自身健康心理的形成。

勤于学习是教师专业化发展的必由之路，是教师自觉自愿、有强烈主观意识的行为，是心理主动参与的过程，是心理健康的重要标志。这种积极健康心理的持续与发展，将推动和引领教师获得全面发展与进步，最终受益的将是教育对象。

幼儿安全保障很大程度源于教师，教师拥有健康心理就会做好教育安全。心理健康、情绪稳定的教师更能够全身心关注幼儿一日生活各个环节，确保幼儿安全。如果教师没有健康的心理，情绪不稳定，会成为威胁幼儿生命安全与健康的隐患。

2. 教师勤于学习对于幼儿成长的意义和价值。

（1）教师是幼儿成长过程中的重要他人。

"重要他人"是一个心理学名词，是社会化的主要因素之一。是指个体在心理人格形成以及融入社会的过程中，对个体具有重要影响的人。教师是儿童成长中的"重要他人"，是构成儿童成长环境中重要的组成部分，是推动儿童发展最具动力性的因素。

苏联教育家苏霍姆林斯基曾告诫教师："请你记住，你不仅是科学的教育者，而且是学生的教育者、生活的导师和道德的引路人。"

《北京市贯彻〈幼儿园教育指导纲要（试行）〉实施细则》提出，"幼儿教师是素质教育的主要实施者，是教育过程中的主体，是幼儿学习、模仿的对象。教师的人格特征、言行举止、心理健康状况以及对待幼儿的态度，直接影响着幼儿的发展"。

教师是幼儿的榜样。教师勤于学习，并因勤于学习所表现出的积极健康的心理、乐观的情绪情感等，都能给幼儿以良好的榜样作用。

教师是沟通幼儿与社会的中介者。幼儿对于社会的认知，对社会规范、要求的掌握，积极的社会性行为、情感态度、交往能力的形成和发展，都离不开教师的引导和培养。勤于学习，不断充实自我的幼儿园教师就像一本"百科全书"，不仅要向幼儿传授百科知识，还要对幼儿包罗万象、千奇百怪的问题有能力回应，应对随时随地发生的"小危机"。

 案例五

"屎味儿"有机肥

种植活动中，农业专家叔叔要教孩子们移栽西红柿苗。翻地、松土之后，叔叔对孩子们说："我们要在土壤里撒一些有机肥，掺和在一起。有营养，西红柿才能长得健壮。"说着，叔叔打开了袋子。雨泽小朋友第一个凑到袋子前，想要看看有机肥什么样，刚一低头，就大叫一声后退了几步："啊！有机肥是屎味儿！"小伙伴一听哈哈大笑，一边学说"屎味儿"，一边往后退。

带班教师见雨泽在专家叔叔面前说出"屎味儿"，脸色一沉，刚要批评雨泽，但转念一想，孩子其实喜欢探究，而且也没说错，就转而笑着说："雨泽，你猜对啦！有机肥就是臭味儿的，小朋友们知道是为什么吗？因为有机肥是用动物粪便和腐烂的植物发酵而来的，所以，有臭味是很正常的。"

老师作为幼儿成长的引领者、陪伴者，在恰当的时候肯定了幼儿的正确说法，保护了孩子的好奇心，而且还及时回应了孩子们对知识的求知欲。

（案例来源：北京市昌平区阳坊镇中心幼儿园　任彬；园长：张丽红；指导者：齐景新）

教师是幼儿成长过程中的重要他人，夸美纽斯指出："教师的嘴就是一个源泉，从那里可以发生知识的源流，从学生（儿童）的身上流过。"案例中的教师不仅有丰富的生活知识，更懂得要关注和尊重幼儿的心理感受，不仅保护了幼儿的自尊和自信，更能隐性激发起幼儿广泛的学习兴趣。

第一，教师要善于观察生活，广闻博览，不断积累生活经验、拓展认知范围，以更好地应对与幼儿相处之中的问题。

第二，种植活动中蕴含了丰富的科学知识和学习契机，可以鼓励所有幼儿亲自闻闻有机肥的味道，使幼儿获得直观认识，促进幼儿产生更大的探究兴趣。

第三，可引发幼儿积极探索有机肥制作过程，把幼儿园厨余垃圾、落叶和动物粪便合到一起，在专家指导下制作有机肥，将社会实践与幼儿生活紧密相连。这种教育方式符合生态文明与可持续发展所提倡的价值观，是非常好的教育契机。

案 例 六

引领幼儿友善游戏、合作互助

泽泽是班里比较活泼的孩子。一天中，经常听到"老师，泽泽抢玩具！""老师！泽泽撞到我了！"……

经与家长沟通后得知：泽泽父母生他的时候年龄较大，比较溺爱，造成泽泽不够独立、不会主动与他人交往的问题，比如，看到别的小朋友玩玩具，泽泽想玩，就抢小朋友玩具。

谢京雯老师并没有斥责泽泽，而是找机会了解泽泽的行为动机，并引导泽泽学着和小朋友商量着玩，在玩中谦让小朋友。泽泽感受到了老师的关爱和信任。后来，泽泽还特别乐意和小朋友一起收拾玩具，谢老师就及时肯定泽泽乐于助人、热爱劳动。泽泽充分感受到了集体生活的快乐。

（案例来源：华北电力大学回龙观幼儿园 谢京雯；园长：张彦玲；指导者：北京市昌平区教师进修学校 陶鑫萌）

教师只有懂得幼儿心理发展特点及幼儿个性特点，才能因材施教，有效引领幼儿行为习惯的发展方向和水平。幼儿园教师只有具备一定的专业能力和稳定的情绪，才能确保幼儿的生活安全，促进幼儿身心健康成长。

第一，不要泛化对幼儿的表扬。如：早晨问好，多数幼儿都能做到，老师不刻意赞美幼儿。当幼儿大声向老师问好时，教师亲切回应就是对幼儿的认可。当幼儿和小朋友一起收拾区域和玩具时，是幼儿作为班级主人应尽的义务，教师肯定孩子们能够共同把玩具收拾整齐、互帮互助就可以了，不必故意单独赞美某个幼儿，要让幼儿们感到自己和其他小朋友是平等的。

第二，幼儿喜欢听故事或故事表演等，可以选择引领幼儿行为发展的类似故事，在讲解和表演中引导和鼓励幼儿。

第三，做好家园共育，家长的教养方式是幼儿个性形成的重要因素，指导家长作为幼儿的重要他人，也要勤于学习，提高修养。

（2）勤于学习的教师更能够得到幼儿、幼儿家长和社会的信任和喜爱。

"幼儿园教师通常比有博士学位的人更懂技巧，或许是因为低幼年级儿童就像《皇帝的新衣》中的儿童，他们不关心你接受过什么样的学校教育，谁是你的论文答辩委员主席，或者你读了多少书，但是他们能够很快感觉到你是否真实，并且做出相应反应。"[①]每个友善的、有效的积极互动都会赢得幼儿的一次信任。幼儿具有"向师性"的特点，他们对教师的敬佩、喜爱之情也会在积极互动中油然而生。

信任是一种褒奖，会带来推动效应，推动教师乐于学习、积极进取。幼儿园教师的积极进取有助形成优质教育生态环境，促进教师团体成长与进步，带动园所提升教育质量。

从小学校走出来的幼儿园园长

小学老师张丽红转岗成了幼儿园临时负责人。

张丽红老师入职幼儿园时对学前教育是"零认知"，带着十几名"社招"教

---

①　帕克·帕尔默. 教学勇气·导言[M]. 上海：华东师范大学出版社，2019：6-7.

师①组成的"杂牌军"，在小学校改建的"中心小学附属园"开始了"拓荒+学习"之旅。一边捡石头、除杂草、平地，一边从零开始学习，给自己和每一位老师找"师傅"，一路披荆斩棘。"社招"教师们逐一考取了教师证，教师队伍整体能力素养显著提升，幼儿园也因此持续多年获得家长100%满意率及良好社会声誉。教师们得到家长和社会的信任后，更加努力工作。在张丽红园长的带领下，在全体教师的共同努力下，幼儿园独立成为镇中心园，紧接着晋级为北京市一级一类幼儿园。获得首都绿化美化花园式单位、三八红旗单位、师德先进集体、学习型先进单位等荣誉称号，还被吸纳为联合国教科文组织"可持续发展教育ESD项目实验园"，形成了优质的教育生态环境，各类开放活动、全国汇报等接踵而至。

（案例来源：北京市昌平区阳坊镇中心幼儿园 张丽红园长）

案例点评

案例反映出园长和教师勤于学习对于"幼儿园教师队伍建设"的意义和价值。

"隔行如隔山"，转岗幼教工作的园长，在坚持不懈的学习中取得了良好的成效。"其身正，不令则行"，幼儿园保教工作质量体现在每一名幼儿的发展上，园长作为带头人，"从零开始学习，给自己和每一位老师找'师傅'"，带出了一支学习型的教师队伍，练就了教师们过硬的专业能力，使幼儿园稳步发展，取得了骄人的成绩！

教育建议

第一，重视教师梯队建设，每个梯队设立相对应的发展目标和策略，使经验具"可视性"、可借鉴性。

第二，清晰呈现各梯队教师的培养方法、策略、路径、促进教师学习，能够获得启发。

第三，归纳整理个人和园所成长历程，积累提炼经验，不断完善教师队伍的培养计划和方案。

二、追求卓越，富有创新精神

"师者，人之模范也"，中华民族历来将"学高"与"身正"作为教师职业形象的典范，这就决定了追求卓越、创新精神和道德素养是教师不可或缺的专业素质。

---

① "社招"教师，指政府为解决师资不足问题，向社会招聘的幼师。这些幼师通过学习，考试合格先工作，后考取教师证。

(一)追求卓越，富有创新精神的内涵及特征

教师要能够跟上时代的发展趋势，与社会发展与时俱进，才能胜任涵养儿童道德、心智、灵魂的使命。

1.“卓越”与“创新”释义。

“卓越”的意思是：杰出的；超出一般的；高超出众。卓越教师通常专业精神朴实高尚、专业知识融会贯通、专业能力卓著出色。卓越幼儿园教师是指具有扎实幼儿园教师素养、以终身从事幼儿教育为职业追求、乐于献身幼儿教育事业、富有引领区域幼儿教育发展能力的优秀幼儿园教师。

“创新”是指：提出有别于常规或常人思路的见解，利用现有的知识和物质，在特定环境中，为满足社会需求而改进或创造新的事物、方法、元素、路径、环境，并能获得一定有益效果的行为。从认识论的角度说，就是更有广度、深度地观察和思考世界；从实践论的角度说，就是能将认识作为日常习惯，贯穿于具体生活实践中。

2. 追求卓越并富有创新精神的内涵。

卓越与创新相辅相成、相互影响和促进。追求卓越的人，不甘于停滞不前，而改变现状的途径就是创新、敢想、敢闯、敢当，在逆境中求发展，在安逸中求高远。有创新精神的人不会原地踏步，必定会在创新探索中变得更加卓越。

创新是无限的，卓越是艰难的。现实中，追求卓越，富有创新精神值得肯定。但是，卓越与创新都不是最终目的，而是进取的过程和通向更高层级目标的必由之路。任何事情，只要通过新的方法促进了发展，就可以称为一种创新，而不断的创新精神引领之下的行动必定能够带动个体或团队走向进一步的成功，从而走向卓越。

3. 幼儿园教师追求卓越并富有创新精神的特征。

教育部《关于实施卓越教师培养计划的意见》[①]提出：要“培养一大批师德高尚、专业基础扎实、教育教学能力和自我发展能力突出的高素质专业化”教师。针对卓越幼儿园教师培养，特别提出：“适应学前教育改革发展要求，构建厚基础、强能力、重融合的培养体系，培养一批热爱学前教育事业、综合素质全面、保教能力突出的卓越幼儿园教师。”

结合“四有”好老师标准，可以把追求卓越并富有创新精神概括为：

(1)有理想信念，热爱学前教育事业，有明确的职业生涯规划；

(2)有仁爱之心，热爱幼儿，有高尚的道德情操；

(3)有扎实学识，不断提升综合素质，保教能力突出；

(4)不安于现状，有积极向上的进取心；

(5)勇于探索，有知难而上的信心、决心；

(6)乐学善思，能够敏锐地发现问题、契机，积极践行所学；

(7)高瞻远瞩，追求高端思想站位。

---

① 中华人民共和国教育部 . 关于实施卓越教师培养计划的意见(教师 [2014] 5 号) [A] . 2014-8-18.

（二）追求卓越并富有创新精神的途径和方法

"教育是民族振兴、社会进步的重要基石，是功在当代、利在千秋的德政工程，对提高人民综合素质、促进人的全面发展、增强中华民族创新创造活力、实现中华民族伟大复兴具有决定性意义。教育是国之大计、党之大计。"①

时代在进步，国家要发展，人才是国家进步与发展的关键条件，而教育担负着人才培养的重任，实施教育的工作者首先就要成为富有创新精神、勇于追求卓越的人，才能担此重任。追求卓越并不断创新的途径和方法颇多，可以概括为：善学、善思、善悟、善行。

1. 善学。

善学指广泛的学习，包括广泛的学习内容、学习途径和学习方法。善学要讲究方式方法，例如：阅读、互联网、慕课、微课等。

世事洞明皆学问。阅读为教师成长提供了站在巨人肩膀上的契机，从阅读中习得的先进教育理念、方法、广博的知识，能够丰富头脑，获得通向成长的钥匙，打开通向教育理想的大门。

善学，引领我成为"全国最美教师"

　　刘胤老师从入职初期就清晰地知道：只有努力学习，不断提升自己专业能力，才能胜任幼儿教师工作！她先从"照样学样"做起：没有带班经验，就主动向身边有经验的老师学习；在县城学校学的内容少，就找来京城名校毕业的老师求借笔记、资料、手指谣、游戏素材等，边做、边抄。就这样，她有了第一本自制的"专业书"；她喜欢向书本学习，更喜欢向实践学习，她努力把学到的理论知识运用于实践之中，积极尝试新的教育教学方法、与幼儿有效互动的方法。在学习与实践中，她喜欢记录自己的想法、做法。积少成多，她成为了一位有思想、被幼儿喜爱、被家长信任的好老师。这些"零散"的记录，于2017年集结出版——《我的幼儿教育生活故事》，一个个朴实的教育生活故事，就是她善于学习、通过学习提升自我的真实写照。

　　因为善于学习，她成长迅速：组织教研活动、独立做课题研究、参加北京市名师培养工作室……敢想、敢做、敢创新，积极追求卓越。她凭借扎实的专业基本功，荣获北京市幼儿教师基本功大赛一等奖、北京市特级教师，2019年被评选为"全国最美教师"。作为幼师队伍中的代表，在"全国最美教师"颁奖大会上第一个发言，成为了全国幼儿教师的榜样。

（案例来源：北京市延庆区第三幼儿园　刘胤；园长：吴丽娟）

---

① 新华社. 习近平参加全国教育大会并发表重要讲话［EB/OL］. 中国政府网，2018-9-10.

 案 例 点 评

刘老师是一位典型的"善学"教师。她的学习，内容、途径、方法十分广泛——向有经验的教师学习、向优质学校的学生学习、向书本学习、向实践学习等。为了做一名合格的幼儿园教师，刘老师求知若渴。她不但好学，还善于总结积累，并出版了自己的专著，荣获了教师的最高荣誉。学习使刘老师从普通教师成长为一名卓越教师，她的善学精神、学习方法，都非常值得年轻教师学习。

 教 育 建 议

第一，教师一定要树立终身学习的信念，只有教师不断地在学习中提升自己的专业能力、素养，才有可能给予幼儿优质的教育，从而促进幼儿成长与发展。

第二，要能够清晰地认识到自己现有的能力水平和不足之处，知道自己的"短板"在哪里，设立清晰的学习目标，使自己的学习有的放矢，确保学习效果。

第三，学习要持之以恒，且要积极地拓展学习途径，把所学积极运用到教育实践中，用实践检验学习效果。在不断地检验中感受到学习带来的收获与成长，为自己增强学习的自信。

2. 善思。

善思指善于思考，慎重考虑。"学而不思则罔，思而不学则殆"，读书需要边读边思。幼儿园教师要在教学活动设计或组织某一活动后撰写反思，不仅进行学习思考，更要进行教育实践反思，在反思中发现问题，再进一步实践，修正问题、解决问题，改进教育实践，提升教育教学品质。

善思是教师成长的法宝，应该成为追求卓越、富有创新精神教师的"日课"。教师要努力做到把学习与实践相结合，在实践中反思提升对教育的认识、树立正确的教育观和儿童观，成长为卓越教师队伍中的一员。

 案 例 九

善思，带我奔赴"做卓越教师"的理想

"学而不思则罔，思而不学则殆。"在从教20多年的经历中，我喜欢学，更喜欢思，思"孩子的那些事儿"——"孩子不喜欢玩哪个玩具，我就思考：将这个玩具作为我与孩子共同研究的对象，从而赋予它神奇的生命；遇到调皮捣蛋的孩子，我就思考：如何最快地成为他的好朋友，与他一起为集体服务、纠正他的不适宜行为；在一日生活环节中，孩子存在消极等待的现象，我就思

考：如何抓住他们的兴趣需求，在共同的讨论中找寻答案……思考引领实践，实践促我成长。"北京市半日评优特等奖第一名"使我步入了卓越教师的行列，"全国劳动模范"使我更加珍视在实践中不断思考的价值。而今，我从一线教师成长为业务干部，而"思"始终陪伴着我。思"做"——思考如何指导青年教师做好一日生活的组织与实施这样的基础工作；思"想"——思考如何培养不同梯队的教师形成好学、善思的意识、习惯和能力；思"研"——思考现阶段教师遇到的最大问题、困惑是什么？要与教师研什么？怎么研？在研"真游戏"、研"儿童观"、研"新课程"等的过程中，我和教师一步步走向成熟。善思还引领我获得了北京市半日评优特等奖第一名，并由此荣获了"全国劳动模范"称号。今后，我还将在与教师共同的、不断的思考中去找寻走进童心世界的那把钥匙，引领更多的教师奔赴"做卓越教师"的理想。

（案例来源：北京市昌平区十三陵镇中心幼儿园　徐颖；园长：徐立群）

案例点评

"善思是教师成长的法宝，应该成为追求卓越、富有创新精神教师的"日课"。"案例中的徐老师善于思考，在思"做"、思"想"、思"研"中，不断地寻求答案，使教育工作中的问题，一一被攻破。在班级中当教师时，徐老师的"善思"紧密围绕幼儿而来，不爱玩的玩具怎么变得神奇、怎么和调皮捣蛋的孩子成为朋友、怎么解决消极等待现象；当业务干部时，她的善思则紧密围绕教师专业成长。善思，让徐老师成为了一名卓越教师，让我们看到——卓越，并非遥不可及。

教育建议

第一，由于不同幼儿、不同班级都存在着较大的差异性，所以在幼儿园一日生活中，教师总会遇到这样那样的问题。遇到问题不能怕，更不能逃避，而是要通过思考才找到问题的症结，采取适宜措施，"对症下药"。

第二，幼儿教师的"思"是全方位的，刚入职的教师面对问题重重，不要忧愁、焦虑，先从身边的小事、小问题着手去"思"。不贪多，更不要急于求成。在思中，寻求教育规律，逐渐理解教育真谛。

第三，要把善思与善学、善行、善悟紧密地结合起来，仅有思是不够的。"空想"不会让自己获得成长。只有多方学习，并把所思付诸实践（即：善行），并不断地在"思"中"悟"，才能真正促进自己的专业思想和专业能力、素养的提升。

3. 善行

善行意为善于付诸行动，把所学、所悟转化为教育实践。从师范专业毕业成为人师时，会发现自己即使是高学历、优等生，在面对幼儿园幼儿时，在校学习的教法、心理学知识等并不是信手拈来，当初的踌躇满志或多或少会受到现实冲击。这是因为书本知识还没有与实践相结合。只有把所学转化成实践行动，才能够让知识、理念、技能得以内化，积淀为幼儿教师的能力、素养。

把握幼儿年龄特点 因势利导见成效

齐景新老师作为师范学校的"全优毕业生"，幻想着成为一名优秀的幼儿教师。但面对三十多个"小精灵"把班带得"地覆天翻"……满脑子的教育理论、一肚子的手指游戏、小儿歌，真到用时只会说："小朋友们，我们一起来做个游戏，好不好？"孩子们就像没听见一样，照玩不误。齐老师反复回想教育理念，深悟内涵：只有了解幼儿的年龄特点、学习特点、兴趣和发展需求，才能让教育教学行为有的放矢。

一次，当小班幼儿在班级里跑闹时，齐老师说："大马妈妈要到大草原吃草去喽！"孩子们顿时凑到老师跟前："我也要去！""我也要去！"成功把这些小精灵召集到了跟前，做好准备工作后，齐老师就带着"小马驹"们开启了在"草原"上奔跑的游戏。大马妈妈说什么，小马驹们就做什么。孩子喜欢模仿、喜欢情境扮演的天性充分表现出来，游戏进行得顺利而快乐。

（案例来源：北京市昌平区阳坊镇中心幼儿园 齐景新；园长：张丽红）

学习最终需要付诸行动。新入职教师刚开始时都会因有学校学习的功底而踌躇满志，但"真到用时却无从下手"。所以，幼儿教师仅有书本知识是不够的，只有在了解幼儿年龄特点、学习特点、兴趣和发展需求上，付诸教育教学实践，才能取得良好成效。

教育建议

第一，入职前一定要认真学习教育理念，树立正确的教育观、儿童观。掌握不同年龄段幼儿的身心发展特点，通过案例学习与幼儿的相处之道。

第二，要牢牢把握入职前的见习期、实习期近距离感受幼儿教育的机会。多观察、多了解幼儿特点、幼儿教育特点，为入职奠定实践基础。

　　第三，合格且优秀的幼儿教师一定是孩子最好的玩伴，不仅要学习专业理论知识，提高专业技能，更要让自己保持童心，提高与幼儿共同游戏、共同生活的质量，这都是需要在教育教学中践行的内容。

4. 善悟

　　善于理解、明白、感悟。任何学习信息都需要在主观意识参与下，经过分析、思考、理解，转化为知识经验，为己所用。当问题或需求发生时，这些经验就会从大脑存储库中被调动出来，有效解决问题。

　　在参加幼儿园组织的专家讲座、看书阅读、实地观摩、实践操作等多种教师培训时，学习者要积极思考、主动参与，才会有实效，也就是说，教师一定要从内心把"善悟"作为学习提升的自我要求，否则，学习再多也收效甚微。

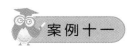

案例十一

奋斗带我走向卓越教师的行列

　　贾璇老师在农村园工作一年后，调回到内蒙古自治区准格尔旗大路第二幼儿园，当配班老师。贾璇老师勇于探索、积极上进，用一年时间积累了一些带班经验。通过每次的班级会议及与班主任老师的交流学习，贾璇老师很快熟悉了班级里的孩子和各项事务，甚至可以独当一面，独立地主持家长会。

　　新学期，贾璇老师成为了小班的班主任及年级组长。作为新手班主任，贾璇老师开始思考班主任的角色、职责及如何当好一个班主任。在实践中，她尝试运用换位思考：如果我是孩子的家长、如果我是孩子，我的想法是什么？慢慢地她理解了家长的各种担忧，学会了处理家园问题的方法，逐渐走进孩子的世界。

　　贾璇老师通过"小教研"引领老师们及时发现问题；通过每周的园本教研活动，提升教师研究能力及在实践中解决问题的能力。通过实践、理论、再实践，把日常教育教学和研究活动相结合，有效协调师幼角色，给予幼儿成长过程中的各种支持。

　　贾璇老师慢慢地成长为一名沉着、稳重的班主任老师和一名能够带领全体组员前进的年级组长，成绩斐然。

　　奋斗使贾璇老师走向了卓越教师的行列！几年之后，各项荣誉纷至沓来。

　　（案例来源：内蒙古自治区准格尔旗大路第二幼儿园　贾璇；园长：杨慧芬；指导者：内蒙古自治区准格尔旗教育体育局　武萍）

案例中的教师，善于学习、善于换位思考、善于钻研，有坚定的成为一名优秀的幼儿教师的信念。不断在实践中学习、在研究中提升，最终使自己成长为了理想中的优秀教师，并由自身带动了团队整体的进步与成长，展现了新时代幼儿园教师的风采。印证了前文"追求卓越的人，不甘于停滞不前；有创新精神的人不会原地踏步"。更体现了"有扎实学识，不断提升综合素质，保教能力突出；不安于现状，有积极向上的进取心"等卓越教师的品质。

第一，在立足园本的基础上，不断拓展学习路径、拓宽教育思维，特别是要认真学习当前最先进的党的教育方针政策，把握学前教育发展新动向，拓展教育思路和视野。

第二，作为一名有较强工作能力和丰富教学经验的年级组长，要在不同的发展阶段持续地、递进地为自己制定发展的长期规划和近期目标，高瞻远瞩，追求更高的思想站位。

第三，努力做研究型教师，不断发现问题、探索问题，总结、梳理、提升有效经验，形成自己的教育特色，努力做卓越教师中的佼佼者。

一、单选题

1. 学前教育的职业特性包含：（　　　　）

　　A. 幼师所面对教育对象、服务对象、教育范畴的特性

　　B. 幼儿园每个班级的幼儿数量多、教师少

　　C. 幼儿园的工作十分繁杂琐碎

2. 追求卓越富有创新精神的意义和价值：（　　　　）

　　A. 能得到领导认可，获得重用

　　B. 使自己将来能在幼儿园立足、职业稳定

　　C. 促进师幼、学前领域、国家未来发展

二、多选题

1. 哪些依据表明教师一定要勤于学习、不断充实自己。（　　　　）

　　A. 国家政策、法规　　　　　B. 地方政府及教育部门政策

　　C. 学前教育的职业特性　　　D. 幼儿园领导的要求

2. 幼儿教师追求卓越并富有创新精神的途径和方法有：（　　　　）

　　A. 善学　　　　B. 善悟　　　　C. 善行　　　　D. 善思

三、判断题

1. 教师一定要勤于学习、不断充实自己，只有这样才能成为卓越教师，获得更高的收入与回报。（　　）

2. 对于教师自身而言，追求卓越、富有创新精神是当今教育发展的必然趋势。（　　）

四、案例分析题

案例： 王老师组织小班幼儿画画，欣欣小朋友画了一个人物，开始是很清晰的一个人物形象，王老师还高兴地表扬了欣欣。但是当王老师再次走到欣欣跟前时却发现：欣欣把画得好好的人物身上画满了花花绿绿的道道，人形都要看不出来了，十分杂乱，王老师很生气地批评了她。

问题： 王老师为什么会这样做？如果你是王老师，你会怎样做？

五、简述题

1. 简述教师勤于学习的意义和价值有哪些。

2. 结合"四有"好老师标准，如何概述追求卓越、富有创新精神的重点。

1. 素养：《现代汉语词典》解释为："平日的修养。"在《辞海》中解释为"经常修习涵养"，强调后天环境的影响。

2. 卓越：杰出的；超出一般的；高超出众。

第四章 素 养 篇

学习目的：理解"言传与身教相统一、潜心问道与关注社会相统一、学术自由与学术规范相统一"的意义。培养团队精神，树立立德树人的教育理念，引导幼儿教师形成不断学习、勤奋上进的工作态度。结合实际情况，在日常教学中做到三个相统一。

学习重点：结合实例，理解"言传与身教相统一、潜心问道与关注社会相统一、学术自由与学术规范相统一"的意义。

学习难点：结合自身实际情况，在日常工作中做到三个相统一。

第一节 言传与身教相统一

言传，意为讲解、传授；身教，意为以行动示范。言传身教意为既用语言来教导，又用行动来示范，其中行动有模范作用。教师做到言传身教，意为要以身作则，现身说法，才能上行下效。

作为幼儿的启蒙者和引路人，幼儿园教师的思想、信念、道德、言行以及处世态度等，都通过言传和身教对幼儿成长起潜移默化的作用，因此，只有具备积极品质的幼儿教师，才能在幼儿的成长道路上成为合格的榜样。

一、坚持言传身教相统一是师德师风建设的时代要求

（一）言传身教的思想基础

1. 皮亚杰道德认知发展理论。

幼儿在他律阶段（5—8 岁），根据行为的现实后果来判断行为的是非，道德判断服从权威，以成年人的观点为道德判断标准。[1] 幼儿在这一时期是非观念很弱，成人让他

---

① 时蓉华.现代社会心理学［M］.上海：华东师范大学出版社，2007：113.

126

怎么做他就怎么做。因此，成人的表率就十分重要。

2. 班杜拉的观察学习理论。

儿童通过观察榜样行为及其结果，就可以受到替代强化，决定自己做与不做榜样示范的行为。

3. 论语——子以四教：文、行、忠、信。

古人师者教学做到：文、行、忠、信。文是课本，诗书六艺，从文本中学。行是示范，一举一动，日常用行。忠是忠于自己的心，然后将心比心，推己及人。信是结果，对人对事，不虚伪，不欺诈。师者要知行并尽，表里如一，才能言传身教，德无不成。

(二) 言传与身教的关系

言传是身教的基础，身教是言传的践行。

语言是学问，也是艺术。在教育教学中，教师恰当的言传可以达到一举两得甚至是一举多得的效果。幼儿对老师的话言听计从，老师对幼儿说的每一句话都具有着一定的引导和教育作用。

教师的行为是言传的具体体现。教师上课时的教态、日常生活中的情绪、待人接物的行为都会感染幼儿，都是幼儿学习、模仿的对象，所以，幼儿教师的行为对幼儿来说就是一种不言之教。

2014年9月9日，习近平总书记同北京师范大学师生代表座谈时指出："师者，人之模范也。"教师的职业特性决定了教师必须是道德高尚的人群。合格的教师首先应该是道德上的合格者，好老师首先应该是以德施教、以德立身的楷模。在2018年的政府工作报告中，李克强总理提出要加强师德师风建设并强调：坚持言传身教相统一是师德师风建设的时代要求。言传身教、以身示范是作为一名教师教育学生的必备素质。幼儿教师要把言传与身教统一到"培养什么人，如何培养人，为谁培养人"的伟大教育事业中。

2016年12月，习近平总书记在全国高校思想政治工作会议中提出，"要加强师德师风建设，坚持教书和育人相统一，坚持言传和身教相统一，坚持潜心问道和关注社会相统一，坚持学术自由和学术规范相统一，引导广大教师以德立身、以德立学、以德施教"。

 案 例 一

教师在言传身教中带动幼儿成长

杜老师爱阅读，过渡环节中总能听到她富有语调地讲起有趣的故事。孩子们都瞪大双眼、竖起耳朵认真地听，在这样的耳濡目染下孩子们也爱上了阅读，能够生动有趣地讲述故事，讲起故事可有自信了！高老师擅长舞蹈，把儿

歌、古诗等都用舞蹈动作编排出来，边说边做让孩子们不仅学会了知识，也爱上了跳舞，敢于用肢体来表达自己。大王老师是保育员，爱干净的同时也特别有礼貌，时刻保持微笑，孩子们也总是把自己的物品收拾得整整齐齐，并且用微笑去回应老师，有礼貌地对待同伴以及老师。小王老师经常从日常生活中发现趣事，如：秋天树叶踩上去咯吱咯吱的响声、从沙土里挖出的石头……然后组织幼儿一起游戏、共同探究。孩子们一双双炯炯有神的眼睛里闪烁着好奇求知的光芒，孩子们也成为了"小科学家"，喜欢在春天赏花、夏季水枪大战、秋天捡树叶、冬天和雪做游戏……

教师的言传身教让孩子们成长为懂知识、有礼貌、爱探究、自信善良的孩子。最好的教育是言传身教，最棒的成果是教师与幼儿共成长。

（案例来源：北京昌平区教工幼儿园，高昀，指导者：北京市昌平区教师进修学校付琳）

 案例点评

教师带领幼儿阅读、舞蹈、表演，教师的教态、修养通过行为表现出来，幼儿都会下意识地进行学习模仿，所以教师的人格特质也潜移默化地影响着幼儿的人生观、世界观和价值观的形成。

教育建议

①教师将自己擅长的领域内容提前安排到班级计划内，提前备课，表现出自己最专业的一方面，吸引并影响孩子去学习和模仿。

②教师在带班过程中尊重幼儿发现的新事物新变化，和幼儿一起探究，并且及时设计并开展符合班级幼儿年龄段的相关活动。

③教师时刻注重自己的言行，提高自身修养，想要让学前儿童得到良好的教育，自身就要起到示范作用。

(三) 幼儿心理发展特点决定了幼儿教师必须要言传身教

3—6岁幼儿的主要学习方式是观察、模仿，思维的主要形式是具体形象思维，也就是说，看到"什么"，"什么"就给幼儿留下深刻印象，在幼儿园里，主要模仿和学习幼儿教师的语言和行为。

> ### 幼儿们模仿老师安静读书并把图书摆放整齐
>
> 区域活动时，图书角突然传来吵闹声。原本整齐的书架上变得乱七八糟，图书东倒西歪。孩子们拿着书，压根儿没看，茜茜把书卷起来当喇叭，奇奇把书打开放在头顶当雨伞，嘴里还喊："下雨啦，下雨啦!"哲哲把书高高地举起来转圈，喊道："飞机来啦!"
>
> 肖老师不急不躁，从书架上拿起一本书，坐在靠垫上小声读了起来。读着读着，幼儿们围过来，认真听着。读完后，肖老师把书合拢放回书架上，摆整齐。茜茜看到了，也学着老师的模样把其他书摆放整齐。奇奇和哲哲选了一本《送给小熊的箱子》，一边看一边小声讨论。图书角里恢复了平静和秩序。
>
> （案例来源：湖北省天门市岳口镇中心幼儿园　肖雪莹，指导者：湖北省天门市教育科学研究院　彭康利）

案例点评

肖老师做得非常好。老师同幼儿一起在图书角安静地读书就是最直接的榜样。幼儿教师的一举一动都会直接影响孩子的行为，幼儿善于模仿，所以幼儿在观察老师的行为后不知不觉中就规范了自己的行为。

教育建议

要幼儿做的事，教师要躬亲共做；
要幼儿守的规则，教师要躬亲共受；
要将幼儿塑造为怎样的人，教师就应该是这样的人。

二、教师的积极品质

作为幼儿的启蒙者和引路人，幼儿教师的思想、信念、道德、言行以及处世态度等，对幼儿有指导性、示范性和潜移默化的作用，因此，教师应该具备相应的积极品质，具备相应的道德伦理。

(一) 幼儿教师需具备的积极品质

品质,是指人的行为和作风所显示的思想、品性、认识等实质,[①] 积极品质是积极道德品质、积极心理品质、优秀专业品质的总称,是积极力量的一种特质。

1. 积极道德品质。

积极道德品质,是指那些积极活跃、对个人积极向上凸显重要作用、对社会进步发挥积极促进作用的支柱性和结构性道德品质,包括传统美德和当代品德精华。[②] 幼儿教师的积极道德品质主要表现在:

(1)积极的道德意识。

包括热爱学前教育事业,具有职业理想,富有正义感、爱心、责任心、耐心和细心,把为人师表、教书育人作为职业奋斗目标。

(2)正确的道德行为。

践行社会主义核心价值体系,履行教师职业道德规范,关爱幼儿,尊重幼儿人格,尊重幼儿个体差异,对幼儿的评价公正、客观、真实,不歧视、挖苦、讽刺、体罚或变相体罚幼儿,自尊自律,做幼儿健康成长的启蒙者和引路人。

积极的道德意识可以引起并且调节幼儿教师做出相应道德行为,而正确道德行为又巩固和深化着幼儿教师的道德意识,促进幼儿教师积极道德品质的形成。

2. 积极心理品质。

积极心理品质是指个体在先天潜能和环境教育交互作用的基础上形成的相对稳定的正向心理特质,[③] 这些心理特质影响或决定个体思想、情感和行为方式的积极取向,为个体拥有幸福人生奠定基础。

(1)基于积极心理学的研究发现,与幼儿教师这个职业关系密切的积极心理品质包括:自信包容、积极阳光、充满激情和诗意、真诚、勇敢、宽容、亲和、谦虚、谨慎、自律、热爱学习、爱的能力、情绪调节的能力。

(2)《幼儿园教师专业标准 (试行)》中,幼儿教师需具备的积极心理品质有:乐观向上,热情开朗,有亲和力,善于自我调节情绪,保持平和心态。

(3)在实际工作中,幼儿教育工作者应该具有的积极心理品质,被提及频次较高的依次是:热情活力、友善、爱与被爱、兴趣和创造力、洞察力、诚实品质、社交智力、多维度看问题、勇敢坚持、审美、宽容、公平、希望和信念、热爱学习等。这些积极的心理品质对幼儿教师的专业成长具有促进作用,并可以发挥引领幼儿健

① 《现代汉语词典》第 7 版[M]. 北京:商务印书馆,2016:1005.

② 马雁琳. 中小学生道德品质指标体系的构建及运用研究[D]. 昆明:云南师范大学,2005:46.

③ 卫萍. 中小学生积极心理品质与心理健康状况的相关研究[J]. 中国特殊教育,2014(9):60-65.

康发展的导向作用。①

幼儿教师要努力养成这些积极心理品质，使自己的思想、情感和行为向着积极的方向发展，通过积极言传，体现身教能力。

3. 优秀的专业品质。

优秀专业品质指良好的学科知识结构、熟练的专业技能和正确的学习观。

（1）良好的学科知识结构。

幼儿教师的学科知识结构主要包括：当代科学和人文基本知识，1—2门学科专门性知识，教育学、心理学科类知识。

幼儿教师在走上工作岗位之前的整个学习阶段，都是在建立与幼儿教育有关的知识结构，这是成为幼儿教师的准入条件。

（2）熟练的专业技能。

幼儿教师专业技能是指：理解他人和与他人交往的技能，班级管理技能，教育研究能力。

幼儿教师走上工作岗位后，经过与幼儿相处、向有经验的教师学习，在一年内一般能熟悉专业技能，三年内掌握专业技能。

（3）正确的学习观。

学习观，又称认识观、认识论信念，是个体对与知识和学习有关的信念所组成的系统。② 幼儿教师的学习观包括：终身学习、勤于学习、善于学习。2012年，教育部颁发的《幼儿园教师专业标准（试行）》，倡导"师德为先、幼儿为本、能力为重、终身学习"四个基本理念，对幼儿园教师的专业发展提出指导意见。

幼儿教师建立终身学习的意识和态度，合理调节在实践中的学习状态，拥有持续学习的品质和能力，做到有目标、有计划、有方法的持续学习，才能形成正确的学习观。

（二）培养幼儿教师积极品质的意义

1. 幼儿教师的积极品质是培养教师职业信念的前提。

幼儿教师，有人把它当职业，有人把它当事业。具备积极品质的幼儿教师，在教育岗位上更有成就感、更有归属感、更有自豪感，对幼儿教育事业的职业信念更强，会把这个职业当成终身事业来追求，拥有强烈的使命感。

① 马立枝. 幼儿教师积极心理品质与职前培养［J］. 牡丹江师范学院学报（哲社版），2015，4（188）：100-101.

② 林文毅. 学习观：教师专业品质的第四维度［J］. 教育导刊（教师发展）. 2012，5（上半月）：56-58.

以担当抗击疫情 用行动践行使命

——具有积极品质的幼儿教师

一场突如其来的疫情改变了所有人的生活状态，2020 年的这个春节是中国历史上所没有过的，新冠病毒也是人类迄今为止遇到的最难缠的对手。人们无助，恐慌……而在这个特殊时期，幼儿教师们能做点什么呢？

安倩老师认为在国家危难之际，自己应该肩负起社会的责任，为家长和孩子们全力以赴。疫情期间，安倩老师通过家长群了解幼儿和家长们疫情隔离期间最关注的学习和生活问题，如"新型冠状病毒是什么？孩子和家人可以怎么做"，针对这些问题通过网络对孩子们进行解答。对于情绪不太稳定的孩子和家长，一次又一次地进行安抚和支持。对于网络不方便的家庭，通过电话的方式一一联系，绝不落下任何一个孩子。儿童宅在家中，但他们有老师的关心，老师的爱一直伴随着他们。

做事有规划是安倩老师一直以来的习惯。"疫情过后，我们的课程在哪里？"安老师认真思考这个问题。

心中有儿童，就找到了课程的出发点；看见了疫情生活，就找到了课程在哪里。即便宅在家里，老师们也能以儿童为中心，挖掘当下疫情生活的重要价值，探索疫情生活中的课程。

于是，在专业知识扎实的安倩老师的带领下，各年级组开展了主题为"基于儿童视角'新冠疫情'主题审议"的线上研讨交流活动。通过线上教研，找到了课程的抓手——生活教育和疫情主题：

小班：《不一样的春天》

中班：《打败病毒怪》

大班：《抗病毒，大作战》

在课程设计的过程中，团队遭遇挫折时，安老师给大家疏导调节、加油打气，团队懈怠时，安老师以身作则，完成最艰难、最繁琐的任务，激励着整个团队里的老师们齐头并进。最终，老师们不仅完成了主题课程设计，同时还围绕主题，从学习、游戏、家园共育、生活活动、运动各个领域进行内容架构和主题的实施，对主题全方位思考、深入审议，让主题课程实施的过程真正成为"基于经验→拓展经验→提升经验"的过程，促进教师、幼儿共发展。

安倩老师坚信，幼儿教育这份职业将是她一生追求的事业，她爱她的事业，她将用一生的努力来实践这份热爱。

（案例来源：内蒙古鄂尔多斯市准格尔旗薛家湾第十二幼儿园，安倩；指导教师：内蒙古鄂尔多斯市准格尔旗教体局　武萍）

面对疫情，安倩老师把幼儿教育看作自己的责任和使命，具有积极的道德品质；面对孩子，她耐心指导、用心安抚；面对同事，她积极阳光、友善热情；面对工作，她身先士卒、绝不放弃，具有积极的心理品质。在疫情期间幼儿课程的设计方面，体现了安倩老师优秀的专业品质。安老师是成熟的幼儿教师，在归属感的鼓舞下，在使命感的驱使下，将一直在幼儿教育的道路上前进。

教育建议

培养幼儿幼儿教师的职业信念，可以这样做：

第一，把每一次孩子和家长的良性反馈记录下来，激发自己的教育成就感。

第二，在工作中取得进步时，肯定自己。

第三，向优秀教师"取经"，通过她们的故事，了解她们热爱教育事业的原因，激励自己向他们学习。

第四，培养自身的积极品质，向优秀教师靠拢。

2. 幼儿教师的积极品质是增强教师心理能量的保障。

(1)幼儿教师在情绪管理上面临的挑战

小一班的王老师正在情绪饱满、声情并茂地给孩子们讲"春天的故事"，突然，小聪尿裤子了，"老师，他臭。""老师，我也想尿尿。""老师，他拉我。"故事只能停下来……

幼儿教师在与幼儿的互动教学中，需要保持积极饱满的情绪，而在应对幼儿的突发状况时，又需要控制自己的情绪。由于工作内容的特殊性，幼儿教师的情绪容易处于极度疲劳状态，个体的情感资源过度消耗，疲乏不堪，精力丧失，面临情绪耗竭的状态。情绪耗竭是一种情感、活力和精力耗尽的感觉，同时也是一种让人感到才能耗尽、资源透支、工作无助和情感倦怠的心理状态。在情绪耗竭状态下，幼儿教师常常会体验到焦虑、紧张、抑郁及其他一些负性情绪，并且觉得精疲力竭而懒于去做自己的工作，对工作缺乏热情和奉献。这样的工作状态要求幼儿教师要提高情绪调节和管理能力。

(2)幼儿教师的积极品质有助于增强教师的心理能量。

优秀的道德品质，让幼儿教师具有强烈的责任感和使命感，这将促使幼儿教师更积极地寻找调节情绪的方法；优秀的心理品质能帮助幼儿教师梳理情绪管理的方法和步骤；而优秀的专业品质，是支撑教师成就感的基石，能让面临情绪耗竭的幼儿教师找到职业归属感，获得心理能量，进而提高工作热情和主观幸福感。

工作中遭遇情绪耗竭，我是这样做的

工作中，我会出现情绪处于崩溃边缘，感觉快要被"消耗"空了的时候……

自从踏入校园，我认为当一名幼儿园教师将是我一生追求的事业。每当感觉力不从心，我常常和同事一起面对——做对方的聆听者，分享"童年时代——我与老师的故事"，请每位教师回忆自己的童年中与老师之间的温馨故事，引申到——"假如我是孩子"，在互动中唤起教师内心得到的自律，激发自己爱孩子的内在动机，激发爱自己爱工作的内在动力，使爱孩子、爱工作成为自觉主动的行为。

现如今，我已经是经验丰富的"老"教师了。在专业知识和技能方面，我得到了家长和同事的一致认可。如何面对工作中的情绪问题，要利用好自己的专业技能。比如通过加入教师社团，互相帮助，找到自己的兴趣，找到解压的方式和发泄的渠道。一方面，作为幼儿教师，通过社团练习不断提升自己的专业技能；另一方面，通过艺术陶冶情操的方式，也给自己的情绪提供了一个很好的舒缓窗口。

对孩子们的"爱"，一直是我面对情绪耗竭的心理支柱。"优秀前辈是怎样爱孩子们的呢?"通过榜样引领，让我找到方向。聆听或观看师德楷模的事迹，帮助我们学典型、找差距。学习身边的典型，发现身边的同事在工作中"爱"的点滴事迹，让爱的涓涓细流，凝聚成温暖人心的力量，让我在其中成长。

（案例来源：北京市昌平区马池口镇中心幼儿园　崔文韬；指导者：北京市昌平区教师进修学校　陶鑫萌）

在面对职业倦怠和情绪耗竭时，崔老师积极地寻找方法：

①坚定职业目标，和老师们一起忆童年、换位思考，激发内在动力，强化工作动机，这是积极道德品质的体现。

②在专业品质过硬的情况下，用参加教师社团的方法，互相帮助，调节情绪，再获得工作热情。

③向榜样学习，提高自己"爱"的能力，提升心理品质，从而获得成就感和职业归属感，提高主观幸福感。

应对工作中面临的情绪耗竭问题，应从培养自身的积极品质入手。如：定期学习优秀教师党员事迹，积极参加思想教育培训，提升道德品质；工作中遇到难题不要自己承受，多向同事领导取经，养成积极的心理品质；在专业上孜孜不倦，乐学、善学、终身学习，提升专业能力，以应对情绪问题。

3. 幼儿教师的积极品质是促进教师自身发展的动力。

一部分幼儿教师感觉工作繁琐，工资待遇也不理想，看不到发展的空间，处于不愿学习、得过且过的状态。但一些积极品质突出的幼儿教师，他们有坚定的职业信念，对职业有理想、有规划，对工作有目标、有计划，并愿意花时间和经历去实践这份计划。在实践中有更强的抗挫折能力，能够在不断达成小目标的过程中坚定方向。积沙成塔，积极品质促使幼儿教师完成自己的生涯规划，成为合格的、有魅力、自我实现的教师。

案 例 五

积极品质促进教师自身发展

如果说老师是辛勤的园丁，那么幼儿园的孩子就是一个个小小的花骨朵，园丁在花朵开放前起到的作用不言而喻。具备积极品质的老师不仅可以呵护孩子们的成长，还可以在工作中提升水平与能力，实现自己的发展。

一、具有爱心、耐心、信心的张老师

张老师常说："对于拒绝与外界沟通交互的孩子，要投入更多的爱心与精力。"在张老师班里，小忠就比较特殊。比如，小忠有时会因为看不懂文字而哭泣，张老师会蹲下来，指着文字温柔地教小忠。当小忠不和其他孩子怎么玩时，张老师会牵着小忠的手，带着小忠和其他孩子一起玩耍。她凭借对孩子的爱心，对教育工作的耐心，以及对于教育事业的信心，找到了适合小忠的正确教育方法，悉心恰当地引导孩子健康成长。

二、尊重差异，因材施教的李老师

有一个调皮捣蛋的孩子的偶像是蜘蛛侠，李老师根据他的兴趣激励他，向他传播蜘蛛侠小时候热爱学习的思想；有的孩子喜欢看动画片，在大家一起看动画片时，出现学习的画面时，李老师就说，看来因为学习他们才这么厉害。向孩子传播学习有用的思想；李老师还与孩子做约定，如果完成一项学习任务，就奖励他一朵小红花。李老师自信包容、热爱学习，能够清晰了解孩子们的内在差异，做到因材施教，教学技能提升快，教学效果明显。

三、具备诗意、童心的樊老师

樊老师和幼儿园的孩子成为了好朋友，她们互相打招呼、分享新鲜事、互相表达爱，是生活的常态。孩子们都愿意给樊老师讲述生活中发生的事。樊老师总是把自己"当成一名孩子，带着孩子的想法、孩子的语言、孩子的视角，和孩子们交流，让孩子们不但能理解，还要让孩子们觉得有趣"，结果，樊老师深谙孩子们喜欢看什么、听什么、玩什么、说什么。这正是一名优秀教师所具有的专业品质。

四、具备过硬工作技能的刘老师

刘老师是一名美工老师，她的教学课堂总能够激发孩子们学习美工的兴趣。刘老师说，自己每次上课前都认真备课，在梳理知识的同时还找准时机插入提问，发散孩子的思维。不仅如此，她的教学语言幽默风趣，又不失严谨，受到了孩子的热烈欢迎。

刘老师在大班手工活动"可爱的蔬菜形状"中，就上了活泼生动的一堂课。"刘老师开始上课啦：小朋友们，昨天我们回家的时候和爸爸妈妈一起买了很多蔬菜，今天我们和老师一起把这些蔬菜宝宝做成可爱的人物或造型吧！""这些蔬菜都像什么呢？""它们有什么样的颜色？""你想把它们组合成什么人物或者造型？""我们可以这样做……"孩子们听得认真、参与积极，不一会儿，班级里展出了好多孩子们的作品。

孩子们的积极反馈助力刘老师更加潜心学习，提升自身能力，提高教学水平，争做一名优秀的幼儿教师。

（案例来源：内蒙古鄂尔多斯市准格尔旗薛家湾第十二幼儿园　樊燕；指导者：内蒙古鄂尔多斯市准格尔旗教体局　武萍）

案例点评

张老师在教育教学中投入的爱心、耐心，让她产生了对教育事业的信心，促使她研究教育教学方法，悉心恰当引导孩子健康成长。李老师仔细发现了孩子们内在的差异，因材施教，产生了明显的教学效果，这让她更有动力去提升自己的教育教学水平技能。樊老师有亲和力、热情活泼、充满童心，能够用充满爱的心灵对待孩子，才能够不断相互促进，与孩子一起成长。刘老师有过硬的专业技能，教学中孩子们的积极反馈助力她潜心提升自身能力，提高教学水平，在教学事业上获得更好的发展。

教师职业发展的动力来源于积极品质的培养。具备积极的道德品质，是幼儿教师的准入条件。以爱为驱动，幼儿教师在和孩子们的相处中，互相促进，互相成就，培养积极的心理品质、优秀的专业品质，形成自己的职业规划。

(三)培养幼儿教师积极品质的途径

1. 幼儿教师发挥主观能动性寻求自我提升(内因)。

在终身学习的理念指导下，职后教育(继续教育)成为了幼儿教师培养自身积极品质的重要途径。

①攻读高一级学位，提高专业品质。

②参与师德与伦理教育、心理学或教育学培训，提升思想品德、专业素养、了解自己，深刻理解教育理论，更加了解幼儿。同时找到积极的方法和自己、和他人相处，是培养优秀心理品质的途径。

③参加学习小组或教研小组，结交益友同伴，培养兴趣爱好，获得专业成长。

多才多艺的"哥哥"

幼儿园教师多是有着各类专长的艺术类特长生，在日常教学活动中他们积极发挥自己的兴趣爱好组织孩子们进行活动，对于孩子们来说是专业的引领。

北京市昌平区马池口幼儿园里有一位男教师，喜欢弹琴、唱歌，入职幼儿园后在班里开展了每周一歌活动。开展活动时，他组织小朋友们利用问候歌进行趣味练声，通过反复弹奏钢琴帮助小朋友们熟悉歌曲节奏，利用图谱帮助小朋友们记忆歌词，体现了他的专业素养。

工作中，他持续学习《幼儿园教育指导纲要(试行)》《3—6岁儿童学习发展指南》，提升自己在观察幼儿、解读幼儿方面的教育理论水平。他经常说，大班幼儿六岁左右，自我评价水平逐步发展，有了很强的自尊心，所以会出现觉得自己画画还可以唱歌不行的想法，怕自己唱得不好大家笑话他的想法，等等。另外大班幼儿的责任感增强，个性特征初具雏形，对于老师交给的任务愿意更好地完成，但是这些心理也会影响一部分孩子不敢大胆表达情绪情感。所以，他要用鼓励的方式树立幼儿自信，尤其对于性格孤僻的那些需要'被帮助'的幼儿，我更要了解他们的需求、习惯和能力发展水平。

比如，班里一位腼腆、不爱说话的男生，他通过和家长沟通，了解孩子在家的情况，发现在家里他是一个被奶奶宠大的孩子，虽然已经大班但是很多事情还是奶奶包办代替，爸爸则是把看不惯这样的教育方式的愤怒发泄在孩子身上，所以孩子在家里也很胆怯。了解到这样的情况，他在班里分享了这个孩子自己完成的事情，帮他认识到自己和班里的小朋友是一样的。我在每周一歌的时间，帮他找到合唱时间，鼓励他在大班毕业典礼上领唱了《小小少年》歌曲，全场掌声雷鸣。

男教师坚持参加幼儿园及上一级教研组活动，不仅发挥了兴趣爱好，获得了专业成长，最重要的，他的优秀心理品质不断形成和发展。

（案例来源：北京市昌平区马池口镇中心幼儿园 马丹；指导者：北京市昌平区教师进修学校 陶鑫萌）

男教师能够把兴趣爱好融入工作，充分发挥了他的专业能力，他不放弃每一个孩子的做法和作为幼儿园教师的能力，体现了他的积极道德品质，给他带来了更多心理能量。兴趣爱好和专业技能相互促进，教师在职业道路上会稳健进步。

把爱好当职业，是最理想的职业。如果暂时不能，幼儿教师可在提高专业品质的同时发展兴趣爱好。兴趣是工作中取得成功的重要推动力，在培养和发展兴趣爱好的过程中，会体验到工作中的愉悦心情，既增加了心理能量，又提高了专业能力。

2. 园所为培养幼儿教师积极品质提供的有利环境（外因）。

（1）构建有益于积极品质形成的幼儿园文化氛围。

①创设有益于积极品质形成的物质环境。

优质的园所硬件环境，是幼儿教师学习、工作的物质保证，是幼儿教师最大限度地实现教学目标的基础。如幼儿活动的场地、活动的道具、教具、设备、教室环境、后勤保障、安全防护设备等。

②创设有益于积极品质培养的精神环境。

研究表明，校园中的教师文化、校园氛围、园长领导风格等都与幼儿教师的积极品质培养有密切关系。幼儿园组织的团建活动，可增强教师凝聚力；建立类似"师徒结对"的学习共同体，可发扬互相帮助、共同进步的学习精神；园领导实施民主管理、亲临课堂示范等，可带领园所教师共同进步。

以爱育爱，"爱"的文化助力教师成长

　　云南省昆明市第一幼儿园是一所充满爱的校园，以爱育爱，以爱育人，将"爱是教育的灵魂"作为校园文化建设的核心。校园中处处彰显"爱"文化，孩子和老师的笑脸墙，光影交错记录着每一个爱的瞬间；樱花树下的多彩美工区，自然与艺术的结合述说着爱的密语；操场上每一份自制的体育器械，在教与学的互动中流淌着爱的暖泉。

　　昆明市第一幼儿园倡导教师具有专业的爱，促使教师具备"爱的情感、爱的行为、爱的能力、爱的艺术"，让教师从细微之处领悟爱的真谛，学会爱。在新教师入职培训时，开展入职宣誓活动，坚定教师的理想信念。在园本培训中，注重教师沟通能力、语言艺术的学习，增加教师亲和力和组织能力。在组织专题培训"什么是专业的爱"时，提出师之爱一定是区别于父母之爱且高于父母之爱，教师需要应用学前教育专业知识，依据孩子的年龄特征和心理特点赋予孩子们爱。例如：在科学领域"数学活动中的 5+3 活动"中，个别孩子觉得很难，我们不强求他一定把题做对，而是帮助他再次尝试并提醒他下次还有机会。因为任何学习都是一个过程，只要他努力去学，第二次、第三次他可能就学会了，说不定以后还能学得更好。如果第一次就让孩子失去了阳光向上的心态，他就失去了自信。在这里，关爱和尊重已成为一幼老师的习惯，每个孩子的梦想都会得到呵护，每个孩子的言行都会得到理解，老师们用爱温暖着孩子的心灵，用爱启迪着孩子的智慧。

　　老师们以爱为媒，在细微中见师德，平凡中见师爱，我们用专业的爱、艺术的爱把知识传授、能力培养、智力开发、情感陶冶、行为规范、心灵养慰融为一体，促进孩子全面发展。同时我们非常关注教师心理健康，通过学习培训、知识讲座、体验教学等帮助教师了解心理健康保健知识，学会情绪管理和情绪调节，帮助教师们放松身心、了解自我、构建积极和谐的人际关系，增强职业幸福感，将职业态度和职业精神深入体现在平凡的工作的每个细节中，愉快工作，幸福生活，形成了一支师德高尚、业务精湛、充满活力的教职工队伍。

　　（案例来源：云南省昆明市第一幼儿园　李娅；指导者：云南省昆明市官渡区教师进修学校　吴清）

云南省昆明市第一幼儿园营造出充满"爱"文化的校园环境。学校在硬件设施上经过巧妙精心的设计，让教师们在校园的每一个角落，都感到"爱"的校园氛围。学校通过组织各类专业培训、心理培训、教师交流，让老师和孩子们感受到校园中浓浓的爱，在爱中学，在爱中成长。学会爱、努力爱、积极地给予爱。老师在这样的幼儿园氛围中情绪稳定，干劲十足，能够高效地完成教育教学任务。

幼儿园良好的文化氛围能让深处其中的老师更容易发展出积极品质。幼儿园领导层应从本园的实际出发，多考虑怎样的校园氛围更能激发教师们的正向心理能量。

民主管理聚人心 人文关怀创和谐

湖北省天门市幼儿园党支部书记、园长熊俊英，三十年来，从一名保教老师成长为幼儿园园长。熊园长一直致力于发展天门幼教事业，认真贯彻国家有关幼儿保育方针政策，落实《纲要》精神，不断加强科学管理，提高教师素质，促进幼儿身心健康发展。

熊俊英坚持科学的育儿理念，倡导"尊重、平等、和谐、快乐"的办园宗旨，恪尽职守，精益求精。熊园长非常重视教师团队建设，任人唯贤、权利下放、职责分明；通过建立"教职工之家"和开展"幸福座谈"活动，鼓励教职工建言献策，集思广益，充分调动了大家的工作积极性。熊园长坚持教研兴园，一方面带领教师们积极开展优质课大赛、教案设计比赛，主题研讨，业务培训等教研活动，以研促教；另一方面围绕科研课题抓教研，先后主持了多个省级、国家级课题，通过构建完善的科研管理机制，带动教师积极参与科学研究，不断提高教师们的专业素养。

在熊园长和全体教师的共同努力下，天门市幼儿园被授予"全国三八红旗集体""国家级语言文字规范化示范校""湖北省示范幼儿园"等称号，国家级课题"纵横信息数字化学习与幼儿园语言教学相互渗透的研究"和湖北省"十二五"科研课题"幼儿园挫折教育的研究"顺利结题，教师们也多次在全省、全国大赛中取得佳绩。

"只有坚持民主、和谐的管理，充分尊重教师的权益，紧紧依靠广大教职工献计献策，积极参与各项管理，才能走上一条内涵发展的特色之路。"熊俊英园长的一席话道出了幼儿园持续内涵发展的真谛。

（案例来源：湖北省天门市幼儿园　张鹏红；指导者：湖北省天门市教师进修学校刘秋香）

 **案例点评**

在教师队伍建设方面，熊俊英园长的管理策略是：以身示范、任人唯贤、权力下放、职责分明。在教科研方面，熊园长的管理策略是：提供制度保障和机构保障，为教师科研提供资源支持。在幼儿园整体发展上，熊园长的策略是：制定统一规则，园长带头进行文化、专业知识的更新学习，并创设条件鼓励教职工参加各种文化活动、专业知识的培训活动，形成全园积极进取、拧成一股绳的幼儿园民主管理文化。

教育建议

园长的以身示范对于幼儿园教师积极品质的培养有非常重要的作用。发展优质管理文化建议一：坚持"以人为本"的理念，采用多元化的研训方式，为教师的专业成长搭建平台。

发展优质管理文化建议二：立足实际，突出特色，创新校园文化活动的内容，构建浓厚的校园文化体系。

发展优质管理文化建议三：发挥全体教职工的工作积极性和聪明才智，集思广益、民主管理，取得最佳的管理效益。

（2）开发园本课程。

培养幼儿教师积极品质，开发园本课程是个值得推广的方法。如：《献给孩子们的恩物》《教师心理健康小技巧》《快乐运动、健康生活》《幼儿园教师的使命》等园本教材，在组稿、编写、修改教材的过程中，全员参与，教师们要明确教材编写的背景、教材的特点、教材的主要内容和重点。在编写的过程中，既要按照计划进行，也要随机调整，编写中出现的问题，要互相帮助、互相分担，反复研讨分析，构建学习型组织，提高教师的心理品质、理论水平与科研能力。

（3）建立社会支持系统。

社会支持系统是个体通过与环境中人物的互动，所建立的一种关系网络，个体能从中获取情绪、情感、心理的支持，能够缓解心理压力，提高自身对环境的适应能力和对变化的应对能力。幼儿教师的心理健康受到了越来越多的关注，园所可以帮助幼儿园教师建构起社会支持系统。如：通过团建增进同事间的情感；开展主题活动让幼儿教师的家庭关系更和谐；开展讲座指导幼儿教师主动建立良好的社会关系等。

问渠哪得清如许，为有源头活水来
——谈幼儿园社会支持系统的建构及其作用的发挥

作为教师，拥有健康快乐的心态是幼儿园工作顺利开展的重要保障，直接影响幼儿园社会支持系统的建构及其作用的发挥。

我是一名教龄25年的老教师，生活中喜欢阅读。几年前，园所组织"书香溢满园，阅读伴成长"大型亲子活动，不但在图书屋入驻了琳琅满目、种类繁多的师幼图书，而且在师生能够驻足的各个阅读角摆满了图书。在那时，全园"图书漂流"活动盛行，每一本具有魔力的图书以独特的一借一还、一取一放的方式很快风靡全园，形成了师生共读的阅读氛围。不知不觉，读书活动渐渐延伸到老师各自的家庭。

几年来，我积极参与园内大大小小的读书活动：专家讲座、亲子读书会、讲故事大赛、故事表演……在悦读共进的书海里，我在家庭中也营造了浓厚的学习氛围，我和爱人的读书习惯也在潜移默化地影响着我的女儿。女儿很小就接触到图书，多年来，我们一家三口从最初逛书店，图书馆办借书证、网购图书，从《幼儿画报》到《伊索寓言》《绿野仙踪》，到"高尔基自传体三部曲"。家里书柜由一个变成两个，狭小的空间装满了各自喜欢的书。受阅读环境的影响，女儿从小就像小大人，看待问题有独到见解，遇到困难积极乐观，学习成绩也名列前茅。读书不但加强了家庭成员之间的良性互动、成为凝聚家庭的纽带，而且成为支撑我成长的强大后盾、遇到困难的有力助手。

"问渠哪得清如许，为有源头活水来"。关注教师积极进取的道德素养，是幼儿园未来融洽和谐、蒸蒸日上的发展动能，也是倡导借助社会支持系统良性互动的关键要素之一。

（案例来源：北京市昌平区马池口镇中心幼儿园　李延清；指导者：云南省昆明市官渡区金马中心学校　陈国灿）

同事是大家接触最多的支持系统，家庭是每个人最信赖的支持系统。李老师通过学

校组织的读书活动，促进了同事间的感情，并和家庭成员间相互支持、相互促进、相互滋养，让李老师的心灵更阳光。

通过园所搭建的平台，教师可主动学习如何和同事、家人相处，形成良好的社会支持系统，对工作和生活有相当大的助力。

三、教师如何做到言传身教

幼儿教师要践行言传身教，必须在道德与伦理方面做到端正思想、公平公正、严格自律、宽容他人；在工作态度方面做到不懈追求、充满希望、内心有爱、勇敢担当；在工作作风上，要做到谦虚谨慎、真诚热情、懂得感恩、具有团队精神。

1. 在道德与伦理方面的言传身教。

（1）端正思想品德。

教师首先应该做到：具备高尚的思想品德，学高为师，身正为范。"德"是师之本，德高方能严教。同时，具备端正的教育思想、端正的教学态度。

（2）公平公正的风气。

教师的公平公正，对于形成良好的学风、教风和园风都有重要意义。教师具有公正品质，对男孩、女孩、乖巧幼儿、调皮幼儿都可做到公平公正，一视同仁，在班级中形成公正的舆论。

（3）教师的自律与他律。

教师的他律是指职业道德和行为规范，自律是指教师以法律法规、规章制度、职业道德和行为规范为指导，依靠自觉意识、心理需要，自愿约束自己的意志、情感和行为。幼儿教师提高自律性的途径有：在教育教学工作中做到寓思想教育于各项活动中；加强语言修养，使语言具有教育性、启发性和直观性；规范言行，是指要求幼儿做到的教师应该身体力行、说到做到，以人格影响幼儿。

（4）宽容幼儿的"误"。

金无足赤，人无完人。6岁以下的幼儿没有想象的那么容易犯错。"错"是指知道标准，但没达到标准而表现出来的行为。"错"又分为两个水平，一个水平是"一般性错"，是较低水平，指与道德准则不符，有违反纪律表现，待人不诚，影响团结，行为偏离了预定的、要求的或希望的标准，结果超出了可接受的界限，教育对策是"教育"，描述正确标准、自述错的行为、设置改正错的行为标准、重复改正错的步骤、按设置改正错的行为标准反复练习，直到正确。另一个水平是"严重错"，指与法律、法规、政策、文化、规章、制度极不一致，破坏秩序，导致危险，引发事故，伤及生命，危及社会，教育对策是严厉批评，必要的情况下可以惩戒。幼儿偶尔会出现"一般性错"，但几乎不会出现"严重错"。所以，对幼儿的教育应该持宽容态度。

在幼儿眼里，许多标准是模糊的、不确定的，所以，幼儿对标准的认识还不太清晰，因此，容易出现"假错"的现象，看似"不正当行为"不是真"错"，① 而仅仅是在"误"的水平上。"误"是指没有过错但被制造出来或被认为是过错的行为，不知道标准或标准模糊而表现出的令人不满意、感觉不正当的行为。

幼儿行为经常达不到我们所期待的那个标准，是因为幼儿的"三观"还没形成，很多标准在孩子心中是模糊、多变、不知所以然的。今天这样说，明天那样说；今天这样可以，明天这样就不可以了；他说这样可以，而另外的人说这样不可以；今天我这样做他没管我，明天我还这样做他就非得管我，不让我做。所以，孩子容易很出现"误"的行为。

"误"有三个层次，臆误、失误、较小错误。臆误是指在符合客观条件情况下，那些被臆想、推测、制造出的行为过错，这些行为会被认为是不正确的，这个所谓"不正确行为"称为臆造之误，简称臆误。

幼儿行为没毛病但被制造出了行为问题的情境是：

小浩和小雅正在一起用玩具搭房子，两人正商量着如何在最上面一块玩具上加个标志时，小浩爸爸来接小浩，爸爸着急回家，就催小浩：赶紧走吧。

小浩说：马上就好，等一会儿。

小浩和小雅继续商量如何在最上面放上标志。

小浩爸爸又说：快点，就知道玩，玩起来就没命。

小浩没说话，专心地尝试哪块玩具更适合放在最上面。

小浩爸爸又说：你再不停，我给你掀翻了。

小浩有点急，也有点怕，说：别，马上就好。

没想到，小浩爸爸过来，一把把玩具房子给扒拉倒了，揪住小浩说：赶紧走。

小浩吓了一跳，大叫起来：你干嘛呀，我们好不容易搭起了房子，你弄坏我的房子！并在原地跺脚。

爸爸过来拽他，他往后退，大喊："你赔、你赔！"

小浩出现了"哭闹、喊叫、不听话、顶嘴"的行为和愤怒、生气的表情。

这种好端端的孩子（规规矩矩、安安静静、友好合作地与小朋友搭玩具房子），转瞬被别人引发的"不当行为"，称为被制造出的臆误。"我刚才做了什么？哪些做法是不对的？是不是我惹得孩子出现不当行为？"如果是，应该说："对不起，孩子，是爸爸不对，爸爸不该发脾气，不该弄坏你和小朋友搭的房子。抱歉，抱歉，那是咱今天再搭一个，还是明天和小雅再一起搭？"

---

① 陈虹.教师应用积极语言培养学生核心素养[M].广东：世界图书出版公司，2018，10：68.

幼儿被臆想、推测出来的行为过错的情境有：姗姗有时会自言自语，会假设一个同伴和自己玩游戏，会让成人觉得孩子似乎精神有问题。这时教育对策主要是问询，就是问：宝贝，玩什么呢？我可以和你一起玩吗？教教我怎么玩好吗……

失误，指在符合客观条件情况下，不知道标准或标准模糊，所以，达不到标准的行为，如：有时我们会说，现在，大家开始画画。结果，牛牛把画画在地面上，在地面的格子内涂颜色。针对此类情境，我们的教育对策不是批评，因为事先我们也没说不能在地上画画，不能在地上涂颜色，所以，此时的教育对策是：告知标准，可以对牛牛说：牛牛，画要画在纸上，不要把颜色画在地上。

较小错误，是介于错与误之间的行为过错，指知道标准，但未达到标准，结果可以接受，如：老师告诉孩子们，洗完手后一定要拧紧水龙头，拧好了再离开。但贝贝洗完手后没有将水龙头拧紧就跑开了。针对此类情境，重复标准就是教育的对策，可以说：贝贝，回来，把水龙头拧紧了。如果不回来，就再叫他：贝贝，必须回来，把水龙头拧紧了……或当时孩子跑开了，也要抽出时间，让孩子练习把水龙头拧紧。比如：放学前，带孩子去洗手，说：贝贝，洗完手后一定要把水龙头拧紧再离开。然后，让孩子练习几遍，确认做到、做好为止。

面对幼儿的"误"，教师要站在幼儿的角度，理解幼儿的身心发展规律和特点，因势利导。允许幼儿有"误"，帮助幼儿分析原因，具体指导，练习正确行为；尊重幼儿的个体差异，因材施教，用发展的眼光看待幼儿的"误"，不同的幼儿不同处理，做到人尽其才。

2. 在工作态度方面的言传身教。

（1）坚持不懈追求。

幼儿教师的成长需要：坚持理论知识的学习，坚持向前辈学习，坚持向同事学习；坚持反思，反思自己言行，反思课堂教学，反思班级管理，反思一天、一月、一年的经过……还需要坚持追求，追求人生的价值，追求收获的喜悦，追求内心的安宁……幼儿能从老师的坚持品质中学习到对待学习、对待生活、对待困难的坚持不懈精神。

（2）内心充满希望。

梦想让人心怀希望。希望是指：心里想着某种目的或出现某种情况，还有美好的愿望或理想的意思。内心充满希望的幼儿教师，会给自己制定人生目标和发展方向，也会引领幼儿心中有目标，做事有方向，影响幼儿成为有追求，内心充满希望，能勇敢面对生活困难，笑对人生挫折的人。

（3）对幼儿充满爱意。

爱幼儿是幼儿教师最为重要的职业道德情感，师爱是师德的核心，师爱也是教育的基础。爱主要有五个层次，第一层次是会体验爱，能够感受到生活中、工作来自他人及社会的爱；第二层次是会表达爱，能够描述出他人对自己的爱的行为及爱的言语等；第三层次是付出爱，对家人、同事、他人、工作对象、社会付出自己的爱；第四层次是建立爱的社会支持，与身边人相互关怀、相互帮助、相互温暖；第五层次是大爱，不面向具体人、具体物、具体地，而是面向群体、社会、民族、国家、世界，有奉献精神，有博爱之心。

因此，"爱"他人就要先学会感受爱，感受到工作带给你的报酬甚至是荣誉，感受到家人无微不至的照顾及你的朋友、同事甚至是幼儿等都会对自己嘘寒问暖，感受到你是被爱包围着的。爱他人也要学会表达爱，比如昨天儿子画了一幅画送给你，今天收到家人的祝福信息和朋友的礼物，这种种都是他人对自己的爱的诉说，他们都在告诉你，无论何时何地都在爱着你，关注着你，你是他们重要的"他人"。爱他人还要付出爱，以对幼儿付出爱为例：首先，马斯洛的需要层次理论认为，人人都有被尊重的需要。尊重幼儿，既是对幼儿良好道德品质形成的教育，也是对幼儿的爱；其次，爱幼儿就是给予幼儿无私的关心和帮助；再次，爱幼儿就是对幼儿严格要求，幼儿教师要做到对幼儿爱而不宠，在思想上、学习上等方面对幼儿提出严格的要求，一旦发现幼儿的错误就应及时纠正；最后，爱幼儿就是给予幼儿鼓励和赞赏，教师应充分尊重幼儿的个体差异，因材施教，善于发现幼儿的"闪光点"，及时赞赏他们。建立爱的社会支持，与身边人相互关怀、相互帮助、相互温暖；你有难，我帮忙；锦上添花，不如雪中送炭；赠人玫瑰，手有余香。小爱培育大爱，育自己"先天下之忧而忧，后天下之乐而乐"的思想；有为祖国"抛头颅洒热血"的准备；行"一方有难，八方支援"的善举……

爱的"智慧"

只有爱孩子的人，才能收获孩子的信任与爱，也才能教育好孩子。

当孩子想妈妈了，我就用双手拥抱他们、安慰他们，讲故事给他们听，和他们玩游戏，让孩子感受到妈妈般的温暖，直到他们脸上露出笑容；当孩子午睡出汗了，我会轻轻用毛巾帮他们擦汗，让他们能更舒服地睡觉；当孩子们遇到困难时，我会主动说："需要帮助吗？"……这一切的举动，不是因为我要从孩子那里索取什么，只是因为我是他们的老师妈妈。

在我对孩子们付出爱的同时我也获得了孩子们满满的爱。当我疲劳时，孩子们会用他们稚嫩的小手为我捶背，给我捏肩；在节日到来的时候，孩子们会送上美丽的鲜花和自制的漂亮卡片，还会对我说"老师节日快乐！"；在闲暇的时候，孩子们会围在我周围，争先恐后地和我说这说那；在外出时，孩子们会主动地拉住我的手，想和我一起走；在玩游戏《找朋友》时，孩子们也总是争着与我做朋友。这种种的举动，都一度让我感动不已！这就是爱的回报，是任何东西都无法换取的！

教师的爱是滋润孩子心灵的甘露；而专业的爱是哺育孩子健康成长的阳光。在一次午睡起床后，我又像往常一样在门口检查孩子的穿鞋状况，果不其然又有几个孩子的鞋穿反了，如果是以前我会直接对孩子说："宝宝，你的鞋穿反了，快换过来吧！"但是现在的我会故作惊讶地指着孩子的鞋说："哎呀，宝宝，你的鞋宝宝怎么在吵架呀？你看它们两个正歪着头生气呢！"孩子听后立刻低下了头左看看右看看，笑着对我说："呵呵，鞋子宝宝真的生气了！"于是我接着说："哎呀，鞋子宝宝这么好的好朋友，它们怎么会生气的呢，你赶快帮帮它们，让她们别生气了呀！"孩子马上坐在床边脱下了鞋子，把它们换了过来，还开心地说："我的鞋宝宝不吵架了。"这样既保护了孩子的自尊心，又让孩子愉快地学习了正确穿鞋子的方法。"爱"需要智慧，我们让"爱"更艺术。

人们都说教师是蜡烛，燃烧了自己照亮了别人，但是我想，教师不仅是照亮了别人，也照亮了自己。在陪伴孩子成长的过程中，自己也得到了许多的快乐。师生之间的爱不是单方面的给予，而是互动的。

最让我感动的是小班孩子刚入园的日子。我们迎来的是一个个焦虑不安的家长和一张张泪流满面的小脸，我们老师左手抱一个，右手搂一个；哄笑这个，逗乐那个，脸上分不清是孩子的泪水还是汗水，渴了也顾不上喝口水，我们是有八只手的章鱼，是有三只眼的神仙，是有无穷法力的魔法师，瞧，不出三天，我们老师已经能叫上所有宝宝的名字；小不点儿们一个跟着一个洗手、上楼梯，秩序井然；吃饭、睡觉甚至穿脱衣服自己动手，让担心不已的爷爷、奶奶、爸爸、妈妈们惊讶不已。头晕耳鸣、嗓子沙哑、浑身酸痛又算得了什么，孩子们一声稚嫩的"老师，您像我的妈妈！""老师，我想您啦！"家长们的一声"老师您辛苦啦！"和一个真诚的点头微笑就是最好的药方。

孩子们纯洁的心、圣洁的情、深厚的意，家长们真挚的感谢，净化了我的心灵，激起了我对教育事业深深的爱，让我真正地体会到了一个教师所有的幸福和快乐！

（案例来源：云南省昆明市第一幼儿园　赵淑琼；指导者：云南省昆明市官渡区金马中心学校　陈国灿）

案例点评

①教师会体验爱，能够感受到来自幼儿的爱。

②教师会表达爱，经常说某某幼儿怎么怎么好，对老师做了哪些事，说了哪些话，让老师非常感动。

③教师会付出爱，建立起了温暖的爱的社会支持系统。

④教师有大爱，对幼儿园、对家长、对幼儿保育、对幼教事业有博爱之心。

教育建议

①教育中没有爱是不行的，但只有爱是不够的，师爱还应该充满智慧。

②"亲其师，而信其道"而"学其理"。尤其对于幼儿来说，对老师会有一种特殊的依赖，这就要求老师要像父母那样关心照顾他们，体贴爱护他们。

③与孩子共处时，时刻注意自己的表情和说话的语气，多一些微笑，多一些表扬，多一些鼓励，让孩子感受到爱的氛围。

④"知之深，爱之切。"只有真正地了解孩子，走入孩子的内心世界，并按照孩子内心世界的特点去找到合适的教育途径、教育方法，才能真正地爱孩子。

（4）勇敢担当。

幼儿教师要勇于解放思想，积极接受新理念、新方法，大胆创新；"勇敢"面对失败和挫折；敢于给幼儿话语权、讨论权、提问权，给幼儿赋能，相信幼儿具备的能力；敢于面对自己的失误，主动改进和补救。

3. 在工作作风方面的言传身教。

（1）谦虚谨慎。

谦虚能让幼儿教师弯下腰，虚心地向幼儿学习，更好地理解幼儿，有效引导幼儿发展。谦虚品质，能促使幼儿教师尊重教育教学理论，怀有敬畏之心，吃透理论内涵，积极学习和借鉴，获得更多发展机会，深受同事和幼儿喜爱。

苏联教育家克鲁普斯卡曾说过："教师必须非常谨慎，必须对自己的所作所为负完全的责任。"说明教师的劳动具有示范性，教师的人品、才学、治学态度都可能成为学生学习的楷模。幼儿教师的工作事无大小，因此，幼儿教师要有踏实、严谨的工作作风，细致、周全、精益求精的工作态度。不会鲁莽行事，不说让他人难过的话，不轻易承诺，凡事三思而后行。

（2）真诚热情。

真诚的幼儿教师能站在幼儿角度为幼儿着想，发自内心地教育、肯定和表扬幼儿，充满人情味，所以能感染幼儿，给幼儿带来亲切感。

具备热情品质的幼儿教师，在工作中更努力、更专注、更热爱知识。会认真备课，激情上课，乐于思考，用心反思。

（3）懂得感恩。

感恩包括：第一，感恩生命，常常觉得他人或周围环境为自己带来了幸运，喜欢幼儿，感谢幼儿给自己带来快乐和成长；第二，感恩社会和大自然，总能在生活里找到值得表达感谢的事，如：当幼儿问好时，老师能积极回应："宝贝你好，谢谢你的问候！"第三，对学生、孩子、父母和朋友心怀感激，欣赏他人的优点和品德，当幼儿捡起掉在地上的东西或是为你端来一杯水时，教师不仅要表达"谢谢你"，还要欣赏幼儿的这种做法，看到行为背后的优点及品德。

"感恩"是一种生活态度，是一种品德。教师具备"感恩"品质，会在潜移默化中影响幼儿，让幼儿习得尊重他人、对他人帮助怀有感激之心，懂得爱别人、帮助别人的行为和习惯。

（4）具有团队精神。

团队精神，指集体合作、共同奋斗的精神，是大局意识、协作精神和服务精神的集中体现，核心是协同合作。在团队协作中，大家群策群力、取长补短、互相激励、资源共享。

团队精神是教师智慧的结晶，是教师教育教学和科研能力的具体体现。教师在团队中相互协作，能扩大知识面，提高学科教学能力，更好地完成教育教学目标。

 练习题

一、单选题

1. 以下哪个内容不属于教师的积极品质？（　　　）
    A. 倦怠思想　　　　　　　　B. 积极的道德品质
    C. 积极的心理品质　　　　　D. 优秀的专业品质

2. "误"有三个层次（　　　），面对幼儿的"误"，教师要站在幼儿角度，因势利导。
    A. 臆误、失误、较小错误
    B. 一般性错、严重错、大错特错
    C. 违反纪律、待人不诚、影响团结
    D. 破坏秩序、伤及生命、危及社会

二、多选题

1. 培养幼儿教师的积极品质的方法有（　　　）
    A. 幼儿教师积极参与职后教育
    B. 幼儿教师发展兴趣爱好
    C. 构建有益于积极品质形成的校园文化氛围
    D. 开发校园各类课程
    E. 开发社会支持系统

2. 关于言传与身教的关系，下列表达正确的是（　　　）
    A. 言传是身教的基础，身教是言传的践行
    B. 言传与身教密不可分，缺一不可
    C. 言传没有身教重要，身教胜于言传
    D. 言传中有身教，身教中有言传

三、判断题

1. 培养幼儿教师的积极品质是园所的工作，自己只能被动参与。（　　　）

2. 学前阶段的幼儿的主要学习方式是观察、模仿，所以言传身教对学前儿童来说比任何一个阶段的儿童都要重要。（　　　）

四、简答题

1. 请简述言传身教统一的意义。

2. 请简述培养幼儿教师积极品质的意义。

五、案例分析题

案例： 自由游戏时，小朋友们玩得都很开心，李老师也加入到了孩子们的游戏中。这时，果果拿着小朋友们画的画准备帮陈老师挂到走廊的墙上，也许是因为李老师和小

朋友们玩得太投入了，没注意到从李老师身后经过的果果，一不小心，李老师就把身后果果的画全部碰到了地上。李老师想都没想转过身就开始埋怨起来："果果，你没看到我们在这里玩游戏吗？"一时间，果果被吓坏了，站在原地不知所措……

　　问题：

　　1. 案例中的李老师的做法怎么样？请结合本节内容进行分析。

　　2. 结合实际，如果你是李老师，你会怎么做？

　　1. 言传身教：言传，意为讲解、传授；身教，意为以行动示范。言传身教意为既用语言来教导，又用行动来示范，其中行动有模范作用。教师做到言传身教，意为要以身作则，现身说法，才能上行下效。

　　2. 积极品质：是积极道德品质、积极心理品质、优秀专业品质的总称，是积极力量的一种特质。

第二节　潜心问道与关注社会相统一

　　潜心问道的"道"是马克思主义科学理论，是共产主义远大理想和中国特色社会主义理想，是社会主义核心价值观，也是整个人类社会历史发展的必然。[①]幼儿教师要贯彻党的教育方针，教学要以新时代中国特色社会主义思想为大原则，了解国家政策，坚持社会主义教育方向，一言一行要符合社会主流价值观，履行立德树人的基本任务，努力培养德智体美劳全面发展的社会主义建设者和接班人。

一、潜心问道

　　幼儿教师潜心问道，是指用心地去研究，体现的是专注、静心、平和、笃志的精神品质，时代的发展需要幼儿教师发扬潜心问道的精神。

（一）问"道"与道德

　　中华民族拥有悠久历史，在五千年的文明进程中，中国人尚"礼"重"德"。在"道德"一词中，"道"指规范和原则，是正确的人生观、价值观和世界观。"德"指在践行"道"时人们的收获。

　　道德教育的对象不仅包括人与人之间的关系，还包括人与社会的关系。道德在处理人与人、人与社会关系的过程中发挥着重要的认知功能，是个人实现自我完善的重要

---

　　① 于佩鑫. 对早期马克思主义理论成就共产主义和知识分子阶级的解释[J]. 决策探索（下），2020（6）：45-46.

力量。

道德也具有调节的功能，体现在引导、评价、激励和惩罚等方面。道德可以调节人与人之间的关系，使关系和行为越来越规范。调节矛盾需要发挥道德的功能，人与人之间只有充分理解、充分尊重、充分真诚，人们才能有效化解矛盾、促进社会和谐运行。

(二)问"道"的价值

2017年10月18日，习近平同志在十九大报告中指出，要培育和践行社会主义核心价值观。要着力培养负责民族复兴的时代新人，加强教育引导、实践培训和制度保障，发挥社会主义核心价值观在国民教育、精神文明建设和精神文化产品创造、生产、传播中的主导作用，把社会主义核心价值观融入社会发展的各个方面，融入人们的情感认同和行为中。

潜心问道促进幼儿教师坚定自己的教育信念，坚持中国特色社会主义理想，更加努力践行社会主义核心价值观，带动了专业发展。

案例一

专业引领促成长，团队建设显成效

云南育才幼教集团历来重视教师队伍建设，建立了完善的教师培训体系，充分满足幼儿教师多样化的学习和发展的需求。培训形式活泼多样，培训内容贴合幼儿的需要以及教师和幼儿园发展的需要，教师之间比学赶超的氛围浓厚，成功地打造了一支学习型团队。以"专注、静心、平和、笃志"为原则，为教师营造潜心钻研的教科研氛围。

例如，在2020年5月幼儿园开学前该幼教集团就借助"做、学、研、考、激"合一的模式，组织了育才幼教集团总园办、云波幼儿园全体教职员工、云山幼儿园全体教职员工、龙泉幼儿园全体教职员、云海部分教师开展了"培训学习主题月"活动。培训内容包含"团队文化建设、专业知识理论、疫情防控策略、开学规程、中层管理素养"等。从管理的视角围绕社会主义核心价值观进行学习。

云波园十分注重教师的专业素质培养，2020年暑期内训是以"实在做人，踏实做事，点滴入手，丝毫过关"为主线，分层、分岗位、分梯队地进行。例如：专任教师专场培训通过解析《幼儿园工作规程》《幼儿园教育指导纲要(试行)》《3—6岁儿童学习与发展指南》，以及通过教学案例分析讲解，提高教师的专业素养。安全方面，通过学习《幼儿园突发事件应急流程》《幼儿园安全教育落实》等内容，结合实践模拟来提高教师的安全意识。后勤学习方面，通过《幼儿园食品安全防控模拟演练》《幼儿园食谱的编配原则与创新策略》《6S管理在幼儿园中的运用》等培训来提高教师后勤素养。保育教师专场培训中，通过《保育工作操作规范》《海姆立克急救》等主题提高保育专项技能。在师德师风建设方面，全体教职员工还学习了《师之道》《师德师风》等。

通过这样针对性强、内容丰富的培训活动，给教师提供"沉下心去学习"的良好环境，营造出向上进取、向下钻研的教风学风，真正体现了"专注、精心"的内涵。

为了提高教师学习的积极性，搭建个人展示的平台，育才幼教集团还组织教师开展了"正心树德·竞技育人"教师专业技能大赛。通过比赛，加强教师专业技能，促进教师个性特长的发展，建设一支专业过硬、素质过强的幼儿教师队伍。

专业技能比赛共分为五大块内容：1. 讲故事；2. 钢琴自弹自唱；3. 舞蹈创编；4. 主题绘画；5. 案例分析。在这样的比赛过程中，教师们精神饱满，热情洋溢，展示了教师们扎实的专业素养和独特魅力，充满青春的活力和无限的创造力，充分发挥了自己的潜能，增添了教师教育教学的信心，激发了教师爱岗敬业努力工作的激情。在大赛进行的全过程中，教师欣喜地看到了成绩也看到了不足。以赛促教，以赛促成长，真正达到激励学习促进提高的目的，也为今后更好地开展教育教学活动，打下扎实的基础，更促进了幼儿园的发展和品质的不断提升，体现了"笃志"的良好精神品质。

（案例来源：云南省昆明市育才幼教集团云波幼儿园　朱艳园长；指导者：云南省昆明市官渡区云溪小学　林义虹）

云南育才教育集团重视教师队伍建设，建立了完善的教师培训体系，形式多样、内容丰富、针对性强，充分满足幼儿教师多样化的学习和发展需求，体现出教师"专注、静心、平和、笃志"的潜心问道精神品质。

园所的成长应该着眼教师成长，静心笃志，避免急功近利，扎实开展好常态化管理，形成良好的教育教学氛围。为幼儿教师的成长续航助力，就是为园所的发展打下坚实的基础。

（三）潜心问道的途径

1. 加强幼儿教师职业道德素养。

幼儿教师职业道德是指通过日常生活、教育教学实践和专业理论研究，在对幼儿园教育规律和幼儿身心发展规律理性认识的基础上，形成的基本道德规范认同和内化，是对幼儿教师行为产生影响的重要因素，是幼儿教师职业素质的核心，是幼儿教师专业发展的关键维度。

2. 提升幼儿教师职业能力素养。

幼儿教师职业能力包括：系统学习专业知识，明确基本的职业规范、职业道德和职业观念，投身幼儿教育实践，解决实际问题，不断反思和改进，将理论知识和个人观念态度转化为教育实践，是教师专业化的集中体现。而教师的专业化水平直接影响到教育和教学的有效性以及儿童的发展，只有用心学习、孜孜不倦，才能提升职业、专业能力。

园本培训是促进幼儿教师职业技能发展专业水平提高的有效途径。幼儿园应建立科研团队，定期组织制度化的教育教学科研和培训活动，引导和提升教师的专业能力，鼓励教师成长为幼儿园的业务骨干和专家。

二、关注社会

社会，是由人与人、人与环境之间形成的关系，是共同生活的个体通过许多关系联合起来的集合。

(一)关注社会的具体内容

关注社会的主要内容，一方面是指关注思想政治的发展，关心党的路线、计划、政策，遵循法律法规，遵守规章制度，在教育教学活动中与党和国家的政策保持一致；另一方面是指关注社会发展趋势、时代发展潮流、国际发展动态等，做到个人与社会的融合。幼儿教师关注社会，就是既要关注思想政治发展、社会发展，还要关注幼儿教育发展。

(二)关注社会的意义

1. 个人发展要基于社会。

教师的个人发展离不开社会环境的发展，要紧跟社会发展的需求，才能做到有方向地提升自己。

2. 通过关注社会提升品质素养。

幼儿教师通过关注社会，可以培养洞察力品质。洞察力主要体现在能明确事情的重要性，做出正确判断。幼儿教师在日常教学工作中会遇到各种问题，提升洞察力有助于准确判断、准确决策。还可以锻炼开放的思想，提高逻辑思维能力，帮助自己更好地适应瞬息万变的社会。更重要的是，通过关注社会可以更好地指引幼儿学习和生活的方向，正确引导幼儿在社会环境中健康成长，培养幼儿成为社会主义合格的建设者和接班人。①

---

① 肖晓红. 幼儿园班主任自我发展策略刍议[J].《赤子(上中旬)》，2015(14)：202.

(三) 关注社会的方法

幼儿教师不仅要关注自身的提高,还要通过教学手段引导幼儿一起关注社会。关注社会的途径有以下两方面:

1. 从教师自身发展来说,教师可通过多种渠道了解社会发展情况,洞察社会发展趋势,时刻关注社会热点问题,积极关注时事政治,让自己紧跟社会发展的步伐。另外,要积极参与学校政治学习,响应上级部门要求,提高社会意识,根据学校要求进行相应的教学活动。

2. 从教师教学工作来说,一方面,可以在教学中穿插爱国教育,培养幼儿的爱国热情和爱国意识。可以从幼儿身边的平凡小事引导,也可以在游戏活动中让幼儿感受祖国大家庭,激发幼儿对祖国的感情。例如:通过认识国旗、唱红歌、了解英雄故事等主题活动,都可引导幼儿去感受爱国情怀。另一方面,可根据社会发展趋势,培养幼儿生活技能,激发幼儿社会情感。教师可以用某一事件作为实例,让幼儿在练习和实践中,形成并巩固成为基本的社会行为。教师还可以通过创设特定的社会环境让幼儿观察、思考,感受个体的社会角色。

关注社会发展　传承民族文化

云南省昆明市官渡区幼儿园结合我国多民族特征,牢记习近平总书记指出的:"各民族要相互了解、相互尊重、相互包容、相互欣赏、相互学习、相互帮助,像石榴籽那样紧紧抱在一起",积极探索幼儿教育与社会的融合。多年来在字荣珍园长的带领下,幼儿园全体教师齐心合力,以《幼儿园工作规程》《3—6岁儿童学习与发展指南》目标为引领,以国家省市区级科研课题为支撑,自主研发了"官渡区幼儿园传承民族文化幼儿启蒙教育"园本课程,荣获教育部首届基础教育国家级教学成果二等奖殊荣,并于2005年正式出版发行《城市幼儿园民族团结教育主题活动指南》一书。书中汇集官渡区幼儿园老师们多年的民族文化教育成果、经验、课程资源,涵盖云南本土文化十大主题教育活动——"吃在云南、穿在云南、住在云南、游在云南、健在云南、歌在云南、舞在云南、画在云南、摄在云南、乐在云南"。幼儿园还设立了丰富多彩的民族文化体验馆、班级民族文化主题区,孩子们在这里开心地体验与了解我们中华民族瑰丽多姿的文化。俗话说,给孩子一碗水,自己要先有一桶水,官渡区幼儿园的老师们在这个民族团结主题教育的活动中更是收获巨大,为了寻找教育的素材,一个个都变成了艺术鉴赏员、历史寻究员、课程设计员、民族文化宣传员……幼儿园真正做到了基于社会并服务于社会,把幼儿教育与社会环境紧密联系起来。教育部民族教育司毛力提司长和国家民族宗教委孙青木副司长亲临幼儿园视察，对幼儿园出色的民族教育课程成效给予"云南特有，全国领先"的高度赞扬。

　　（案例来源：云南省昆明市官渡区幼儿园　李海艳；指导者：云南省昆明市官渡区教师进修学校　吴清）

　　官渡区幼儿园的这项主题教育活动充分与社会融合，让幼儿深入体验社会文化，感受社会情感，传承民族文化。只有像这样基于社会的教育活动，才能把幼儿的成长教育提升到一定的高度，立于时代潮流中。

　　在幼儿教育中，不能忽视幼儿生长的生活环境和社会环境。通过一系列符合社会发展需求的教育活动，一定能带给幼儿更多更有意义的知识。

带领幼儿参与社会实践，体验成长

　　在和中班孩子们的交流中发现，他们对商店购物的经验缺乏，沟通、人际交往能力较弱。角色体验游戏《果蔬吧》以孩子常见的水果、蔬菜为主题，设计了店老板与顾客间的角色，鼓励幼儿大胆模仿成人间的交易活动，体验参与角色游戏的快乐，培养孩子间的语言表达、交往能力。

　　活动开始前，我简单介绍了《果蔬吧》中提供的材料：水果、蔬菜模型以及相应的价格牌、购买提示（如：5元钱可以买到哪些物品，或者是买2个苹果，应该给店老板多少钱）、购物篮、人民币、环保袋等。重点讲解了购买提示、人民币的用法以及《果蔬吧》人员的设置，可自由分配角色。

　　游戏才开始，孩子们就争抢着当店老板。这时，昊昊站出来对其余的3个小朋友说："我来分。"游戏中，老板只会对顾客说欢迎光临，顾客不能说清楚自己要买的水果、蔬菜的名字，看不懂价格。5分钟过去了，孩子们没有买到任何东西。我就对涵涵说："老板，我想买1个苹果和1个冬瓜，多少钱？"她看了看价格牌后对我说："1个苹果5元钱，1个冬瓜5元钱。"于是我给了两个 5 元。随后，他们模仿着我买到了想要的水果和蔬菜，但是，钱不是少付了，就是多给了。

通过这个案例，我发现孩子们很愿意进行角色扮演，在出现角色分配的分歧时，能有人站出来进行分配，但是也存在对材料名字的不熟悉，对商店购物的实际操作经验相对缺乏，不会使用人民币等问题，导致他们不知道该怎么完成购买。老师的及时介入给孩子们做了一个购物的示范，做了一个侧面的引导，渗透了知识经验和实际操作经验，促使孩子们能积极模仿成人的交易活动，大胆交流、表达，从中体会游戏的乐趣。

（案例来源：云南省昆明市官渡区和润幼儿园　韦向欣；指导者：云南省昆明市官渡区云溪小学　王豫韬）

教师在角色体验活动的设计中，重点关注幼儿的社会情感体验，通过实际操作，让幼儿体验到了语言沟通的重要性，这是一次紧扣社会生活的教学活动。

相对于教条式的、书本上的说教，应该让幼儿多亲身体验、直接参与类似的社会实践活动，有利于幼儿感受自己在社会中的角色，促进幼儿与社会的融合。

三、潜心问道与关注社会相统一

2018 年 11 月 8 日，教育部《幼儿园教师职业道德十项准则》明确提出，幼儿教师要"传播优秀文化""潜心培幼育人""规范保教行为"；《幼儿园教师违反职业道德行为处理办法》明确指出，"通过保教活动、论坛、讲座、信息网络及其他渠道发表、转发错误观点，或编造散布虚假信息、不良信息"，属于应予处理的教师违反职业道德行为。①

幼儿教师不仅要在教学知识点和教学方法等方面深入钻研、潜心问道，同时也要关注社会。既要关注社会时政时事，还要关注社会主流价值观。在教学中融入社会主流价值观，利用社会力量辅助教学，教给学生社会生活所需的知识和技能，做到个人价值与社会价值相统一。

---

① 易凌云.幼儿园教师专业理念与师德的定义、内容与生成[J].学前教育研究，2012(9)：3-11.

（一）将个人价值和社会价值相统一

《幼儿教师专业标准》中的幼儿教师专业发展主要包括对专业的理解和认识、对幼儿的态度和行为、幼儿教育的态度和行为、幼儿的个人修养和行为几个方面。其中，"终身学习"部分要求幼儿教师"学习先进学前教育理论，了解国内外学前教育改革与发展的经验和做法；优化知识结构，提高文化素养；具有终身学习与持续发展的意识和能力，做终身学习的典范"。①

（二）利用社会环境拓宽个人提升路径

社会环境可分为狭义环境和广义环境，狭义的社会环境是指组织生存和发展的特定环境，具体地说就是组织与各种公众的关系网络；广义的社会环境包括社会政治环境、经济环境、文化环境和心理环境，它们与组织的发展密切相关，组织开展公共关系活动，对于组织生存和发展的大小环境建设具有积极意义。② 这里的社会环境是指一般的环境。作为教师，应该紧跟时代步伐，积极运用社会主义制度的优势，在社会环境中提升自己。

爱心助成长，留守不孤单

留守儿童群体由于长期得不到父母的呵护和陪伴，这些孩子在学习、生活、心理等方面存在较多问题。

为切实关爱、关心留守儿童的心理健康，提高留守儿童的心理健康水平，消除留守儿童远离家长造成的孤寂、失落、焦虑等心理障碍和性格缺陷，让留守儿童更健康地成长，官渡区和平幼儿园党员教师队伍联合官渡区和平路社区共同开展"关爱留守儿童行动"。以健康成长为宗旨，以弥补感情缺失、提高道德素养为目标，以动员组织社会力量关爱留守儿童为途径，本着"动真情、想实招、办实事、求实效"的原则，以幼儿园牵头，整合社会资源，动员全社会共同关心和爱护留守儿童，进一步促进我园留守儿童健康成长。

为进一步促进社区联动，发挥幼儿园示范辐射作用，官渡区和平幼儿园党员教师来到和平路社区专为社区儿童开办的"儿童之家"开展活动。和平路社区的志愿者工作人员详细介绍开办"儿童之家"的意义及基本的活动内容。

①　幼儿园教师专业标准解读［M］.北京：北京师范大学出版社.
②　丹建广，张金凤.西方人格发展理论综述［J］.法制与社会，2009（4）：225-226.

社区"儿童之家"创办了图书室、舞蹈室、科学探索室，社区儿童可以在众多志愿者叔叔阿姨的帮助下，学习知识、开心舞蹈、探索科技知识，收获更多的关爱与教育，改变留守儿童孤独自卑的心理，让他们能够更好地融入社会环境中，帮助他们更好地健康成长。

幼儿松松进入幼儿园就读小班，父母长期出差，孩子基本上是由爷爷奶奶照顾长大。入园后，松松不善于与其他幼儿交往，自己的需求不会主动向教师表达，有时会尿湿衣裤，不会独立如厕。松松与同班小朋友的明显差异，来源于家庭教育和父母长期缺乏照顾的缺失。如何让孤独而显得怯懦的孩子变得自信活泼，和平幼党支部开展"关爱留守儿童行动"专项行动，为松松建立心理辅助个案，通过幼儿一日活动的集体游戏和随机教育对该幼儿进行心理干预。同时党员教师们在社区"儿童之家"中为幼儿组织了个别化的游戏活动，陪伴孩子阅读，和孩子共同建构游戏，逐渐引导幼儿走出孤儿的内心世界，融入愉快的集体生活中，变得自信而主动。

实例：幼儿心理辅导记录表

幼儿姓名	松松	年龄	3岁半
行为表现	1. 该幼儿时不时有厌学的情绪，入园时常哭闹 2. 近期不愿参加集体活动，在与人交往时不知道该如何表达自己的想法 3. 有孤僻的心理倾向，不愿与同伴交往		
心理问题来源分析	1. 隔代监护出现的过度保护，爷爷奶奶缺乏对幼儿生活自理能力的培养有时易迁就幼儿，不忍对其进行严格合理的监督和教育 2. 父母长期不陪伴幼儿，对幼儿不正确的教育和疼爱方式 3. 幼儿不会主动与人交往，导致其常常脱离于集体之外，有时会呆坐很长时间		
心理辅导内容途径	1. 从监护人和家长入手，使他们能形成正确的教育观，教给孩子正确对待困难的态度，使孩子形成良好的抗挫能力 2. 父母的教育关心要得法，要尽可能多回家来看望孩子或者经常打电话给孩子，多关心孩子的生活情况，经常对孩子说喜欢和鼓励的话语 3. 充分利用"关爱留守儿童行动"帮助该幼儿确立自信、自强的信念，使其能融入集体，体会与同伴交往的乐趣		
"儿童之家"心理辅导活动	1. 和平幼党员教师在"儿童之家"与幼儿分享阅读，在绘本故事中共读共说，阅读陪伴拉近与孩子的距离，激发幼儿的阅读兴趣，让幼儿爱上阅读，在阅读世界中感受阅读乐趣，以转变幼儿不善于表达的状态		

幼儿姓名	松松	年龄	3 岁半
	2. 党员教师们设计趣味十足的科学小游戏，通过玩科学小游戏，不断提问并引导幼儿动手操作，提高幼儿探究的自信心，激发幼儿敢于表达自己的想法 3. 邀请父母协同成长，与幼儿父母交流幼儿表现，引发幼儿父母对幼儿心理状态和行为习惯的重视，鼓励父母在相对空闲的时间到达"儿童之家"与幼儿共同游戏和阅读		
心理辅导效果	通过我园党员教师的高度关注与通力合作，幼儿逐渐爱上幼儿园，能积极参加幼儿园的各项活动，喜欢与同伴友好交往，愿意自己做力所能及的事情		

　　松松的明显转变，让和平幼党员教师们倍感欣慰。和平幼密切与社区联动，以"儿童之家"关爱活动为契机，将关注留守儿童变为常态化工作，把"关爱留守儿童行动"继续开展下去，增强自身的责任感和使命感，采取"多措施、多途径"的方式，构建政府、社会、学校、老师共同行动的模式，确保能对街道辖区内更多的"留守儿童"家庭进行关爱和关心，让留守儿童们能得到更好的教育、享受生活的幸福和快乐，健康地成长。

　　（案例来源：云南省昆明市官渡区和平幼儿园　高华园长；指导者：云南省昆明市官渡区云溪小学　王豫韬）

🚲 案例点评

　　幼儿园结合社区为留守儿童开展的关爱留守儿童行动，把园所和社会紧密相连，让教师和孩子的心贴得更近。对于留守儿童细心观察找出问题、通过专项行动建立心理辅导档案有针对性地进行心理干预、在游戏和活动中关爱孩子，来达到关爱留守儿童的任务。在帮助留守儿童的同时，也让教师得到了个人的成长和锻炼。

🚲 教育建议

　　社会环境中涵盖着很多有效的教育资源，可以充分利用社会资源为留守儿童成长助力，帮助他们了解社会、适应社会、建立自信，最终回馈社会。

混龄儿童社会交往职业体验游戏案例——"小医院看病"

为了丰富幼儿园小朋友的学习生活，学习社会生活技能，云南省昆明市和润幼儿园将社会角色体验活动融入幼儿园游戏中，根据"小医生"主题，开展了"小医院看病"主题游戏。

游戏主要是让幼儿进行角色扮演，孩子可以根据自己的喜好扮演医生、护士、病人或病人家长。孩子在游戏中愿意大胆与异龄幼儿交流，在丰富自己的角色语言的同时，了解医护职业，增强人际交往能力。

游戏时间到了，小烨到了小医院，当起了小医生。医院里来病人了，原来是娃娃家的宝宝生病了。"爸爸"琪琪和抱着宝宝的"妈妈"灿灿很着急地挤过来："医生医生，我们宝宝病了！"小烨一听，赶紧喊道："爸爸，你后退，妈妈把宝宝抱过来。来，放在这里，我先给宝宝检查检查。"一阵紧张安排后，他从药箱里拿出体温计，对准宝宝的额头量了量："哎呀，发烧了，得挂吊针才行啊！""妈妈"灿灿心疼地安慰着宝宝说："宝宝别害怕，打了针你的病就好了，妈妈陪着你呢！"小烨拿出盐水瓶打起来。好一会，才给宝宝挂好针水，小脸涨得通红。"妈妈"灿灿和"爸爸"琪琪很满意地笑了，连忙向小烨医生道谢。

这次活动采取的是大班幼儿带小班幼儿一起游戏的方式，让异龄儿童可以相互学习，增进交往。在活动过程中，我们也总结了一些教学心得：

1. 在开展职场体验游戏前，教师应该结合本次开展的主题，在班级以集中教学的方式，提前让幼儿明白怎么进行角色扮演，怎么沟通、交流，让游戏得以顺利进行。

2. 在游戏中，当孩子出现角色混乱时，教师应及时介入，发挥其作用，引导孩子理解应该如何扮演角色。

3. 当孩子遇到问题时，例如"小医生不会操作盐水瓶"，老师应该及时介入帮助，示范给幼儿看，让游戏得以顺利进行。

4. 发挥家长的特长，例如在本次活动中，我们就邀请了职业是医生的家长到幼儿园来亲身示范看病的过程，帮助幼儿弄清楚医生的具体工作内容。

5. 游戏做完后要进行适时的评价，老师可以和孩子回顾去医院看病的过程。可以和孩子们聊聊"娃娃为什么去医院？""医生是怎么看病的？""看完病后应该怎么办？""回到家里谁负责看护生病的宝宝？"在老师的引导下回忆总结，培养孩子的概括总结能力，加深印象，了解爸爸妈妈的工作分工，让孩子能够更好地了解社会、融入社会。

（案例来源：云南省昆明市官渡区和润幼儿园　汤蓉；指导者：云南省昆明市官渡区云溪小学　王豫韬）

《3—6岁混龄儿童的职业体验游戏促进幼儿社会交往能力的研究》取得了很好的研究效果。儿童通过角色扮演，可以更好地融入社会，在体验社会角色的过程中对医生这一职业有初步的认知。在教师潜移默化的引导中，幼儿的人际交往能力也得到了提升。

幼儿园可以采用角色扮演、角色模拟这样的方式来引导儿童进行社会体验，教师在活动中要不断思考和总结，改进活动设计，对教师的提高以及幼儿的成长都十分有利，同时也通过这样的角色体验做到潜心研究，把关注社会融入教学中。

（三）通过个人提升促进社会环境发展

幼儿教师既要依托社会环境提升个人能力，也要发挥自己的作用，影响周围力所能及的环境，以自己的成长带动家庭、子女、学生家长、园所的成长。

社会生活中的每个人都有其特定的地位和角色，具有社会学所称的"角色价值"。幼儿教师的角色不仅只是教师，还承担着多种角色，"学高为师，身正为范"，幼儿教师每天看似做着普通的工作，但却在为社会创造着更大的价值。

一、单选题

1. 潜心问道的途径有，加强幼儿教师_____素养。

  A. 身体   B. 职业道德

  C. 团队合作   D. 生活能力

2. 教师可以从自身发展和_____两个方面关注社会。

  A. 亲子关系   B. 心理疾病

  C. 教学工作   D. 身体健康

二、多选题

1. 幼儿教师关注社会的意义是什么？

  A. 通过关注社会培养洞察力   B. 通过关注社会提高逻辑思维能力

  C. 通过关注社会锻炼开放的思想   D. 通过关注社会指引学习生活方向

2. 幼儿教师应该关注社会哪些方面的内容？（   ）

  A. 关注思想政治的发展   B. 关注社会发展的趋势

  C. 关注幼儿教育的发展   D. 关注时代发展的潮流

三、判断题

1. 幼儿的爱国教育主要通过社会实践活动来培养。（　　）

2. 幼儿教师的个人价值不仅仅局限于幼儿园内，还可以把能量辐射到社会的各个角落，把温暖和力量送到各处。（　　）

四、简答题

幼儿教师应该怎样实现自我发展？

五、案例分析题

案例：某幼儿园注重对教师的培养，在日常教研工作中不仅开展教师师德师风的培训，还组织丰富多彩的教师技能大赛，以赛促研。除了校内学习培训，该园还经常组织教师进行外出活动，参观监狱、走进高铁集团、争当社会志愿者等。园所内一派积极向上的教学风气。

问题：该幼儿园是否符合"潜心问道与关注社会相统一"的教育原则？请分析。

1. 潜心问道：指用心地去研究，体现的是专注、静心、平和、笃志的精神品质。

2. 关注社会：关注社会有两方面内涵，一方面是指关注思想政治的发展，另一方面是指关注社会发展趋势、时代发展潮流、国际发展动态。

第三节　学术自由与学术规范相统一

学术自由是自由的一种实践形式，它是自由概念的具体化和实质化，其内涵会受具体情境因素影响而有所不同。学者从事学术活动所拥有的自由被称为学术自由。① 中华人民共和国公民有进行科学研究、文学艺术创作和其他文化活动的自由。国家对于从事教育、科学、技术、文学、艺术和其他文化事业的公民的有益于人民的创造性工作，给以鼓励和帮助。②

一、学术自由是学术发展的基础

（一）学术自由的特点

1. 规范性。

一方面，学术活动必须遵循法律规范。学术活动只有在法律规定的范围内进行，其

---

① 左志德．学术自由及其责任［M］．北京：中国社会科学出版社，2017.

② 中华人民共和国宪法［M］．北京：法律出版社，2018.

成果才会被大众认可，才会受到法律保护。另一方面，学术活动必须遵循伦理道德规范。教师伦理道德规范主要指教师职业道德以及社会普遍的道德准则，教师在进行学术活动时应尊重幼儿权益，以幼儿为主体，以促进幼儿的发展为根本目的。《中华人民共和国教师法》第二章第七条提到：教师享有下列权力：（1）进行教育教学活动，开展教育教学改革和实验；（2）从事科学研究、学术交流，参加专业的学术团体，在学术活动中充分发表意见。

学术自由是具有规范的自由，规范内的自由才是真正的自由，如果学术活动超越法律的规定和伦理道德的约束就必然会破坏法律秩序、损害幼儿合法权利，甚至危害幼儿健康成长。

2. 自发性。

学术自由还具有自发性的特点。这一特点使得幼儿教师可以在幼儿的生活、游戏和教学中开展学术研究。当教师面对各种现象或问题时，可以通过观察、记录、访谈等形式，自发性地去获得新发现、找到新规律，享受学术自由。

来自内蒙古鄂尔多斯市准格尔旗大路第二幼儿园的贾老师在平凡岗位上每次遇到挑战都能调整心态、迎难而上，以解决问题为首要目标，一次次成功地将"困难"转变为了研究的"资源"，嗅到了学术研究的芬芳。让我们来看看她的成长故事。

思考于细微之处，积累于点滴之间

中国一句古话："聚沙成塔、集腋成裘"，在学术研究中也适用。

记得有一届班级学生数超过50，两教两保。第一天入园，孩子们就哭成了泪人，老师们手忙脚乱，接园的时候每叫一个孩子的名字，几乎所有的孩子都答应。这一天下来紧绷着的神经就像经历过一场格斗。当天回到家稍事休息后，贾老师便仔细思索如何能更好地处理今天这样的情形。第二天孩子们陆续来园，贾老师便用一本笔记本将每个孩子的穿着标注在名字后面，和孩子们互动前我都先喊孩子的名字。几轮下来就熟悉了孩子们，也让孩子们有了安全感，接园非常顺利。第三天，孩子们就能做到全部安静地坐到自己的小椅子上吃饭、躺在自己的小床上休息了。这些日常工作情景的应对小妙招，贾老师都及时整理并撰写为论文，对这些"困难"的细微思考和整理让贾老师变得更加自信和从容。

（案例来源：内蒙古鄂尔多斯市准格尔旗大路第二幼儿园　贾璇；指导者：内蒙古鄂尔多斯市准格尔旗教体局　武萍）

案例点评

　　贾老师从平凡的岗位出发，为做好每一件事，自发地对工作中出现的情况和问题进行思考和研究，即使是疲惫了一天也要坚持。坚持的动力来源于她对教师工作的责任心，也来源于她研究出的经验和成果对其工作的正向反馈。如果能领悟到学术研究对工作的价值，那么相信会有更多的教师愿意自发地从工作的细微之处着手思考和研究。

教育建议

　　正如案例中贾老师所体现出来的研究精神，对于刚刚踏入幼儿教育这个行列的新教师而言，更需要学会自发地从教育工作中的细微之处思考，然后将一点一滴积累起来的经验，总结出的规律，转化为自己的学术成果。这样才能从看似重复的工作中发现研究的切入点，从而收获成长。

　　3. 自主性。

　　学术自由的自主性是指幼儿园园长或幼儿教师在遵循学术规则的前提下，根据兴趣和意愿，自主选择研究主题、研究对象和研究方式，或者自主组建学术团体开展学术活动。如在选择研究主题时，幼儿园及教师可以多角度、多层面进行：教育本质层面、教育组织层面、教育政策层面、教育内容、教育方法和教育手段层面、教育者（幼儿教师）层面、受教育者（幼儿）层面等。例如，云南省昆明市曙光幼儿园卢燕秋园长，通过将顶层的办园理念分解到课程与教学中，调动了教师们进行学术活动的积极性和自主性。在卢园长的带领下，教师们潜心钻研，整合各种经验，形成并出版了科研成果《幼儿良好社会交往专项训练指导手册》。

（案例来源：云南省昆明市官渡区曙光幼儿园　卢燕秋园长；指导者：云南省昆明市官渡区关上实验学校　丁励）

（二）学术发展的意义

　　发展是指事物由小到大、由简单到复杂、由低级到高级的变化，学术发展也是一个从简单到复杂、从低级到高级、从笼统到分化的过程。学前教育阶段的学术发展是一个创造性的过程，不仅是对学前教育理论知识的认识过程，也是一个运用理论，科学地改造幼儿园教育的实践过程。

1. 促进幼儿的身心和谐发展。

《幼儿园教育指导纲要（试行）》提出，幼儿教育应以人为本、以幼儿为主体，通过教育科研等学术活动，科学、理性地看待、对待幼儿，积累总结经验，解决教育问题，促进幼儿身心和谐发展。

2. 提升教师的专业化水平。

《幼儿园教师专业标准》[①]对幼儿教师进行了定义：幼儿教师是履行幼儿园教育教学工作职责的专业人员，需要经过严格的培养与培训，具有良好的职业道德，掌握系统的专业知识和专业技能。要求教师做到终身学习，具备专业素质。教师的专业化发展可以通过其在学术领域的发展体现，而学术活动的实践与探索必然会促进教师的专业化成长，因为学术活动有助于教师形成新的教育理念、积累专业理论知识、提高教学科研能力、提升个性修养、增强职业幸福感和责任感。

3. 提高幼儿园的教育质量

从教师的角度看，学术活动有助于教师成为学习型教师、反思型教师，甚至是研究型教师、专家型教师。从幼儿园的角度看，学术活动将个体的教师凝结为一个教师团体，形成良好的学术氛围，为构建优质的学术共同体，实现学术全人化奠定了基础。

 案 例 二

以科学教育促进幼儿园全面发展

昆明市官渡区康贝儿幼儿园是康贝儿幼教机构旗下一所省级示范园，自2006年开园以来就成立"以科学领域为契入促进幼儿园全面发展"的办园特色。以研究幼儿科学教育为契入点，从培养和提高学生科学素养的目的出发，通过课题研究，最终实现了促进学生、教师、幼儿园共同发展的目标。2016年申报区级科研课题"幼儿园科学教育实践研究"，获得结题优良奖。2018年参加昆明市教科院国家级课题"《指南》背景下幼儿国家园共育子课题实践研究"，获得优秀奖。

想让科学领域课程成为办园特色并非一日之功，为提升教师科学课程的教学技能和科学素养，园所倡导终生学习理念，让每位教师把读书和学习当作一种责任，一个持续的过程。另外，还分期分批组织教师到深圳、上海、成都、香港、中国台湾、新加坡、泰国等地幼儿园参观学习、考察，开阔教师视野。通过内强素质，外塑榜样，教师们领略到了科学素养对幼儿发展的重要性，于是纷纷积极、自愿、自发地投入幼儿园科学教育实践研究，园长刘谷芽更是以

---

① 中华人民共和国教育部.幼儿园教师专业标准[M].北京：北京师范大学出版社，2012.

身作则，14年来一直坚持带领全园教师每学期听评课50多次，有效地提高了全体教师的教育教学水平。

为营造科学教育的良好氛围，园所的每个班创设了种植观察角，定期开展小种植、观察、记录等科学活动。随着研究的深入，老师们还根据孩子们的知识水平和学习能力，将科学小活动划分了层次，形式从简单到复杂，内容也由单一领域过渡到多领域，对学生能力的要求也从单一到综合。经过几个学期的努力，学生的科学意识与科学探究能力明显得到发展，全园教师不仅更加深刻地认识和理解了教育理论知识，而且运用理论，科学地改造了幼儿园教育。

例如小班科学课"水宝宝的秘密"，段尚芬老师根据自己对幼儿的观察发现，水是幼儿生活过程中比较常见的并且经常接触的一种物质，餐前饭后老师都要求幼儿洗手。幼儿从小就非常喜欢玩水，一听到洗手就会非常兴奋，总是会洗很长时间。但是他们对水的特性却了解得非常少，也不懂得为什么要节约用水，如何节约用水。于是她依据《幼儿园教育指导纲要(试行)》中"幼儿能够通过运用各种感官，动手动脑，探究问题，通过研究讨论获得结果"的要求设计了一堂科学课"水宝宝的秘密"。教学中通过调动幼儿的各种感官，感知水的特性，让他们知道了水是无色、无味、会流动的。然后通过"水宝宝找好朋友"的活动，引导幼儿将提供的不同材料放进水中，了解了沉浮现象。幼儿在玩中轻松地掌握了知识，对水有了进一步的了解，而且他们通过本节活动知道了水对人们的重要性，不可以随便浪费水。

(案例来源：云南省昆明市官渡区康贝儿幼儿园 刘谷芽园长；指导者：云南省昆明市官渡区云溪小学 林义虹)

案例点评

康贝儿幼儿园在学术上所获得的成就不是偶然，而是抓住了教师这条生命线，规范办学，科学办学，以优质的师资队伍保障了办园的质量。

"水宝宝的秘密"这一课例的设计遵循了幼儿的年龄特点和学习规律，能让幼儿在操作中探索、在操作中提升原有经验。课例构想来源于教师对幼儿平日的观察，幼儿园给教师提供的学术平台成就了这么一堂好课，也给幼儿的素质发展提供了更广阔的空间。

教育建议

云南省昆明市官渡区康贝儿幼儿园"以科学领域为契入促进幼儿园全面发展"的办

园理念非常具有时代性，值得各幼儿园借鉴。想要提高幼儿园的教育质量，幼儿园的教学研究应紧扣国家教育事业的发展目标，与时俱进，具有时代性和前瞻性。

（三）学术自由是学术发展的基础

1. 国家发展的角度。

国家发展需要创新，学术自由为科技创新提供了可能性。学者在学术自由的保护下所获得的科研成果将作用于整个社会，发挥出理论价值和实践价值，推动整个国家学术的发展。

2. 幼儿园发展的角度。

一个园长只有充分地享有学术自由的权利，才能不断更新观念，带领园所获得学术发展；一个幼儿园只有营造学术自由发展的氛围，才能促进教师自发、自主地开展教育科研。

厚植"学术自由"土壤，培育"创新善研"团队

云南省昆明市官渡区南站幼儿园以"爱启智慧，润泽心灵"的办园理念，以发展和创新为动力，坚持"质量立园、科研兴园、人才强园"的思路，打造了一支"教育理念新、科研意识强、业务素质高、创新精神优"的师资队伍，不断提升保教质量，促进幼儿身心全面和谐发展；全面提升幼儿园教育教学的整体水平。

首先，推行优效管理，厚植"学术自由"土壤。园所从领导班子带头，凝心聚力、开拓创新、潜心学习，在学术方面起引领作用。搭建平台，拓展学习方式，采取走出去，请进来的方式，以多渠道、多层次、多方位的学习方法，抓好教师的国培、省培、市培、园培等师资培训，给教师提供了自由的学术研究空间和众多的学习锻炼机会，促进了园所教育科研的发展。

其次，提高园所管理效能，营造健康和自由的学术氛围。幼儿园坚持依法办园、依法治教，倡导学术规范。在管理过程中，以"精、新、实、正、诚"五字方针创新管理理念，使幼儿园管理"精益求精、开拓创新、脚踏实地、言行正直、以诚相待"，形成了积极健康的学术氛围。积极推行"以上率下 + 身心参与 + 榜样引领"的科研学术模式，以问题为导向，突出研究实践育人，围绕"我参与我成长"主题，让老师在教育教学的实践中，围绕教学实际问题，以微课、案例撰写、小课题、一般课题、重点课题等自选研究，在亲身实践中真切感受到"研究在于实践，成长在于专业"的幸福感和学术研究自由。从而使学术自由的土壤成为了教师专业成长的根基，促进了优秀教师团队的打造和提升。

最后，提升培养机制，引领教师专业成长。幼儿园根据《幼儿园教师专业标准》对教师专业能力的要求，制定自我发展规划，倡导"以人为本，共同发展"的理念，以名师引领、骨干带动、名师培养、团队发展为自培机制，形成了有效的分层培养机制，促进新教师内在学习力，不断学习精进，做到"一年入门、两年合格、三年成熟、五年骨干"，全面提升教师队伍专业的成长。幼儿园依托课题，积极深化课题研究，凸显幼儿园"阳光体育运动"健康教育的办园特色。优效的科研管理，从家园合力的构建探索研究到城市幼儿体育运动的健康安全，再到幼儿游戏化的体育教育实践，形成了"学校、家庭、社区"三位一体以健康教育为主线的一系列的课题深度研究，有效促进了幼儿园学术团队的专业化发展。2017年完成昆明市"十三五"一般课题"城市幼儿园开展安全教育的方法与途径研究"的研究，2018年完成昆明市国家学前教育改革发展试验区贯彻落实《指南》专项课题——家园共育方向的子课题"在家园共育中培养幼儿良好行为习惯的策略研究"的研究，2019年园所完成昆明市"十三五"规划课题"幼儿园大班户外建构游戏的指导策略研究"的研究，2021年完成"幼儿园大班户外体育活动游戏化的实践研究"。课题研究成果丰富，具有很好的推广应用价值，三个课题结题为优秀等级。除此之外，以市级课题"优化幼儿园晨间锻炼活动的实践研究"为创新突破口，把幼儿体操和户外体育锻炼作为健康领域课程的新载体，以幼儿园"快乐体操"开展为平台，采取精优和普及两种方式，不断深化园本课程体系，在现有健康领域课程模式中强化突出体育锻炼的内容拓展，结合各年龄段幼儿的动作发展水平，大胆创新，有机地把绸操、圈操、花操、绳操等器械操融入幼儿户外活动中，在其过程中有效推进了教师团队学术研究的创新思维的培育。

　　（案例来源：云南省昆明市官渡区南站幼儿园　王雪梅；指导者：云南省昆明市官渡区关上实验学校　丁励）

案例点评

　　案例中，云南省昆明市官渡区南站幼儿园自上而下落实学术自由的理念、丰富的科研形式，收获了丰富的科研成果，培育了学术自由的土壤，促进引领教师专业成长的有效培养机制落地生根，形成了积极、健康、创新的学术氛围，打造了一批优质的学术团队。学术自由是幼儿园学术发展的基础，没有学术自由，幼儿园专业化的成长便无从谈起。

在教师培养的道路上，幼儿园应重视开展形式多样的教育科研活动，给广大教师，特别是青年教师更多的表现、参与、展示才华与能力的空间，为他们的学术发展提供更多的机会。具体可以从以下几个方面入手：

①积极组织开展引领青年教师成长系列活动。

②推荐教师参加省市区级名师工作室，进行学习磨砺和提升。

③要求每一位青年教师结合自身发展需要制定近期和远期奋斗目标和个人规划。

④以传、帮、带师徒结对形式促进青年教师的快速成长；给青年教师订阅专业用书和幼教期刊，积极利用"互联网+学习"向青年教师推荐优秀书籍、文章学习阅读，充实理论知识，提升人文素养。

⑤要求每位教师撰写教育教学案例，进行教学反思。

⑥积极和青年教师开展谈心、访谈、教研活动，及时了解她们的所思所想，以及工作中的困惑，给予她们及时的排解、引导、关心，让她们获得归属感。

⑦让青年教师参与幼儿园的管理，选拔青年教师到分园的教研组长、年级组长、班长等管理岗位挂职锻炼，并听取她们合理化的意见和措施。给青年教师不断创造"走出去、请进来"的观摩进修学习机会和不断发展的机会等。

3. 教师个人发展的角度

首先，教师只有在学术自由的保护下才能自发、自主地进行学术活动，充分发挥其主观能动性，才能在学术规范的基础上自由地创造自己的学术价值、拓宽个人学术发展空间，从而更好地收获学术方面的发展。

其次，学术自由的思想影响着教师的个人发展观念，进而影响其学术发展。学术发展是教师专业化发展的终极方向。

最后，学术自由促进了幼儿教师关注社会和潜心问道相统一，从而促进其学术发展。学术自由是个人潜心问道的自由，同时也是关注社会、遵循学术自由规范性的表现。探索内在的需求与关注外在环境的变化发展正是学术自由规范性和自发、自主性的统一。

栉风沐雨教研路，砥砺前行谱华章

2016 年，云南省昆明市官渡区教师进修学校的肖瑛老师开始负责官渡区新入职幼儿教师的培训，她发现青年教师作为当前幼儿园的教学主力军，承担着大部分的教育任务，但由于她们教学经验少，教育理论尚待转化为教学行为，因而在集体教学组织的提问设计中常常出问题。因此，肖老师进行了市级小课题"优化幼儿园青年教师集中教育活动提问策略"的研究，在一年的课题研究过程中她发现新教师在教学中设计了许多提问，却常因为提问简单而无法引发幼儿深度学习，提问过于频繁却抓不住活动的重、难点，提问反馈缺乏教育敏感性等诸多问题。经过细致的分析和思考，肖老师发现这些问题的根源在于青年教师对幼儿的发展水平和原有知识经验缺乏分析意识，对教材内容分析解读不够透彻，对教学核心内容把握不准，以及对提问的方法策略不够熟悉等。

接下来，课题研究对这些问题的产生进行了深入的分析，并逐一提出了解决和优化策略：问题必须围绕教学中的关键设计；问题必须遵循幼儿的认知规律设计；有效提问，明确目的，适时、适度、适量；用多种方式回应幼儿。同时对幼儿园集体教学提问的基本类型及应注意的问题进行了梳理，收集整理了《幼儿园集中教育活动提问策略——提问分析对比教案集》并在培训中运用，使得更多的幼儿园青年教师受益。

在之后的观摩、竞赛中，肖老师又发现新教师的教学基本技能存在很大问题，所以 2020 年她又将新教师的教学基本技能培养作为主要研究方向。

（案例来源：云南省昆明市官渡区教师进修学校　肖瑛；指导者：云南省昆明市官渡区关上实验学校　丁励）

案例点评

云南昆明市官渡区教师进修学校的肖老师立足岗位职责，以问题为导向针对幼儿园新教师面临的问题，以课题研究思路为抓手，分析问题，寻找原因，提出对策，让青年教师受益的同时也形成了丰富的课题成果。整个研究过程符合学术规范的要求，也充分发挥了自我科研发展的自主性，体现了学术自由与学术规范辩证统一的关系。

教育建议

无论是一线教师还是教育科研工作者，立足自己的岗位都可以发现很多值得研究的问题，研究只是手段，借助科学的研究方法提高教师的教学效率、教学水平和个人能力才是目的。对于一线教师，可以多从学生层面、家校共育、教学手段和策略的优化等方面入手研究。对于教育科研工作者，可以多从教师层面、园所建设、家校社共育等方面入手研究。

二、学术规范是学术研究的基础

（一）学术规范

1. 学术规范的定义。

学术是将存在事物以及其规律变成系统的、专门、学科化的学问，从事与学术有关的活动叫学术活动。学术活动需要遵循学术规范，所谓学术规范，指根据学术发展的规律制定的有利于学术积累和创新的各种准则和要求，是在长期的学术活动中的经验总结和概括。①

幼儿学术规范是指托幼机构和教师根据幼儿身心发展特点和成长规律，在国家教育方针、政策法规的指导下，制定的有利于幼儿保育的学术积累和相关准则和要求，是托幼机构和幼儿教师在长期幼儿教育中进行学术和教研活动后总结出来的经验。如果把幼儿教师学术活动比喻为日常出行，幼儿教师学术规范就好比交通规则，需要每一位幼儿教育工作者遵守和执行。

2. 学术规范的内容。

2004 年 8 月 26 日，教育部正式发布《高等学校哲学社会科学研究学术规范（试行）》对科学研究的基本规范、学术引文规范、学术成果规范、学术评价规范和学术批评规范都做了明确要求。结合幼儿教师实际工作情况，此处重点强调基本规范、学术引文规范、学术成果规范三项。

学术活动都必须以推动社会主义发展、社会主义物质文明建设、精神文明建设为己任。学术活动者必须要有强烈的历史使命感和社会责任感，在学术过程中敢于创新学术，勇于创造先进文化，积极弘扬科学精神、人文精神与民族精神。《中华人民共和国著作权法》《中华人民共和国专利法》《中华人民共和国国家通用语言文字法》等相关法律、法规是从事学术活动的基本规范。幼儿教师在进行教育科研及学术活动时还要遵循《幼儿园教师专业标准》《新时代教师职业行为十项准则》等相关规范。

在学术活动中撰写论文等教育科研和学术成果时，需遵循学术引文规范。如需引用他人观点、资料、文档、研究数据等，无论引用内容是否公开发表过，也无论来源是纸质或电子版内容，均应对其进行详细注解。伪编、伪造、伪注或篡改文献和相关数据等，均属学术不端行为。严令禁止以任何方式抄袭、剽窃或侵犯吞占他人学术成果。对学术质量严格把关，对粗制滥造、低水平重复、片面追求数量等现象坚决抵制，这些都是幼儿教师应遵循的学术成果规范。

3. 学术规范的意义。

---

① 叶继元. 学术规范通论（第二版）［M］. 上海：华东师范大学出版社，2017.

（1）学术规范奠定了学术活动的基础。

幼儿教师的学术规范并非由某个教师或园长创立，也不是强加给教师们的苛刻要求。它是整个托幼机构和教师以及相关幼儿教育专家在把握规律之后达成的共识，展现了教师们在幼儿教育学术活动中的优秀理念，奠定了幼儿教育学术活动的思想基础和行为基础。

（2）学术规范保护了学术活动的成果。

《中华人民共和国著作权法》规定，个人学习、研究或者阅读欣赏，或因介绍、评论某作品、说明某问题，在作品中适当引用他人已经发表的作品时，可以不经作者许可也无需支付报酬，但必须详细注释作者姓名、作品名称、发表时间及发表地方等。在学术规范下，幼儿教师所进行的相关教育的学术活动成果也得到了保障，为教师心无旁骛开展教育学术活动创造了良好的学术环境。

4. 坚守学术诚信。

学术诚信是一种道德规范和科学精神，在学术活动中要实事求是，反对欺骗，杜绝抄袭、弄虚作假等现象。学术诚信是幼儿教师对幼儿人格品质塑造最为关键的一部分。

（二）学术研究

1. 学术研究的内涵。

学术研究是借助已有的理论、知识、经验，对科学问题的假设、分析、探讨和推出结论，其结果应该是力求符合事物客观规律的，是对未知科学问题的某种程度的揭示。学术研究通常从性质上分为描述型研究、解释型研究、应用型研究和预测型研究四类。描述型研究主要回答"是什么"的问题，解释型研究主要回答"为什么"的问题，应用型研究主要回答"怎么办"的问题，预测型研究主要回答"将怎样、会怎样"的问题。为了回答以上问题，通常会采用定性分析法、调查法、观察法、实验法、文献研究法、实证研究法、功能分析法等方法进行研究。

在研究的过程中，要求研究者不得带有个人好恶的偏见，不得主观臆造，必须切实从客观实际出发，探讨推论出相关结论，而该研究成果又将作为已有的文献资料被其他读者或研究者阅读。因此，学术研究的学术性往往会表现在研究的科学性、内容的专业性、读者的专业性几方面。

基于 PCK 理论提升幼儿园体育教学质量专题研训案例

美国教育心理学家舒尔曼提出的学科教学知识（英文简称 PCK）应用于早期教育让我国幼教界对幼儿教师的专业发展有了新的认识与思考。我们在研读舒尔曼的学科教学知识理论后认识到作为一名教师进行一个学科的教学时至少应该具备三个方面的知识：有关学科内容的知识、有关学习者的知识、有关教学过程的知识，且这三方面的知识在教学准备和教学实施过程中都必不可少。《幼儿园教师专业标准(试行)》(2012年版)中将幼儿发展知识、幼儿保育和教育知识、通识性知识作为幼儿教师必备的专业知识，其中在幼儿保育和教育知识中强调了幼儿园教师要掌握幼儿园各领域教育的学科特点与基本知识。《幼儿园教师专业标准(试行)解读》中也将舒尔曼的学科教学知识解读为"学科教学知识是学科知识、学科教学方法知识、学生知识和情境知识的特殊合金"。①由此可见学科教学知识的建构是教师个体专业发展中极其重要的必由之路。

为了贯彻落实《幼儿园教育指导纲要(试行)》《3—6岁儿童学习与发展指南》《幼儿园教师专业标准(试行)》精神，提高幼儿园体育教学质量，作为教研员我们进行了一个关于提升幼儿园教师体育教学能力的应用型研究，研究采用了文献研究法、定性分析法、调查法、观察法、实证研究法等方法。首先我们通过随机抽样法选取了区内部分园所进行实地调查，在调查中通过园所活动观察与师生访谈，然后依据舒尔曼PCK(学科教学知识)体系分析了本区幼儿园体育教学存在的问题。发现体育教学中的体育学科专业知识与体育学科教学专业技能薄弱是影响全区体育教学质量的主要问题，很多幼儿教师基本不掌握动作的基本要领，讲解示范凭经验极不专业，甚至错误频频。针对这一问题，研究进入第二步，提出增加教师体育专业知识的培训、搭建体育专业技能与教学技能竞赛、观摩研讨平台等有效解决幼儿园一线教师所面临的问题的假设。随后，教研员们制定了为期一个学年的专题研训计划。

研究进入实证阶段，按照计划，2019年4月特邀体育名师组织了"幼儿园体育活动组织"专题培训，5月组织了"官渡区幼儿园体育教学技能竞赛"，要求参赛教师只对基本动作进行示范与讲解。9月再次邀请体育专职教师进行"幼儿园体能基本动作规范练习"培训，进一步讲解与示范幼儿园体育教学基本动作的动作要领，并进行现场练习。由此激发了各公民办幼儿园研究体育学科知识的热情，纷纷就近到小学聘请专业体育教师对幼儿园体育老师进行动作要领的专业指导。老师们的动作示范讲解得到了基本规范，基本解决了"有关学习内容的知识——学科知识"的问题。

在专题培训后每月组织2~3所一级幼儿园进行体育教学公开观摩研讨活动，12所公办、民办幼儿园向全区幼儿园开放，每所幼儿园开放2个体育集体教学活动和1个户外体能活动，每次开放活动最后由教研员进行点评。在公开观摩研讨中我们看到了老师们动作讲解示范更加规范、教学技能得到了提

① 教育部教师工作司.幼儿园教师专业标准(试行)解读[M].北京：北京师范大学出版社，2013.

高，进一步解决了"有关学习者的知识与有关学习过程的知识——学科教学方法知识与学生知识与情境知识"的问题。

11月组织了"官渡区2019年幼儿园体育教学竞赛"，涌现出了一批动作讲解示范清晰规范、游戏材料设计新颖实用、活动设计巧妙的体育集体教学活动。12月组织了"官渡区2019年幼儿园体育教学竞赛展示暨颁奖总结会"，展示了4个优质体能教学活动，教研员进行了点评与竞赛总结，肯定了各园将体育教学知识的掌握与运用作为提升体育教学能力的成效。

经过近一年的努力，该研究进入了尾声，官渡区各公办、民办幼儿园对幼儿体能教学的重视程度和研究深度不断提升，研究成果不断在各园体能集体教学、户外体能游戏循环的内容和材料的丰富程度上以及幼儿园体能发展的各项优良指标上得以体现。昆明市儿保所2019年幼儿园全园体质优秀率50%以上及合格率超过平均值的幼儿园中，官渡区属幼儿园排名较往年明显提升。

（案例来源：云南省昆明市官渡区教师进修学校　付丽萍；指导者：云南省昆明市官渡区云溪小学　林义虹）

案例点评

此案例是一个应用型研究，作为教学一线的幼儿园及教研机构的研究多为应用型研究，作为教研员能站在学术研究的高度来思考与解决全区教研中发现的问题是难能可贵的。两位教研员能应用新的学术理论PCK理论分析与查找影响体育教学质量中的核心问题，通过调查法、观察法等方式发现了官渡区幼儿园体育教学中体育教师的体育学科知识薄弱、教学方法欠缺、幼儿对怎样学习体育了解不深入等问题，通过聘请专家讲座与培训集中解决学科教学知识方面的问题，通过举办教学竞赛、开展教学观摩研讨等途径解决教学实践智慧问题，形成了"集中理论培训——实践观摩研讨——竞赛与总结"的系列研训模式，以理论引领为指导、以观摩研讨为实践，引领与帮助老师们深入掌握体育学科教学知识、提升体育教学技能与能力，最终在幼儿体质发展上得到显著提升，初步有效地提升了官渡区幼儿园体育教学质量，也解决了面对幼儿园学科教学质量不佳该"怎么办"的问题。

研究过程中能使用学术研究的方法进行规范研究，较好地体现了应用新的学术成就解决教学实践中的问题的高效性与实效性。在整个研究过程中既体现了学术理论为教学实践研究的指导价值，又体现了作为基层教学研究能够以学术理论为依据的专业性与学术性，形成了研训一体研究模式。

幼儿教师要在教育实践中挖掘问题，解决问题，将学术研究落到"地上"。

①此案例是将PCK理论体系在幼儿园体育教学中的运用研究，我们也可以运用于其他学科领域之中。对于当前广大幼儿园要贯彻落实"幼儿园要以游戏为基本活动"的教改精神，我们倡导大量开展适宜幼儿发展的综合性和生活化的活动，但是作为当今的幼儿教师来说，掌握学科领域教学知识也是非常重要的，只有具备专业的学科教学知识，我们才能在综合性与生活化活动中及时发现教学契机、提供适宜的学习材料促进幼儿更有效地学习与发展，从而在教学方式转型过程中更有效地提高教学质量，这也是《幼儿园教师专业标准(试行)》对幼儿教师的要求。

②在应用型研究过程中应该注意收集和推广研究成果。在研究过程中形成的规范的动作要领讲解示范可以收集、整理成册，让更多的教师受益。

学术研究有很多类型，幼儿教师在日常教育教学中需要仔细观察和反思，抓住脑海中出现的"是什么？为什么？怎么办？如果这样做会怎么样？"等想法去作为学术研究的切入点。

2. 学术研究的意义

学术研究具有重要意义，从微观角度来说，学术研究能提升研究者的教科研能力，获得专业提升；从中观角度来说，学术研究能丰富相关学科的理论知识，亦能通过实践进一步验证现有理论知识；从宏观角度来说，学术研究能促进国家政治、经济、文化、教育、科技、医疗等方面的发展，例如通过描述型和解释型研究我们能理解历史，通过应用型研究我们能研制疫苗攻关病毒，通过预测型研究我们能规划未来，因此学术研究对社会进步有重要意义。总而言之，将学术研究落实到幼儿教师日常工作中，可以发现学术研究需要科学理论的指导，而科学理论则来源于一次又一次学术研究的积累和沉淀。教师从事教育教研乃至学术研究活动，形成学术成果，该成果促进了幼儿教育理论体系的完善和发展，让其他托幼机构在相关方面教育实践时获得有效指导，最终幼儿教育获得整体提升。

科学发展　润育童性

习近平总书记在全国生态环境保护大会上强调："坚决打好污染防治攻坚战，推动生态文明建设迈上新台阶。"随着社会的发展，大众对生态环境越发重视，云南省昆明市官渡区曙光幼儿园围绕"生态环境教育"开展实践研究，并将其列为该幼儿园教育的重要组成部分。幼儿通过动手实践和亲身体验，将所学到的知识经验内化为自身的行为习惯，初步建立"保护环境，人人有责"的情感态度。曙光幼儿园卢园长说："我们幼儿园开展的生态环境教育，强调让全体师幼以一种生态的眼光、态度、原理和方法来观察、思考、理解、解释日常幼儿教育中复杂的问题，以生态的方式来开展教育实践，最终使幼儿在自然、社会、心理三个方面达到和谐统一。"在卢园长的带领下，全体教师积极参与研究，不断创新，通过"废旧物品改造循环利用活动""瓜果农庄实践活动""环保节日亲子活动""自然体验活动"等丰富多样的实践活动对幼儿进行"生态环境教育"，形成了《环保天使在行动——幼儿园生态环境教育实践活动》等研究成果。对幼儿教师而言，在这次研究实践过程中，幼儿教师从最初的茫然、无从下手，到学会查阅资料，设计研究活动，通过与园所的教师们共同探讨等途径，最终撰写成论文或结题报告。这一研究提升了她们在一线教学中关于生态环境教育的实践能力，也加深了她们对生态保护等理论知识的理解，体现了学术研究的个人价值；对园所而言，通过研究形成了以"生态环境教育"为主的特色教育，将曙光幼儿园打造成云南省一级一等幼儿园、云南省现代教育示范幼儿园、国际生态绿旗学校、云南省绿色学校；对整个幼儿教育而言，丰富了幼儿教育的理论知识，促进了幼儿观察能力和动手能力的发展，激发了幼儿的责任意识以及对大自然的关注；对国家而言，符合"十四五"规划绿色发展理念，贯彻了十九大报告中"美丽中国"的生态文明建设目标；对社会而言，通过小手拉大手，达到1+1>2的效果。随着生态环境教育课程重要性的凸显，家长的参与度不断提高，课程迁移到各个家庭，促进了家园一体化的发展，使更多人认识到保护环境是每一个人的责任和义务。

（案例来源：云南省昆明市官渡区曙光幼儿园　卢秋燕　肖晴；指导者：云南省昆明市官渡区金马中心学校　陈国灿）

案 例 点 评

　　云南省昆明市官渡区曙光幼儿园围绕社会背景，结合时代需求开展了关于生态环境教育的研究，这一项研究形成了《环保天使在行动——幼儿园生态环境教育实践活动》等研究成果，丰富了幼儿教育在生态环境教育方面的理论知识，对其他园所开展该类教育也具有现实指导作用，从不同角度充分体现了学术研究的意义。

园所或一线教师在开展学术研究时需要注意研究过程中的资料收集和整理，一方面为形成研究成果做积累，另一方面，有助于促进研究人员对整个研究过程的反思。而研究成果的形成和对研究过程的反思能帮助教师们进一步体会学术研究的意义，从而提升幼儿教师们在学术研究中的自我效能感，增加学术研究的动力。

在学术研究实践过程中，幼儿教师从最初的茫然、无从下手，到学会查阅资料，设计研究活动，到园所教师们共同探讨，最终撰写论文或结题报告，参加论证会等，幼儿教师的教学科研能力得到巨大提升。

三、学术自由与学术规范相统一

(一)学术自由应以学术规范为前提

由于知识在社会、国家发展中起重要作用，所以学术实践活动不只是个人的自由问题，而应是道德问题、伦理问题、政治问题。

学术规范是学术自由的前提，一方面社会政治、经济、文化过多限制和干扰学术自由，会不利于知识的创造和传播，影响国家的发展速度和质量。另一方面，无限度的自由会导致拜金主义学者的私利之心，危及他人、社会、国家，甚至是人类的利益，所以，学术既要自由又要有所限制。《新时代幼儿园教师职业行为十项准则》中提道：幼儿教师要"坚定政治方向、自觉爱国守法、遵循幼教规律、秉持公平诚信、坚守廉洁自律和规范保教行为"。这些既是幼儿教师开展日常工作的规范和前提，也是开展学术工作的规范和前提。

学术自由保证了个人学术活动探索的自由权利，而任何自由都是有限度的，这样的限度更大程度上是属于道德层面的约束。所以，学术规范是学术自由的道德保障，幼儿教师应在学术规范的前提下、在法律规定的基础上，将社会道德伦理约束内化为自身发展需要，充分享受和发挥学术自由，促进园所自主创新和特色发展，实现个人专业发展和学术成就。

符合学术规范的学术研究活动一定是能促进幼儿发展的，在《幼儿园教师专业标准(试行)》"专业能力"部分指出：教师要"引导幼儿在游戏活动中获得身体、认知、语言和社会性等多方面的发展"。当幼儿教师以学术规范为前提，充分自由地开展学术研究，通过个人专业能力的提升促进幼儿全面发展时，就体现出了幼儿教师最高的伦理与道德。

(二)学术成就需要学术规范来评定

2016 年 12 月习近平总书记在全国高校思想政治工作会议上指出：学术活动的健康

发展离不开学术规范，社会进步与发展离不开理论创新，学术自由为理论创新提供了前提和保障，为学术研究提供了方向盘和路线图。学术自由需要学术规范的约束，学术成就需要学术规范的评定，缺少了学术规范，不仅会出现学术混乱，而且会影响到国家的稳定和发展。

综上，学术规范是国家弘扬科学精神、维护知识产权的重要举措，也应是幼儿教师学术发展的道德品质。学术自由是建设创新型国家的发展需要，也是幼儿教师职业发展的需求。学术规范与学术自由辩证统一，相互促进。

 练 习 题

一、单选题

1. 学术研究以( )为前提，揭示日常幼儿教育活动中的现象和问题。

    A. 幼儿身心发展规律   B. 教师心理健康

    C. 园所学术研究氛围   D. 国家相关政策支持

2. 学前教育阶段倡导学术发展的意义包括( )

    A. 增加收入

    B. 获得职位晋升

    C. 促进幼儿的身心和谐发展和提升教师科研能力

    D. 应付上级部门检查

二、多选题

1. 本书重点论述的幼儿教师学术规范的内容包括( )

    A. 学术引文规范   B. 学术评价规范

    C. 学术成果规范   D. 学术批评规范

    E. 基本规范

2. 学术自由的特点有( )

    A. 自主性   B. 自发性

    C. 理论性   D. 规范性

三、判断题

1. 学术研究需要在学术规范的基础上才能开展。( )

2. 只有挣脱学术规范的约束，教师才能得到最好的学术发展。( )

四、案例分析题

案例：某幼儿园教师为了做幼儿不良行为习惯研究，对班上小朋友的不良行为进行了日常观察和拍摄记录，并将视频发布到公共网络平台上，任网友进行评论。

问题：请评价和分析案例中的教师，其行为是否符合学术自由和学术规范相统一。

 **本 节 概 念**

1. 学术规范：幼儿学术规范是指托幼机构和教师根据幼儿身心发展特点和成长规律，在国家教育方针政策和相关法律法规的前提下，制定的有利于学前教育学术积累和创新的相关准则和要求，是托幼机构和幼儿教师在长期幼儿教育中进行学术和教研活动后总结出来的经验。

2. 学术研究：幼儿教育学术研究是借助已有的理论、知识、经验对幼儿教育问题进行假设、分析、探讨，最终推出结论。该结论应该是力求符合幼儿身心发展规律的，是对未解决问题的某种程度的揭示。

3. 学术自由：从学者的角度，学者从事学术活动所拥有的自由就是如今我们所称的学术自由。

第五章　情　操　篇

学习目标：

1. 能够理解城乡援助、结对帮扶，交流互通、研培成长的意义和作用，学习了解基本的实施路径。
2. 热爱幼儿，尊重幼儿，平等对待幼儿，建立诚实互信的师幼关系。
3. 了解并能规范践行其角色承担的社会责任。

学习重点：

1. 能够掌握城乡援助、结对帮扶、交流互通、研培成长的基本实施路径，并能拓展思维，结合实际实施把握。
2. 能够明白"爱"的意义，能在工作中热爱幼儿、尊重幼儿。
3. 能够遵守国家法律，具备教师职业道德和伦理。

学习难点：

1. 运用所学，结合实际情况，探寻有效的城乡援助，结队帮扶、交流互通、研培成长的方法。
2. 能够了解幼儿、信任幼儿，对待幼儿言行一致，诚实守信。

第一节　仁义情：有难伸手帮

在中国传统文化中，"仁"和"义"位于五常之首。仁义是儒家的重要伦理范畴，本意为仁爱正义。仁者，"人二"也，指在与另一个人相处时，能做到融洽和谐；仁者，凡事不能光想着自己，多设身处地为别人着想，即为仁。儒家重仁，仁者，爱人也。简而言之，能爱人即为仁。义者，人字出头加一点，在别人有难时出手出头，帮人一把，即为义。

一、解读"仁义情"

（一）仁义的由来

《礼记·曲礼上》云："道德仁义，非礼不成。"《告子上》："仁，人之安宅也；义，人之正路也"，"仁"是人的思想道德，"义"是将"仁"付诸实践的行动。这是孟子对仁义的理解。行为处事要怀着仁爱之心，做符合道义的事，这是作为一个有德之人的要求，具备了"居仁由义"的思想才能成为有高尚品德的人。汉儒董仲舒将"仁义"作为传统道德的最高准则。宋代以后，由于理学家的阐发、推崇，"仁义"成为传统道德的别名，常与"道德"并称为"仁义道德"，与"礼、智、信"合称为"五常"。"五常"贯穿于中华伦理的发展中，是中国价值体系中的核心因素，仁义是对人的道德情操的最高评价。

人们常说"医者仁心"，而对于心灵"医者"的教师而言，更要怀有仁义之心。

（二）有难伸手帮

中国人自古讲究仁义，看到别人有难，必要伸手相帮。中国由农耕社会发展并传承而来的传统文化，讲究人与人之间的相扶、相帮、相助。农耕社会，人们在相对固定的地域中生存、生活，农耕的成果是人们生存、生活的重要保障。以家庭、家族为基本的社会分子，逐步形成了村落或更大的群体规模，这又成为了"基本保障"的重要条件。在这种情形下，人与人之间、家庭与家庭之间、地域与地域之间的相互帮扶逐渐形成，"仁义"随着文明的进步而产生。

站在宏观角度看世界，国与国之间就像一个个超级大家族，生活在同一个地球村，理应秉持相扶、相帮、相助的人文思想，这一中华传统美德是当今中国提出的"人类命运共同体"的源头活水。他人有难，出手相帮，中华人民共和国成立后七十多年来，中国对发展中国家无数次伸出援助之手，援建工厂、铁路、桥梁、教育、医疗……促进了他国的经济发展与文明进步，更奠定了中国在世界上的大国地位。

（三）教育帮扶

中国特色社会主义发展到今天，还要进一步朝着更加美好的未来进发。近几年，中国实施了大规模的"精准扶贫"计划，2020年国家范围内已实现全面脱贫。

在我国广大农村或偏远地区，教育发展还不均衡，极大阻碍了地区发展的进程，人才培养成为了改变家庭生活和地区进步与发展的首要问题。教育帮扶、教育扶贫受到国家高度重视。教育帮扶不是近几年的新事物，许多热心于教育公益事业的人士来到偏远地区或少数民族地区等相对落后地区进行长期或短期、定期或不定期的教育帮扶，有支教形式，有捐资助学形式等，为当地百姓带来了希望和福祉。

二、城乡援助结对帮扶

教育是百姓的头等大事，中华文明之所以能够五千年薪火相传，就是因为中华民族世世代代尊师重教，爱学习、善学习，为人师者，诲人不倦，广泛传播知识文化。春秋时期儒家学派的代表孔子，游历各诸侯国，传道解惑，东至齐、西抵周、北达河水、南到淮河以北，采用"有教无类""因材施教""教学相长"等教学方式，影响和教化了一批贤人志士。其他学派代表人物的弟子们也在各诸侯国传道解惑，影响范围十分广泛。这种大规模、成体系的跨地域的传播在同时期的世界文明史上也是唯一的。① 这应该是中国最早期的"教育援助与帮扶"，可见：教育援助与帮扶在中国有着源远流长的历史根基。

随着时代的进步，人们对教育的期待越来越高，不仅对教育的质量具有高期待，而且对教育的公平程度要求更高。特别是现阶段中国社会政治、经济、文化迅速发展，人民对美好生活的期待更为丰富，对子女的教育期待达到了前所未有的高度。

中国地域广博，人口众多，各地区教育发展不均衡。国家整体的进步与发展应体现在每一个地区的均衡发展基础上，而教育是促进均衡发展、共同发展、长久发展的国之大计。如何实现教育公平、地区均衡发展？不同区域教育部门、机构的援助与帮扶成为是行之有效的策略之一。

（一）城乡援助、结对帮扶的重要意义

1. 促进教育公平。

教育公平是社会公平的基础，基础教育的公平又是教育公平的基础。2013 年 9 月，习近平总书记在联合国"教育第一"全球倡议行动一周年纪念活动中向世人宣告，努力让 13 亿人民享受更好、更公平的教育。

2016 年 9 月 9 日，习近平总书记到北京市八一学校看望慰问师生时指出："教育公平是社会公平的重要基础，要不断促进教育发展成果更多更公平惠及全体人民，以教育公平促进社会公平正义。"习总书记在 2018 年 9 月 10 日全国教育大会上的重要讲话中指出，坚持把优先发展教育事业作为推动党和国家各项事业发展的重要先手棋。2021 年习总书记在全国教育大会上提出："全面振兴乡村教育，要巩固拓展教育脱贫攻坚成果……保持主要帮扶政策总体稳定和工作平稳过渡。"由此可见，城乡援助、结对帮扶对实现教育公平具有重要意义。

2. 促进乡村教育质量的提升。

由于城市经济、文化发展水平较好，学前教育的师资水平、物质基础、办园环境、教育教学质量相比村镇有明显优势。高质量地区向相对落后、薄弱的乡村教育提供帮扶支持，能够比较快速、稳健地促进乡村教育质量在某一方面或整体上的改善与提升，不仅惠及孩子、家庭，更能够惠及地区整体教育质量的提升，促进地区社会、经济、文化的进步与发展。

3. 促进城市自身教育水平的发展。

《礼记·学记》："是故学然后知不足，教然后知困。知不足然后能自反也，知困然后能自强也。故曰教学相长也。"教师是需要终身学习的职业，在对他人进行结对帮扶过程中，为了确保帮扶效果，帮扶者不但需要在道德、伦理、知识、技能、理论、实践等方面做充足准备，而且也要在交流、沟通基础上，根据实际需求反复调整帮扶策略。这一过程既是帮助他人的过程，更是实现自我学习、充实、提升与进步的过程，正是"教学相长"的体现。而一个团队对另一个团队的帮扶、一个地区对另一个地区的帮扶，

---

① 蒋海. 重塑中国人文秩序［M］. 北京：人民出版社，2018.

成长的则是整个团队和地区，也由此实现了大概念下的"教学相长"。

（二）城乡援助、结队帮扶的政策支持

1. 国家层面的政策要求与支持。

（1）2018年11月7日发布的《中共中央国务院关于学前教育深化改革规范发展的若干意见》中提出："公办园资源不足的城镇地区，新建、改扩建一批公办园。大力发展农村学前教育，每个乡镇原则上至少办好一所公办中心园，大村独立建园或设分园，小村联合办园，人口分散地区根据实际情况可举办流动幼儿园、季节班等，配备专职巡回指导教师，完善县乡村三级学前教育公共服务网络。"

大规模新建园的开办，使得幼儿园数量、教师数量大幅增加。但师资质量、办园质量不是一朝一夕能够跨越式发展的，方方面面的质量亟待提升。近年来，国家对学前教育实施的城乡援助、结对帮扶，以点带面地促进了乡镇、村办等园所办园质量的提升，各地均在积极践行、贯彻实施。

（2）为深入贯彻中央扶贫开发工作会议精神，全面落实《中共中央国务院关于打赢脱贫攻坚战的决定》，完成教育脱贫重要任务，阻断贫困代际传递，教育部、国家发展和改革委员会、民政部、财政部、人力资源社会保障部、国务院扶贫办于2016年12月制定了《教育脱贫攻坚"十三五"规划》，提出"实施教育扶贫结对帮扶行动。在县域内实施城区优质幼儿园对口帮扶乡镇中心幼儿园"。"集聚教育脱贫力量，激发贫困地区内生动力，引导贫困地区处理好国家、社会帮扶和自身努力的关系，引导贫困群众树立宁愿苦干、不愿苦熬的观念，发扬自力更生、艰苦奋斗、勤劳致富精神，注重扶贫先扶智，不断增强贫困地区造血功能和贫困群众自我发展能力。"

2. 地方政府政策理解与落实。

国家的教育帮扶政策最终要靠各级地方政府实现"落地"。针对国家政策，各地方政府、教育主管部门积极行动，深入领会政策精神，积极进行实践探索，形成了良好的城乡援助、结对帮扶局面。各地区纷纷转变观念，强化制度建设，让结对帮扶工作常态化；结对园所之间注重匹配性，创新结对帮扶的主题形式；重视公办性质幼儿园与企事业单位、教委之间的合作，解决师资、管理等问题；强化结对帮扶活动考核评价的针对性和长效性，激励园所参与积极性。

城乡援助、结队帮扶工作任重道远，需要各级政府和职能部门承担援助、帮扶工作的一方，切实履行职责，扎实践行援助、帮扶计划，实现援助、帮扶目标。

（三）城乡援助，结对帮扶的实施路径

1. 帮扶的合作模式。

实现教育公平，仅有财政扶助是不够的，人的素养提升是关键。在把先进省市学前教育理念、办园经验方法等帮扶到相对落后地区的合作模式上，根据各地区实际会有不同，主要模式有以下几种。

（1）跨省市结队帮扶合作模式。

跨省市结队帮扶解决的不是某个园所的质量提升问题，而是整个区域内的园所办园质量普遍提升、区域内整体学前教育质量提升的问题。

跨省市城乡援助，结对帮扶

——以北京市昌平区与外省贫困地区教育帮扶为例

一、走出去——派支教老师

北京市昌平区响应国家政策，一直坚持向西藏、新疆、内蒙古等地区外派支教老师，援藏、援疆、援蒙工作已成为长期坚持的重点工作。在政策上给予援藏、援疆、援蒙教师大力的财政支持，在职称晋级等方面给予政策倾斜，极大鼓励了教师参与教育帮扶的积极性。参加援藏、援疆、援蒙的教师期限有长有短，几个月、一年、两年、三年等。除长期的帮扶外，还会定期外派帮扶教师队伍做短期的培训指导。

二、请进来——开放教育资源

北京市昌平区委区政府、区教委一直用开放与包容的心态，广泛接纳需要教育帮扶的各地园所、教师走进昌平实地学习。如：为河北省尚义县的新教师提供为期一个月的培训、跟岗、参观等学习；为河南省民办园园长开办为期半个月的学习班，理论加实践跟岗，全方位引导，了解政策法规，依法依规办园，提高业务实践能力等。

走出去、请进来的帮扶模式，使被帮扶对象获得了教师队伍素质和园所办园质量提升等多重发展，帮扶的一方为更好地提供帮扶，也促使自身在学习实践中成长，同时，也促进了各地方政府之间广泛而友好的往来。

（案例来源：北京市昌平区教师进修学校学前教研室 巩月英；校长：李金亮）

案例点评

跨省市结队帮扶合作模式主要有"走出去""请进来"两条路径。虽然跨省帮扶相对同一地区的帮扶有难度，但北京市昌平区在多年实践中探索出了一套帮扶计划，包括帮扶政策、帮扶年限、学习内容、学习形式和交流互动频次等，形成了帮扶文件，具有极强的借鉴价值。

教育建议

第一，根据不同地区、不同年限、时长的帮扶策略加以归纳、提炼，形成本地区独具特色的各地"帮扶文化"。

第二，在帮扶模式、方法上，要针对不同层次教师、园所，进行个性化帮扶。

第三，对某地区、园所的帮扶要持续进行，"扶上马，送一程"，使帮扶成果稳定、持续。

（2）区域内结队帮扶合作模式。

区域内结队帮扶是常见又便捷的城乡援助、结队帮扶形式。因属同一地区，时间、空间方面比较便利。区域内结队帮扶合作通常有以下几种模式。

其一，"一园对一园"合作模式。

城市高级别幼儿园拉手乡镇新建园、村办园或低级别园，以教育部门帮助牵线搭桥为主，也有个别城乡园所的自主联络。但前者因属于系统内部行为，所以有明确规定与要求，更有时间、空间、质量上的保障；后者虽然没有政策保障，但由于是主动求助城市高级别园所帮助（如：村办园、民办园、新建园主动请一级一类园、示范园对本园提供支持帮助），也能促使教师和园所成长。

"回天三年行动计划"让自己眼界开阔了、 能力提升了

为落实《优化提升回龙观天通苑地区公共服务和基础设施三年行动计划（2018—2020）》文件相关要求，进一步优化北京回龙观地区、天通苑地区教育资源配置，促进昌平回天地区教育均衡发展，经北京市教委牵头，华北电力大学回龙观幼儿园与北京市第一幼儿园建立了手拉手关系，启动了"回天三年行动计划"。

回龙观幼儿园的张静老师说，她在日常教育教学中遇到很多问题，让她非常迷茫，但自从参加了"回天三年行动计划"后，每当她遇到问题时，她就会发给师傅，师傅都不厌其烦地在理论方面给她建议，向她推荐优秀书籍，还帮她修改教学设计，做出重点标记，她认真阅读并运用到实践中。在师傅的指导下，她撰写的论文《浅谈幼儿园生命科学活动的设计与指导》，获得北京市首届"教师专业能力"教育教学研究成果一等奖。在手拉手过程中，张静老师说："自己眼界开阔了，师傅指导的宝贵经验都能运用在自己的日常工作中。"

（案例来源：华北电力大学回龙观幼儿园　张静；园长：张彦玲；指导者：北京市昌平区教师进修学校　陶鑫萌）

 **案 例 点 评**

该案例展现了"一园对一园"合作模式。为落实《优化提升回龙观天通苑地区公共服务和基础设施三年行动计划(2018—2020)》要求，进一步优化北京回龙观及天通苑地区教育资源配置，促进昌平回天地区教育均衡发展，经北京市教委牵头，华北电力大学回龙观幼儿园与北京市第一幼儿园建立了"手拉手"关系。北京市第一幼儿园建于1949年，始终与首都学前教育的发展同频共振。七十年发展历程，一幼奠定了深厚的历史文化和优良的教育传统底蕴，形成了具有特色的育师、育幼文化。"十三五"期间，帮扶辐射交流50余次，市级优质园带领区级园所共成长。

教 育 建 议

第一，以点带面。接受帮扶的教师在获得提升的同时，要注重反思和积累，并将收获的经验归纳整理，向身边教师辐射，带动身边教师共同成长。

第二，扩充"受益面"。注重对团队的整体帮扶，幼儿园要扩大"点"的选择，把一位教师接受帮扶，扩大到一个团队接受帮扶，甚至包括不同层次的干部也要参与接受帮扶，最终带动和促进幼儿园整体进步。

其二，"一园对多园"合作模式。

在上级部门统筹协调下，按各园所处地理位置或薄弱项目进行科学的结队分配，由一所城市高级别园所帮扶多所乡镇园或村办园，以提供帮扶的一方为牵头人，具体制定帮扶计划、定期实施帮扶策略等。在帮扶过程中，既有共性的培训、指导、跟岗等方式，也有个性化帮扶方式。

案 例 三

一园带五园，交流共成长

湖北省天门市学前教育片区一组的竟陵中心幼儿园是一所全日制公办市级示范园，环境优美，净化、美化、儿童化浑然一体。本次活动为：邀请天门市幼儿园、天门市黄潭中心幼儿园、天门市外国语幼儿园、天门市开发区幼儿园、天门市张港中心幼儿园五位幼儿园的教师，来园观摩研讨。

五位幼儿园的教师参观竟陵中心幼儿园园舍、本土特色区、早操游戏"口香糖连哪里"、集体教学活动。集体教学活动包括中班的音乐活动"小青蛙"和小班的语言活动"藏在哪里"，两位新教师声情并茂的精彩展示，紧紧抓住了参观老师的眼球。

教研活动后，参与学习的老师纷纷表示："此次教研活动，不仅是视觉的盛宴，更是场'脑震荡'，激发了自己的思维，听到新教师的磨课说课，听到教研员的精彩点评，深刻感受到：自己要想化蛹成蝶，必须参与更多学习，必须得到更多指导，必须提高自己的专业能力，珍惜每一次研讨机会，学习更多的教育智慧，提高自己的职业道德与伦理水平！"

　　（案例来源：湖北省天门市竟陵中心幼儿园　韩娟；园长：刘志红；指导者：湖北省天门市教师进修学校　刘秋香）

案例点评

　　集体教学活动的设计、组织与实施是教师重要的基本功，也是新教师亟待提升的能力。湖北省天门市竟陵中心幼儿园"一园带五园"，在这次结对帮扶活动中，通过共同参观环境、观摩集体教学活动、听取新教师的磨课说课、教研员的精彩点评，使被帮扶园所教师对如何设计、组织、实施集体教学有了更深入的认识。同时，认识到了学习的重要性。本次活动，问题高度聚焦，非常具有实效性。

教育建议

　　第一，"趁热打铁"，学以致用。针对观摩课的优势和不足再次开展深入研磨，将这两节集体教学活动打磨成"精品课""优质课"，为新教师提供一个有效的集体教学活动设计的"模板"，并在不同园所实践的过程中，积累更多有效经验。其目的旨在规范集体教学活动设计的撰写模式、明确目标制定的原则、积累组织实施的有效策略，提升新教师的自信心。

　　第二，在结对帮扶的过程中，通过调研方式，多了解对方园所的切实需求，帮助其找到亟待解决或梳理的问题，共同分析、判断、制定可行的结对帮扶方案，使帮扶更具针对性。

　　第三，在结对帮扶过程中，不仅要引领被帮扶园所"走进来"接受帮扶，更要结合被帮扶园所的切实需求"走出去"，走到他们的园所中，实地考察、了解，使得帮扶更具实效性。

　　其三，"多园协作互联"合作模式。

　　援助、帮扶不只是发生在发展优质与薄弱的园所、地域之间，同等水平的园所或地域彼此会形成"多园协作互联"合作模式，这与上级主管部门没有直接关联，多为园所之间的互助行为。比如，一些一级一类园之间、市级示范园之间形成了姐妹园，园所在办园思想理念、教育观、儿童观等方面具有高度共识，彼此互通有无、自主结队、协同发展，形成了良好的互助互帮团体，在教师培养、队伍建设、园所整体发展等方面共同发展。

2. 帮扶的项目内容。

城乡援助、结队帮扶的项目内容涵盖教师队伍建设、业务能力提升、园所及保教工作管理、教科研工作、卫生保健、后勤工作等。具体需要在哪一方面提供帮扶，需要由被帮扶一方提出帮扶意向。

具体到帮扶实践当中，对项目内容的帮扶广度、深度、力度也是由具体情况而定。如：要在教师队伍建设方面提供帮扶就需要长期坚持的过程，既需要在教育思想观念、师德师风方面进行引领帮助，也需要针对教育教学业务能力(集体教学活动、区域游戏指导、户外活动的组织与实施、一日生活的组织实施、家园共育的方法、家园沟通策略等)提升方面提供帮助。

3. 帮扶的主要形式。

帮扶的主要形式依据提供帮扶者和被帮扶对象的具体需求而定，形式多样，且可以不断创新。基本涵盖：教学观摩、送教下乡、交流培训、跟岗实践等，也有物资捐赠的方式，如：给被帮扶园所提供图书、玩具、桌椅设备等，既实现了资源利用的最大化，又缓解了被帮扶对象园所资金不足、设备设施不完善问题。另外：还可以依托"师带徒"方式实现重点对象培养、共同教研、专业理论培训、业务技能培训、实地跟岗、实地检查指导、观摩、研课、组织各类业务技能比赛、演讲等。

凝聚合力，提供帮扶的一方和被帮扶一方既是合作共同体，又是学习共同体。同时，帮扶形式也可以既面向全体又面向个体；既可以短期也可以长期，以促进对方的提升为基准。

4. 帮扶工作要求。

教育帮扶以获得被帮扶者提升、促进该园所、地区的教育质量为目的。帮扶不是走形式、走过场，要获得实质性的发展，因此，在实施帮扶过程中要注意以下几点。

(1)提供帮扶者：要有使命担当，不能走形式，要真帮、真扶、真提升、真发展。

帮扶者要有高度的政治思想站位，从促进教育公平、促进学前教育整体水平发展的宏观认识上，把帮扶工作列入园所重点工作范畴，责成专人负责、管理、实施。要先期了解对方的帮扶需求，有条件的应反复实地考察，发现、找到对方存在的问题、亟待解决的问题、未来需要逐步解决的问题等，做到"按需而帮"，而不是"想当然""我认为""我觉得"，一厢情愿。通过面对面交流、调研等多种方式联系沟通，获取对方帮扶需求，委派优质师资力量、共同设计、制定"帮扶计划"、设定具体目标和实施策略，并在实施过程中反复听取反馈信息、不断调整和改进策略，以获得最佳效果。

援助、帮扶工作要坚持中国共产党的正确领导，明确"立德树人"根本任务。援助、帮扶过程中，提供帮扶者要高度重视并严守援助、帮扶工作纪律、组织纪律。

援助、帮扶过程中，被帮扶一方会热情相待，用各种方式表达自己对提供帮扶者的感谢之情，如赠送地方特产、赴当地旅游景区游玩等。作为提供帮扶的一方，一定要严格遵循教育部于 2018 年 11 月 8 日提出的《新时代幼儿园教师职业行为十项准则》，特别是第一、八、九条的要求，即："坚定政治方向""秉持公平诚信""坚守廉洁自律"，坚决杜绝接受对方的礼品、吃请、娱乐等行为，在援助、帮扶促进对方获得教育质量提升的同时，也要关注教师职业道德及伦理方面的教育，进行精神引领，促进对方园所外在与内涵的双重发展。

清晰规范要求、明确责任担当，圆满完成援蒙帮扶任务

我园一名青年教师积极报名参加援蒙支教。为了确保支教质量，园领导首先与该教师进行了深入的交流，感受到了该教师深厚的教育情怀、援蒙信心坚定，了解到其家人大力支持，园领导给予了她积极的肯定。此后，园领导班子研究制定了《教师赴外省市支教工作实施方案》及《教师赴外省市支教工作规范及要求》，提出了支教教师的工作规范和要求：

- 遵守职业道德规范、师德师风要求
- 遵守对方园所规章制度，尊重领导、同事、服从工作安排
- 尊重家长、尊重少数民族信仰、习惯，确保家园关系和谐稳定
- 高度尊重幼儿身心特点、成长规律，全面做好教育教学工作
- 高度重视幼儿安全、自身安全
- 洁身自好，严禁接受被帮扶园所任何财物
- 加强与本园的联络，每个月向本园上交工作汇报
- 遇到问题及时与双方领导沟通

我园请该教师签署了《教师赴外省市支教协议书》。同时，为支教教师罗列了学习提升"清单"，如：积累一些儿歌、游戏，学习常见的保健知识，以应对突发的小状况；学习专业理论和优秀实践案例等，并赠送了专业书籍，以确保支教实效。园领导对其支教一年的专业支持、对其家人的慰问、关照等也制定了明确的保障措施。在送行时，还为其购买了加厚的床品、食物等。一系列举措，使这位青年教师感受到了园所家一般的温暖，坚定了支教的信心和决心。同时，帮助这位青年教师提高了思想站位，明确了支教目标，为一年的支教工作奠定了思想意识的坚实基础，使其能够安心赴蒙支教。

（案例来源：北京市昌平区阳坊镇中心幼儿园　赵军平；园长：张丽红）

该园所高度重视教师援蒙支教工作，给予了青年教师极大的信任、支持及保障。通过谈心谈话了解教师思想、专门制定方案、明确支教工作规范及要求、签署协议书、帮其梳理学习提升"清单"、为其赠送专业书籍等，在思想上、专业上、后勤保障上均给

予了了全方位的支持。切实体现出"提供帮扶者：要有使命担当，不能走形式，要真帮、真扶、真提升、真发展"。但由于该园所是第一次接受赴外省市支教任务，所以系列的措施虽然丰富，但也显露出是"临时抱佛脚"，没有体现出方案及规范、要求的全面性和系统性。

第一，园所要就此建立起赴外省市教育帮扶的长效机制。结合这一案例，系统谋划，深入研究，从全局出发，制定更加具有全面性、系统性的实施方案和规范要求。在与支教教师的后续交流沟通中，不断发现问题、解决问题，并不断完善工作实施方案和规范要求，形成科学规范的、具有借鉴性、可推广的《教师赴外省市支教工作实施方案》。

第二，提供帮扶的园所及时与被帮扶园所的领导及支教教师进行交流、沟通，及时了解本园教师在对方园所的思想状况、工作表现、帮扶效果等情况，及时进行远程的指导，以确保支教教师时时牢记使命担当，圆满完成支教任务。

第三，支教任务完成后，双方园所建立起长期的帮扶关系，在互通有无中，不断促进双方园所在教师专业成长、整体保教工作质量上的共同提升。

（2）被帮扶对象：要积极主动，有提升愿望，做到真学、真问、真实践、真探索。

成长既来自外部推动力，更来自强大内驱力。被帮扶对象要有迫切的成长需求，明确自身欠缺、不足，理清主要问题和次要问题，梳理出亟待解决的问题和需要长远坚持、循序渐进解决的问题。这就需要被帮扶一方的决策者，要剖析、协商、谋划帮扶需求，与帮扶者共同制定帮扶计划。在被帮扶的过程中，不断汲取新观念、新思想、新经验，把所学深入、内化，为己所用，促进自我提升与发展。

在接受帮扶的过程中，除了积极主动地参与外，不能被动学习，还要及时提出意见和建议。如有问题和疑惑不要怕被笑话、怕被看不起，要向提供帮扶者请教、问询、沟通、协商，逐步完善帮扶工作计划，探索出更为丰富、适宜的帮扶途径，确保帮扶效果。

（3）上级主管部门：要全力支持，找准定位，做到真管、真抓、真支持、真保障。

多数的帮扶都是在地方政府或上级主管部门引领下实施的，具有一定规模，实施的期限是长久的、可持续的。提供帮扶的地方政府或上级主管部门要与接受帮扶一方的地方政府或上级主管部门做好第一层次的沟通协调，以支持后续总体帮扶工作的统筹协调工作。

在教育帮扶中，上级主管部门要切实履行主体责任，同时，做好责任、权利下放，在政策、资金、人力、物力等方面提供支持，确保成效。

三、交流互通，研培成长

"研培成长"是城乡援助、结队帮扶中的一项重要内容。园所要发展、保教质量要提升，这一切都不能在墨守成规中实现，而要通过具体可行的教科研及业务学习培训活动来实现。

2018年11月7日发布的《中共中央国务院关于学前教育深化改革规范发展的若干意见》中，关于"完善学前教育教研体系"的要求则提出："健全各级学前教育教研机构，充实教研队伍，落实教研指导责任区制度，加强园本教研、区域教研，及时解决幼儿园教师在教育实践过程中的困惑和问题。充分发挥城镇优质幼儿园和农村乡镇中心园的辐射带动作用，加强对薄弱园的专业引领和实践指导。"这为城乡之间的学前教育领域及园所之间的交流互通、研培成长提出了要求和方向。

（一）概念解释

1. 交流与互通。

交流与互通均有互相沟通的意思，互通还有"交换"的含义。沟通不仅是语言，而是针对学前教育各个方面、全方位的经验交流与沟通。

2. 研培成长。

研培主要是指教研和培训。研培是教师成长、专业能力和素养提升的必由之路，是每一所幼儿园都要进行的。

教研，即教育教学研究。教研的内容一般是关注教师共性的即时需求，及急切的、突出的问题。教研之前，保教干部会通过《教研调查问卷》、交流等方式获取教师问题，再从中筛选出适宜的问题作为主题，分几次或整个学期，甚至整个学年的时间进行系统研究。很多园所也会采取教科研一体的策略，即：结合园所科研课题与教育教学实践，选择科研课题中与教育教学结合紧密、教师困惑的问题来着重进行研究。如：北京市昌平区阳坊镇中心幼儿园所做的科研课题为"依托农事体验课程培养幼儿生态文明素养的研究"，如何组织农事体验课程是教师普遍感到困惑的问题，因此，教研主题便由此聚焦为"农事体验课程组织实施策略的研究"。在教研中，系统实践、研究每个年级的农事体验课程目标、组织策略等。

教研的具体形式有：交流研讨、研究课、观摩课、考察、理论学习等，以研究出对应策略、解决问题、促进教育教学工作、提升工作质量为目标。教研活动相比培训学习更为系统，效果也更加明显。

培训即为培训学习。培训的内容以解决教师教育教学实际需求为主，相对比较广泛：教师职业道德与伦理、教育法律法规、专业理念、理论、业务技能、家长工作、师幼沟通、区域指导、教学组织等。承担培训的人员有：本园业务干部、外请专家、教师等。培训方式有：互动交流、现场体验、观摩研讨等。

（二）交流互通，研培成长的意义

教育质量最终要反映在幼儿的成长与发展上，而教育的进步与发展最终要从一个个教师个体、一个个教师团队的进步与发展而来，教研和培训是实现教师专业成长的重要路径。常言道"尺有所短、寸有所长"，每位教师都有个性化的优势、特点、内涵，也会因为各自经历、从教经验不同，对教育存有不同认识或独到见解，因此，交流互通、研培成长具有重要意义。

1. 促进双方园所教师专业能力素养的提升。

不同领域教育教学活动的设计、组织与实施方法，一日生活各环节的组织实施策略、进行家园共育的有效途径、师幼互动的方法技巧、创设适宜的室内外游戏区域的特色做法、如何有层次地投放玩具材料等，都可以成为园所交流互通与研培的内容。

如：年轻教师们对如何应对每天下午起床后女孩子们梳头发的问题开展了研究。经过研究发现：一是可以制作存放皮筋、发卡的收纳盒，让女孩们依据喜爱贴上自己的小标志，便于排队时先找好自己的皮筋和梳子；二是在时间上，减少等待和聚集，有三四人在排队梳头时，其他女孩可以先去盥洗或吃午点；三是先为动作慢的女孩梳头，确保其后面的环节不拖拉；四是鼓励短发的女孩尝试自己梳头发；五是长发的女孩由教师帮忙，但发型以简单、漂亮的单马尾、双马尾、抓髻头、丸子头为主；六是日常在生活区设置学习梳头发的"长发娃娃"，请女孩在帮助娃娃梳头发的过程中，学习整理头发和扎皮筋；七是请家长配合，来园时，不为女孩梳繁琐的发型。在不断探索中，还不断有新策略产生。这样一来，一个班级大约十三、四名女孩，不到八分钟左右就能完成梳头工作。

一个看似简单的梳头发问题，通过集体智慧解决了，老师们很快乐，女孩们很开心，家长们也很满意。问题聚焦，贴近生活，解决教师工作中的实际问题，取得了良好效果。

在交流互通当中，教师各自的思想观点、认识、经验、问题等进行不断的"碰撞"，便能够激发出新的思想火花，使各自都能获得思想层面的新认识，开阔新思路，获得新经验、新方法，从而激发在实践中运用、尝试、体验的兴趣。

2. 促进双方园所保教工作质量的提升。

交流互通与研培通常是双方教师、班级或园共同提出问题，然后表达各自做法、思考，碰撞思想、交流经验，在进行理论学习的同时，寻求解决路径，获得问题解决的有效策略。每一次的交流互通与研培，都提升了双方园所保教工作的整体质量。

3. 促进双方园所整体办园质量的提升。

地域或园所之间的交流互通与研培可以围绕多个"价值点"展开，如：园所文化建设、课程建设、队伍建设等，不仅是保教工作，因此，会推动双方园所整体办园质量提升。园所质量提升了，区域内学前教育的整体质量也会随之提升，形成正向循环，出现滚雪球效应，实现了交流互通与研培工作的最大意义与价值。

（三）交流互通，研培成长的路径

全国各地方学前教育部门针对交流互通、研培成长选择的路径不尽相同，各有千秋，但出发点都是为了共促学前教育质量的发展。地方教育领导者需要具有高瞻站位，审视教育全局，做出重要的、切合实际的交流互通，研培成长决策。

1. 全区域推进交流互通，研培成长。

以北京市昌平区为例：由教师进修学校学前教研室牵头主抓的交流互通、研培成长工作已持续多年，积累了丰富经验，切实有效地促进了全区不同层次幼儿园的成长，带动了全区学前教育领域教师队伍的整体进步，促进了全区学前教育质量的整体提升。

交流互通、研培成长特色做法

北京市昌平区坚持开展交流互通、研培成长工作。

做法一：将全区 156 所幼儿园进行了重组，由教工、机关、工业、财贸、回龙观、滨河、华北电力、实验八所优质且富有奉献、互助精神的幼儿园牵头联片，组成了组长园，发挥示范辐射作用。

做法二：利用五个微信群（继教负责人群、业务干部群、民办园长群等），把教研辐射到社区办园点等其他类型幼儿园。

做法三：教研员研训工作下沉到片组，带领六个区级幼儿园领域课程骨干教师工作坊成员，围绕五大领域核心价值、关键经验解读、教育教学计划、园本教研的制定、开学第一课等开展培训和实践研究工作。

做法四：区教研重心下移，沉下来在八个片开展活动，确保实现教研全覆盖。通过共同参与专家讲座培训、片组成员交流研讨、微课展示、现场答疑等形式，教师们提高了对领域价值的把握能力。

做法五：组织开展了"幼儿园集体教学活动设计展评"活动，全区 56 所公办幼儿园的 334 名教师，60 所民办幼儿园的 348 名教师，（含特岗教师）参加了展评活动，分层、分类、分岗的全员培训，推进了北京市昌平区研修工作向纵深发展，促进了北京市昌平区学前教育质量的均衡发展。

（案例来源：北京市昌平区教师进修学校　巩月英；校长：李金亮）

案 例 点 评

"教研员研训工作下沉到片组，区教研重心下移，确保实现教研全覆盖。"案例为我们提供了一个交流互通、研培成长的可行性路径。优质园所无论是师资、还是办园特色、水平，都拥有能够承担起引领普通园所共同成长的责任担当的能力。全区域内园所统合，以"星星之火可以燎原"之势，在共同的交流互通、研究、培训学习中，切实有效地促进了全区不同层次幼儿园的成长、教师队伍的整体进步及全区学前教育质量的整体提升。

第一，教研室做好组长园自身内部的教研工作，提升质量。使自己的教研水平首先过硬，再通过引领普通园所，不断探索、积淀更好的交流互通、研培成长的路径，实现共同进步。

第二，案例呈现所有的交流互通活动基本都建立在教研室下沉参与基础之上，体现更多的是学习培训、以赛促进。要给予组长园充分的权利和信任，基于组长园和其引领的普通园之间去寻求共同的问题点、成长点，做他们自己的个性化教研，使研培更具典型性，从而进一步提升实效性。

第三，在交流互通、研培成长的实践与探索过程中，"因材施教"，有培养和引领的"着重点"，即：引领更接近于优质的园所首先实现显著的质量提升，从而产生更多的"星火"，使其影响面、辐射面更为广泛、深入和深远，更好地实现全区不同层次幼儿园的成长、教师队伍的整体进步及全区学前教育质量的整体提升。

2. "龙头园"引领交流互通，研培成长。

"龙头"一词指"带头的、起主导作用的事物"。"龙头园"则表示在地域内外学前领域中能一园带多园，起到带头的、主导作用的幼儿园。

龙头园大多在本省市、本地区具有"示范园"资格，具有悠久发展历史、先进办园理念、优质办园质量，享有良好声誉，具有引领其他园所进步、提升的能力和实力。由龙头园牵头组织开展交流互通、研培成长能够取得良好效果。

龙头园带领园所专业发展

北京市昌平区教工幼儿园，作为名园及历史悠久的示范性幼儿园，坚持引领本区内乡镇中心园、民办园、村办园等的品质提升工作。从办园方向和思想上对各园进行引领，为各园所文化建设和特色课程发展出谋划策；注重各园所教师素养提升，积极组织合作园干部跟岗、教师实习、听课、评课、环创观摩、研讨、基本功展评、区域游戏观察与指导、教研观摩、外出参观、游园、泥工、讲故事、制作、"红五月歌咏比赛"等，全面提升了教师的专业能力素养，更促进了各园所整体办园质量的进步与提升。引领几所镇中心园顺利通过北京市一级一类幼儿园验收、北京市示范园验收等，为促进各园所及全区学前教育质量的提升做出了贡献。

面向区域内园所实施龙头引领作用的同时，教工幼儿园每年承担多次国家级、市级的交流与研培工作，如：干部们亲自带徒，徒弟们挂职锻炼，使合作园收获颇多。"龙头园"在加速农村教师专业化进程、促进城乡学前教育均衡发展上做出了突出贡献。

（案例来源：北京市昌平区教工幼儿园 闫淑玉园长）

北京市昌平区教工幼儿园作为一所历史悠久、有着深厚园所文化底蕴的示范性幼儿园，在承担"龙头园"、引领乡镇、村园所共同发展的过程中，做到了人员的分层培养，形式的丰富多样，使乡镇、村园所的干部、教师整体专业水平获得了显著提升。"龙头园"在加速农村教师专业化进程、促进城乡学前教育均衡发展上做出了突出贡献，成为了该地区"交流互通、研培成长"典型的成功案例，为其他地区提供了有效借鉴。

教育建议

第一，案例所呈现的听评课、环创、区域指导等形式，体现了交流互通、研培成长的"全面性"。在此基础上可以进一步关注"系统性"，即：结合某一重要提升点，做循序渐进的深入与推进，逐一攻破难点。在攻破难点的过程中，促进被引领园所有效经验的积累，从而提升其自我研究与成长的能力。

第二，可以对所引领的园所进行"分层"，针对更高一级的园所和相对落后的园所采取不同的引领措施。引领中，有全部园所共性的内容，也有个性化内容。还可以吸纳成长较快的、高一级园所的干部、教师共同承担引领工作，以分担龙头园为此付出的更多时间和精力。

第三，注重丰富交流互通的内容；拓宽"研"与"培"的路径；创新工作方法，从针对教育教学的"研"中跳出来，使双方都能在不断探索与创新的过程中感受到交流互通、研培成长的快乐，体验到意义和价值。

"交流互通，研培成长"，需要根据实情与时俱进，在实践中探索，不懈学习，博采众长，相互扶持，互通有无，共同促进教育发展。

 练 习 题

一、单选题

1. ( ) 中提出："实施教育扶贫结对帮扶行动。在县域内实施城区优质幼儿园对口帮扶乡镇中心幼儿园。"

    A.《中华人民共和国教育法》

    B.《中华人民共和国教师法》

    C.《教育脱贫攻坚"十三五"规划》

2. 在城乡援助、结队帮扶过程中，被帮扶对象应持以怎样的态度？( )

    A. 优质幼儿园经验丰富，照学照做就能提高自身的教育质量。

    B. 由提供帮扶者全权制定帮扶计划，自己不随意参与意见。

    C. 积极主动，真学、真问、真实践、真探索。

二、多选题

1. 城乡援助、结对帮扶的重要意义：( )

    A. 促进教育公平   B. 促进乡村教育质量的提升

    C. 促进城市自身教育水平的发展

2. 区域内的结队帮扶合作模式包括：( )

    A."一园对一园"合作模式   B."一园对多园"合作模式

    C."多园协作互联"合作模式

三、判断题

1. 教研和培训是实现教师专业成长的重要路径。( )

2. 城乡援助、帮扶的形式有：教学观摩、送教下乡、交流培训、跟岗实践、物资捐赠等。( )

四、案例分析题

案例：某村办新建园，干部队伍和教师队伍均十分年轻，干部缺乏管理经验，教师缺乏保教工作经验，基本的半日活动组织都十分困难。

问题：面对这样的局面，园领导应积极采取哪些措施，改进上述不足，努力提升干部、教师的能力、水平，使园所保教、管理等工作步入正轨，以确保办园质量？

 本 节 概 念

1."交流"与"互通"：均有互相沟通的意思。"互通"还有"交换"的解释，因此，交流互通即为互相沟通、交换。

2."研培"：指的是教研和培训，即通过教研与培训促进人的成长。

第二节 慈爱心：温柔友善美

教学目标：热爱幼儿，尊重幼儿，平等对待幼儿。

教学重点：教师能够明白"爱"的意义，并能在工作中热爱幼儿，尊重幼儿。

教学难点：教师能够在了解幼儿的基础上，平等地对待每名幼儿。

一、爱在温柔中流淌

(一)爱心

"爱"在心理学上的解释是：信任和快乐的混合感受。幼儿保育工作只有注入了"爱"才是完整的教育。幼儿教师的工作对象是低年龄段幼儿，孩子们天真可爱的笑脸时刻都在净化着人的心灵。虽然幼儿年纪尚幼，但同样具有敏锐的感受，可以观察到成人不易察觉的东西，情感更加丰富。这就要求幼儿园教师要充满爱心，包容幼儿，用充满爱的语言和行动与幼儿交流，因为幼儿从家庭生活转变成幼儿园集体生活，会出现不适应。和幼儿相处简单真实，你对他付出爱心，他会用他满满的爱来拥抱你。所以，幼儿园教师首先要热爱幼儿，才能更好地教育幼儿。

案 例 一

老师爱的语言和行动，激励幼儿爬过"高山"

登登小朋友比较内向、胆小。在幼儿园活动中，登登要么在一旁看着，要么选简单安全的活动，带有冒险性的游戏或者是没有尝试过的器械他都不玩。在进行类似"翻山越岭"这样的挑战活动时，老师会鼓励幼儿勇敢翻过用大轮胎叠成的"高山"，但登登走到山脚下就停滞不前了。胡甜老师说："宝贝，老师相信你一定可以成为勇敢的小勇士，老师张开双臂在你身边保护你，相信老师一定会保护你的，加油宝贝！"登登小心翼翼地往上爬，爬几步还回头看看老师在不在自己身边。每次他看老师的时候，老师都坚定地向他点头，对他说："加油，你很勇敢，你一定可以！"就这样，登登勇敢地爬到了山顶，又从山的另一边爬下来，当他完成挑战的那一刹那，他激动得跳了起来。

胡老师用充满爱和积极鼓励的话语，让登登在心理和行动上都战胜了挑战，建立了信心，勇敢地完成了任务。

（案例来源：北京市昌平区马池口镇中心幼儿园 胡甜；园长：阚欣颖；指导者：北京市昌平区教师进修学校 付琳）

案例点评

幼儿出现胆怯、信心不足等问题时，教师通过语言、眼神、动作等鼓励幼儿用爱心为幼儿注入勇气，帮助幼儿挑战成功。

教育建议

①教师在面对幼儿出现需要帮助的情况时，不要急于干预，要结合幼儿日常表现及年龄特点，适时、适当介入，要站在幼儿的角度思考，把爱注入教育中。

②教师在与幼儿沟通时，要善于运用积极语言，向幼儿表达信任，也要善于用眼神交流，向幼儿传递正能量，传递温柔的爱。

（二）责任心

责任往往比能力更重要，尤其对于幼儿教师，责任重于泰山。责任心指：具有责任感的心态，指个人对自己和他人、对家庭和集体、对国家和社会所负责任的认识、情感和信念，以及与之相应的遵守规范、承担责任和履行义务的自觉态度。[①] 衡量是否为合格幼儿教师的重要标准就是责任心，让每个幼儿平安、健康、快乐地成长是幼儿教师的基本责任。有责任心的幼儿教师，首先要达到教师的基本要求，即认真完成各项教学工作，如教学准备、教学内容、教学过程、家园共育设计等。其次，要了解幼儿年龄特点及心理特点，因材施教，避免惩罚幼儿，杜绝体罚或变相体罚幼儿。再次，对于幼儿的一些反常情况，如突然沉默寡言，暴躁打人等，应及时和家长沟通，了解情况，尤其发现幼儿生病或受伤时要第一时间和家长沟通，如有幼儿带药来园时要做好喂药记录。最后，工作时要情绪平稳，心情愉悦，保持同事间氛围和谐，用爱心和责任滋养幼儿心田。

---

① 徐少锦等 . 伦理百科词典［M］. 北京：中国广播电视出版社，1998：12.

老师陪你等妈妈

诺诺妈妈因工作调动，家搬到了离幼儿园较远的地方，因此，诺诺妈妈每天都比平时晚一个多小时来接诺诺。每天放学，看着其他小朋友早早被家长接走，诺诺眼神里充满了渴望，看不见妈妈转而又变得很失落。张老师向诺诺妈妈了解了情况后，就在放学时，每天拿书给诺诺讲故事，有时还会陪诺诺玩玩具，陪诺诺聊天，一直等到诺诺妈妈来接。每天延长一小时下班，张老师没有任何抱怨，她主动留下来和诺诺一起等妈妈。她用这一小时温暖了诺诺期望的眼神，也感动了诺诺妈妈焦急的心。她用行动体现了教师对幼儿负责任的信念和情感。

（案例来源：北京市昌平区马池口镇中心幼儿园　张一；园长：阚欣颖；指导者：北京市昌平区教师进修学校　付琳）

案例点评

张老师用下班时间陪伴诺诺，给了诺诺一个安稳的怀抱。张老师不仅做到了洞察幼儿情绪，也用实际行动诠释了幼儿教师克服一切困难完成好本职工作的责任心。教师的责任心给幼儿带来的是安全感，给家长带来的是信任感。

教育建议

①教师要有善于观察幼儿情绪变化的眼睛，及时捕捉幼儿的异常情绪。

②教师应多从幼儿和家长的角度考虑问题，尽己所能为幼儿和家长提供服务和保障。

③幼儿教师的日常工作重复琐碎，要有持之以恒的精神，克服困难承担好本职工作的责任，做好幼儿教师的义务。

（三）耐心

耐心：指心里不急躁，不厌烦①。幼儿教育的周期较长，作为幼儿教师要充分理解幼儿特点，不急不躁不烦。在幼儿提出困惑时，要站在幼儿的角度，引导幼儿发现问题、找到办法、解决问题，体验收获的成长感。不要违背幼儿成长规律拔苗助长，不要

---

① 《当代汉语词典》编委会．当代汉语词典［M］．北京：中华书局，2009．

强行或提前要求幼儿园形成一些习惯，应通过游戏等幼儿容易接受的方式、手段，逐渐帮助幼儿养成正确习惯。

纸袋变形记——老师不急不躁地解决孩子问题

肖瑛老师在检查孩子们的手工时，发现松松把纸袋剪了很多孔洞。

但这些纸袋不是今天游戏活动的用具，而是肖瑛老师准备的其他游戏的材料，肖老师当时有点儿生气，觉得松松故意搞乱，但她转念一想：松松为什么要这样做？他真是故意的吗？她问松松："今天没说用这些纸袋，你为什么要剪？"松松说："肖老师，我不知道不能剪这些纸袋。我只是觉得这些袋子不好看，所以，想剪些花样在上面，这样袋子就好看了。"我拎起袋子一看，纸袋上孔洞排列错落有致，真挺好看！

肖瑛老师当时并没有急躁地批评孩子，也没有表现出对孩子的厌烦，而是问询孩子行为背后的原因，正是由于老师的耐心，才弄明白了孩子"好心"，肖老师这种做法才能做到对症教育。肖老师借机带领孩子们尝试如何做出不同造型的袋子，问道："孩子们，这个袋子有什么特点？""我觉得挺好看的，有圆圈、有线条。""挺漂亮的，如果剪得更整齐一些就更漂亮了。""我也想剪。"孩子们七嘴八舌，决定要一起改造这些纸袋子。

下午区域游戏时间变成了孩子们装饰、改造纸袋的时间，有的做设计、有的找材料，自组小组，分工合作，集体想办法剪出漂亮袋子。终于，形状各异的纸袋呈现出来，孩子们互相观察、彼此借鉴，讨论着放到教室的哪个地方展示，脸上都洋溢着成功后的快乐感。在这个过程中，孩子们的动手能力、合作能力和思维能力都获得了发展。

（案例来源：云南省昆明市官渡区教师进修学校　肖瑛；指导者：云南省昆明市官渡区云溪小学　林义虹）

教师面对幼儿剪纸袋行为，第一感觉是孩子故意而为，是搞乱，所以，会生气。但她能够快速静下心来，不是用"对""错"判断幼儿行为，而是耐心倾听幼儿行为背后的原因，做到了既不违背幼儿成长规律，也不强行要求幼儿必须如何，通过幼儿可以接受的方式，抓住了新的教育契机，设计了生成性活动，让幼儿体验了成长的快乐。

①要建立师幼平等的幼儿观，当发现幼儿行为与自己期待不一致时要做到不急不躁，切勿用成人的好恶主观评价幼儿行为。

②要耐心倾听幼儿内心的想法，用正确的教育对策解决问题。

(四)细心

细心：是指心思细密①。幼儿的吃喝拉撒睡，看似事小但事事重要，所以，细心是幼儿教师的必备要素。

细心"四步法"解决小蕊"尿频"问题

1. 第一步：细心观察

小蕊到厕所小便频率变多，尤其是午睡时，孩子们都上床了她总是会喊"老师，我要小便"。韩霜老师提醒小蕊下次上床之前要先去小便。但一连几天，小蕊午睡都要"小便"，甚至要去两到三次。韩老师通知小蕊家人带孩子到妇幼保健院检查，可并未查出问题。

午睡时间到了，开始上床午睡，小蕊刚一躺在床上就喊："老师，我要小便!"韩老师这次跟着小蕊进了厕所，发现她刚蹲下就站起来拎裤子，根本就没有小便!

幼儿教师要注重细心观察，尤其是发现幼儿的异常情况，要做好记录和报备工作。

2. 第二步：细心分析

韩霜老师对小蕊说："老师给你定一个时间，时间一到我就喊你小便可以吗?"她点点头。差不多1分钟左右，她就问："老师，时间到了吗?"过了大概5分钟，她突然哭了："老师，我肚子疼，我要小便!"韩老师赶紧打电话向小蕊家人问询原因，原来是小蕊妈妈要外出上班，小蕊觉得妈妈出去上班就会不要自己了，导致产生退行心理，紧张害怕，行为上便出现了尿频。

幼儿在一些特定情境中会出现一些特定问题，教师没有用主观臆断推测孩子行为，而是在细心观察的基础上细心分析，积极和家长沟通，找到了幼儿"尿频"的原因。

---

① 《当代汉语词典》编委会. 当代汉语词典[M]. 北京：中华书局，2009.

3. 第三步：细心教育

韩霜老师告诉家长，孩子是出现了分离焦虑。分离焦虑是指幼儿因与亲人分离而引起的焦虑、不安或不愉快的情绪反应。指导家长多和孩子说：妈妈很快就回来了，妈妈会很想宝宝的，妈妈晚上会给宝宝打电话的，妈妈会给宝宝带可爱小礼物。韩霜老师在幼儿园经常鼓励小蕊："小蕊，老师觉得你一定会搭建一个美丽的房子。""小蕊吃饭时这么安静，真好。"

教师通过细心分析，找到了问题的原因，因此，她通过情绪安抚和语言关注进行了有针对性的教育，起到了良好效果。

4. 细心护理

韩霜老师不但自己经常鼓励小蕊，温暖小蕊，她还引导小蕊同桌小朋友帮助她，和她玩，给她温暖。小蕊再也没有出现尿频的行为，两个星期后小蕊露出了微笑。

幼儿的转变并非一蹴而就，教师在细心教育的同时，也应关注幼儿后续的情绪变化，做到细心护理，周全照看。

（案例来源：江苏省南京市六合区程桥第一幼儿园 韩霜；园长：方晓令；指导者：祖瑜）

二、爱在平等中建立

《幼儿园教育指导纲要（试行）》指出："教师应以关怀、接纳、尊重的态度与幼儿交往。耐心倾听，努力了解幼儿的想法与感受，支持、鼓励幼儿大胆探索与表达。"[①]信任幼儿、尊重幼儿是幼儿教育的前提。

（一）信任幼儿

幼儿与教师之间的信任是指教师在与幼儿的互动过程中，对幼儿的一种评估以及由此产生的安全感，并愿意在此基础上采取行动的程度。幼儿园教师应给予幼儿足够的信任，具体体现在：

第一，日常教学中抓住教育契机，信任幼儿，主动放手推动幼儿自主探究学习。例如，在看完木偶剧后，面对大一班幼儿提出要举办自己的木偶剧演出的想法，张老师鼓励了孩子们的勇气，并从材料、场地、时间上给予幼儿充分的自行组织制作的空间，让幼儿从材料制作到角色分配都自己做主，最终在一个月后幼儿成功演出了木偶剧。（黑龙江省尚志市新兴幼儿园 李红娟）面对这个在成人看起来幼儿难以完成的任务，教师没

---

① 北京市教育委员会．北京市贯彻《幼儿园教研指导纲要（试行）》实施细则［M］．北京：同心出版社，2006.

有在一开始就用成人的眼光否定幼儿的想法，而是在一旁做好支持的同时，充分放手给予幼儿充分的信任。

第二，在日常生活中沟通站在幼儿的角度，从幼儿的年龄特点出发，理解幼儿行为，信任幼儿的沟通表达。例如：中大班经常会设立"小值日生""今日小班长"制度，请幼儿作为班级管理和沟通的主导者，掌握自己在园一日生活的话语权(黑龙江省哈尔滨市托幼实验中心　王贺)。也许他们的表达不够完整，也许他们的考虑仍不算周全，但是信任促进了幼儿迈出成长的第一步。

第三，在户外体育活动中，教师要在准确判断安全性的基础上，信任幼儿，敢于让幼儿尝试，挖掘其潜能。例如：浩然在户外活动的时候和小伙伴一起搭建户外攀爬架子，他把长条模板横架在两个梯子上面打算尝试走过去，体验自制"平衡木"的新奇感。李老师发现后没有因为这个动作有些"不合乎常理"打断他，而是提醒他几点安全注意事项，又搬来了保护垫，鼓励其尝试。(黑龙江省哈尔滨市幼儿师范高等专科学校实验幼儿园　牛佳薇)信任幼儿，不过度保护，在确保安全的前提下让幼儿大胆进行户外体育活动，以此来促进幼儿身心充分发展。

作为幼儿教师，信任幼儿需要教师有足够的勇气以及精准的判断，相信幼儿能够具有独立获得发展的能力，并将这种信任落实在幼儿保育中。

 案 例 五

老师相信你一定能想出办法

幼儿园里的石榴熟了，多乐小朋友来到石榴树下想摘石榴，分享给小朋友们。多乐又蹦又跳，还尝试爬树，但还是够不到石榴。他开始嘟哝："我不摘了。"说完准备离开石榴树。刘玥彤老师走到多乐身边说："多乐，除了蹦跳和爬树外，你还能想到什么好方法，可以摘到石榴？"

"不知道呀。"

"再想想，看看周边有没有什么东西可以用？老师相信你一定能想出办法把石榴摘下来。"

多乐看看石榴，又看看老师，说："对，我一定有办法的。"他跑到旁边的建构区搬了一把梯子，爬到一半，他就摘下了石榴。多乐看着老师高兴地说："我成功了！"

孩子在试误中能提高解决问题的能力，这个时候老师的一句"相信你"是对孩子最大的信任，能够鼓励孩子有信心地、有勇气地思考问题、解决问题、获得成长。

(案例来源：北京市昌平区棉花胡同幼儿园回龙观园　刘玥彤；园长：马立红；指导者：王玉欣)

 案 例 点 评

当多乐由于摘不到石榴而感到沮丧时，老师的第一做法不是代替幼儿摘下石榴，而是用启发性提问的方法鼓励幼儿想办法解决问题，并表达了对幼儿的信任。这种做法和说法激发了幼儿探究的内驱力和"跳一跳去摘葡萄"的动机，引导幼儿成功摘下石榴。相信"相信"的力量，使幼儿获得更多成长的机会。

 教 育 建 议

①教师要站在与幼儿平等的角度，不要剥夺幼儿自己解决问题的机会，而是要相信幼儿能够具有独立获得发展的能力，鼓励幼儿积极尝试、积极思考。

②当孩子取得了一个层级的进步或成功，可以抛出启发性问题，如：除了这种方法外，还有没有其他摘石榴的办法？摘下来的石榴可以做什么？鼓励幼儿进行偶发性探究。

③教师想要正确解读幼儿的思维并支持幼儿发展，需要深度学习专业知识，了解幼儿年龄发展特点与学习方式特点，用专业的视角观察幼儿一日生活表现，解析幼儿行为背后的原因。

（二）尊重幼儿人格

尊重幼儿人格就是要将幼儿视为平等的人格主体予以尊重。《儿童权利公约》[①]的基本精神就是强调幼儿不仅仅是被保护和教育的对象，而且是具有积极性和主动性的权利主体。幼儿园教师对幼儿人格的尊重体现在三个层次：层次一：虽然幼儿年龄小，思维不成熟，但也是有想法、有观点的能动个体，幼儿的人格、观点、想法以及权益应该受到尊重和重视；层次二：教师要将幼儿的观点、想法和权益作为设计、组织教育活动的起点和依据，教育教学行为不能无视甚至损害幼儿的合法权益；层次三：杜绝出现不尊重幼儿人格、侵害幼儿权益的行为和现象，要用实际行动保护幼儿的人格和合法权益。

（三）尊重幼儿个体差异

尊重幼儿的个体差异，主要指满足不同幼儿的需求，这也是平等对待幼儿的基本要求之一。首先，幼儿的个体差异是幼儿自然发展的结果。作为教育者要尊重和接纳每名幼儿在发展上的独特性，避免偏爱能力发展较快的幼儿，或外貌较好的幼儿。其次，在教育教学过程中要因材施教，给予每名幼儿平等受教育的机会，包括在日常发言、倾听、游戏等过程中，要照顾到每名幼儿的心理感受。再次，要公平、公正、正确地评价幼儿，遵照每名幼儿在自己原有基础上进行提升和比较的原则，避免在同一班级或班级间对幼儿进行横向比较。

---

① 《儿童权利公约》，第 44 届联合国大会第 25 号决议通过，1989 年。

尊重幼儿行为发展特点，引导幼儿参与游戏活动

在小班入园半日体验第三天，皓皓来园时还是会哭。孩子们都喜欢去户外玩滑梯，可皓皓却不感兴趣。到了户外活动时间，小朋友们排队准备出发，皓皓却坐在椅子上不起来。王玉玲老师喊他："皓皓，过来站队！"皓皓慢吞吞站起来，把椅子推到桌子下面走进队列。

孩子们排队走到了户外大滑梯前，皓皓一直走在最后。孩子们做了准备运动都去玩滑梯了，皓皓还站在原地不动。王老师问他："你不玩滑梯吗？"皓皓眼泪流下来了，说："不玩！"王老师没有坚持让皓皓玩，而是说："哦，那和老师溜达溜达，好吗？"皓皓点了点头。老师拉着皓皓的小手围着滑梯走了好几圈，走了一会儿后，王老师说："你看小朋友都玩呢，你要不要试一试？我在滑梯下面等你。"然后，她把皓皓带到了上滑梯的楼梯边上，皓皓小心翼翼走上去，当滑下来的时候，他开心地笑了。

大部分孩子看到滑梯都非常兴奋，但也有些孩子由于各种原因，比如入园焦虑，没有安全感等，因此不想完成某项任务(比如玩滑梯)。我们不强求，在慢慢引导之下，"静待花开"会有惊喜发生。

(案例来源：天津市武清区第四幼儿园 王玉玲；指导者：曹雪梅园长)

案例点评

王老师能够尊重幼儿的个体差异，站在幼儿角度观察、思考、分析幼儿问题，做到了"因材施教"，没有一刀切，让皓皓马上玩滑梯，而是照顾到了皓皓的心理感受，拉着孩子小手，给予孩子安全感，带孩子走圈溜达，让孩子消除胆怯。孩子不知不觉中上了滑梯，进入了游戏，取得了良好的教育效果——幼儿在自己原有基础上得到了提升。

教育建议

①加强幼教知识学习，特别是要认真学习"幼儿心理学"，把幼儿年龄发展特点、兴趣爱好等铭记于心。

②坚持以幼儿的健康发展为出发点和落脚点。在教育教学的过程中，一切以幼儿为主，不能强求教育的一致性，要做到"因人而异、因材施教"。在遇到"特殊情况"时不能慌，要以平静的心态和幼儿聊一聊，采取幼儿能接受的方式开展教育引导。

③注重积累过程性材料。要及时反思和整理教育教学案例，把好的做法形成文字、影像等资料，以便更多教师借鉴和开展深入研究，争做研究型教师。

一、单选题

1. (　　)是幼儿园教师职业道德的核心，是幼儿园教师教育观、儿童观的集中体现，也是评价幼儿园教师职业道德水平的重要指标。

　　A. 关注幼儿　　　　B. 信任幼儿　　　　C. 热爱幼儿　　　　D. 尊重幼儿

2. 轩轩和涵涵喝水时打打闹闹，李老师上前大声说道："你俩再闹，我就打电话让妈妈不要来接你们！"该教师的做法(　　)。

　　A. 合理，避免发生安全事故

　　B. 合理，注重班级常规管理

　　C. 不合理，侵犯了幼儿言论自由

　　D. 不合理，不利于幼儿心理健康

二、多选题

1. 教师关爱幼儿，尊重幼儿人格，必须富有(　　)

　　A. 爱心　　　　　　B. 耐心　　　　　　C. 责任心　　　　　D. 虚心

2. 对幼儿教师要"关爱幼儿"的具体要求是(　　)

　　A. 关心爱护全体幼儿，尊重幼儿人格，平等公正对待幼儿

　　B. 对幼儿严慈相济，做幼儿的良师益友

　　C. 保护幼儿安全，关心幼儿健康，维护幼儿权益

　　D. 不讽刺、挖苦、歧视幼儿，不体罚或变相体罚幼儿

三、判断题

1. 一个教师不热爱自己的工作对象同样可以说热爱自己所从事的教书育人工作，就像一个不喜欢自己的工作的工人同样可以生产出高质量的产品一样。(　　)

2. 教师热爱幼儿，一定要做到对幼儿公平公正，不分优劣，不分好坏，不分美丑，一视同仁。(　　)

四、案例分析题

案例：管老师在幼儿园已经工作了13个年头，几乎每年都任教研组组长，曾担任过团支部宣传委员、电教员、通讯员、信息技术员等，在每一个岗位上她都能出色地完成本职工作。管老师总说，"要想给孩子一杯水，自己就要有一片海洋"。管老师通过自学获得了大专文凭，她大量阅读幼教文章，撰写的论文获得过市、区级多个奖项，参加教学比赛获得了一系列的奖项。

每接到一个新班，她都能在一两天内准确地叫出全班每一位孩子的名字。在活动中，管老师总是努力营造热情洋溢的教育环境，以和蔼可亲的教学态度、亲切关怀的语言，温柔亲和的目光组织教学，笑着面对每一个孩子。在管老师眼中从来没有不聪明、

不漂亮、不可爱的孩子，每一个孩子都有极强的可塑性。经她细心照顾和耐心指导，每一个孩子都兴高采烈地参与学习和游戏，大胆地表达自己的想法。

教师在家长心中的地位是重要的，有许多家长为了让老师多多照顾自己的孩子，多次送礼物给管老师，但都被她一一谢绝。管老师的回答只有一句话："我是一名教师，教育和爱护孩子是我的职责。"

教育孩子们要做到的事情，管老师自己也是不折不扣地完成。发现地上的纸屑，她总是拾起来；看见倒下的桌椅，她一定扶起来；对人对事她都是亲切大方，彬彬有礼。孩子们在管老师的影响下，也都谦逊可爱。

管老师是孩子心目中忠厚的师长、同行心中真诚的朋友、家长心目中最信赖的好老师。

（案例来源：http：//www.studyez.com/jiaoshi/mnst/all/201712/2699022.htm）

问题：请从幼儿教师职业道德角度评析管老师的行为。

人格：是指个体在对人、对事、对己等方面的社会适应中行为上的内部倾向性和心理特征。表现为能力、气质、性格、需要、动机、兴趣、理想、价值观和体质等方面的整合，是具有动力一致性和连续性的自我，是个体在社会化过程中形成的独特的身心组织。整体性、稳定性、独特性和社会性是人格的基本特征。

第三节　诚信品：诚信守承诺

教学目的：教师能够与幼儿建立诚信的师幼关系。
教学重点：教师对待幼儿言行一致，信守承诺。
教学难点：教师能够结合幼儿的年龄特点，将培养诚信品质渗透到幼儿一日生活中。

一、教师诚信对教育的重要作用

诚信：诚，即真诚、诚实；信，即守承诺、讲信用。诚信的基本含义是守诺、践约、无欺。通俗的表达，就是说老实话、办老实事儿、做老实人。教师诚信是指教师在教育和教学过程中，对学生、对家长、对学校集体诚实，在忠诚人民的教育事业上言行一致，遵守职业道德要求，以身作则，以获得学生、家长及学校和社会的信任。这是社会主义市场经济条件下对教师的职业道德做出的重要要求，也是在社会主义市场经济条件下，教师个人必须具备的素质。①

(一)示范引领作用

1. 示范：自身养成良好的职业诚信和道德习惯。

能"说到做到"的教师容易获得幼儿的喜欢和依恋。幼儿的观察力十分敏锐，教师的一举一动都会成为幼儿模仿的对象，所以，幼儿园教师要在生活和工作的每个细节做诚信守诺的人，尤其教育幼儿要做到的，自己先要做到。

2. 引领：引导幼儿从小做讲诚信的人。

教师做到诚信，幼儿很容易模仿和学习，反之，教师在教导幼儿时出尔反尔、说了不算，就会失去幼儿的信任。尤其大班幼儿已经有了初步的是非判断能力，教师不守信的行为会影响孩子人生观、世界观、道德观的形成，给孩子身心健康成长及人格健全发展带来负面影响。所以，教师言行一致更容易引导幼儿从小做讲诚信的人。

(二)促进师幼和谐相处

诚信是师幼和谐相处的根基。教师答应幼儿的事情要做到，做不到的事情不要哄骗幼儿，不要把幼儿当作"什么也不懂的孩子"，"糊弄一下就过去了"，这是自欺行为，违背职业伦理。幼儿虽然年龄尚小，但是道德观正逐渐建立。作为具有专业素养的幼儿教师，要把幼儿当作具有独立人格的个体对待，做到信守承诺，与幼儿建立起相互信任、相互依赖的关系。

老师答应小朋友们，一定会说到做到

到了周五户外游戏时间，桐桐说："哎呀，今天怎么没有影子了？"

果果说："今天没有阳光了！"接着，小朋友都说："好想玩影子游戏呀！"

豆豆的一句话提醒了老师："要是在班级也能玩影子游戏就好了。"

班主任灵机一动，说："在班级也可以玩影子游戏呀，我们来创造一个班级中的影子小世界，好吗？"

孩子们瞬间瞪大眼睛："真的吗，老师？"

"真的，老师答应小朋友们，一定会说到做到的。"

尽管在班级里玩影子游戏比较麻烦，但班主任为了实现自己的承诺，利用周末，查找了很多在班级玩影子游戏的资料，又跑到班级布置环境、投放材料。

---

①　傅国亮. 中小学幼儿园安全管理者读本(第一卷)［M］. 北京：研究出版社，2006：5.

周一早晨，孩子们刚来到班级就发现了"影子小世界"，稚嫩的小脸都露出了惊讶的表情："刘老师，你真厉害，真的给我们做了一个影子区呀！""开心吗，孩子们，老师说了就得做呀！"孩子们跳着、笑着、欢呼着，几个孩子还跑过来紧紧拥抱着老师……

（案例来源：黑龙江省哈尔滨幼儿师范高等专科学校实验幼儿园　刘政　蒋辉宇；指导者：王颖园长）

案例点评

教师周五答应幼儿在班级建立"影子小世界"，周一就兑现了承诺，这不仅是给幼儿带来惊喜，更是在为幼儿创建诚信的世界，让幼儿在点滴中习得了信守承诺、实事求是、待人真诚、言行一致。[1]

教育建议

①教师对答应幼儿的承诺要以身作则，说到做到，不要随意改变主意、要求、标准、时间等，要为幼儿诚信做出表率，发挥好示范引领作用。

②在工作中要把幼儿当作具有独立人格的个体对待，与幼儿建立起相互信任、相互依赖的关系，促进师幼和谐相处。

（三）促进社会对于幼教群体的职业认同

认同是教师在社会生活中对自己所从事的职业的内在接纳。幼儿教师的诚信，会将在幼师与社会群体之间建立信任链接。一方面，教师的诚信促进家长对幼师专业知识、专业理念及专业道德的认同，增强家园沟通效率，优化家园沟通效果。另一方面，教师的诚信促进社会对教师群体的善意倾向，促进社会对教师群体的工作理解，促进幼师社会地位的提升。

幼儿教师可以从以下方面提升家园共育的效果：首先，可采用家园联系册、家长开放日、家长沙龙等方式，向家长宣传幼儿保育工作，让家长充分了解幼儿园教育情况；其次，可开发家长资源，主动邀请家长参与到教育教学中，既能发挥家长的资源优势，也给了家长了解幼儿在园生活的途径。第三，要有整合资源的意识，整合园所周边的多种资源，有计划地融入教育教学中。

---

①　魏勇刚，范婷婷.3—6岁儿童对诚信的认知特点.教育导刊[J].2011(2).

老师和家长之间的教育接力棒

　　幼儿凌龙通过连线视频，向丁春梦老师滔滔不绝地讲述家里各种类型的小汽车及功能。视频中，百十辆小汽车摆了满满一屋子，能看出，家长支持孩子摆弄小汽车，也付出了大量投入，但在孩子热爱小汽车的基础上如何延伸和引导幼儿对事物更感兴趣、玩过之后如何让孩子养成收放玩具好习惯等方面，家长出现了困惑。孩子的游戏仅停留在摆弄汽车的层面上。

　　丁春梦老师向爸爸建议，试着与孩子共同制作一座立体停车场。受到老师的启发后，爸爸陪伴孩子从设计到制作，从选材料到对材料进行功能用途的分类，从搭建三层停车场到将汽车分类停放，两人玩得不亦乐乎。教师巧妙宣讲了保教经验，家长自觉自愿参与幼儿保育，促进了家园合作。

　　（案例来源：黑龙江省哈尔滨幼儿师范高等专科学校实验幼儿园　丁春梦；园长：王颖。北京市昌平区马池口镇中心幼儿园　刘芳；园长：阚欣颖）

案例点评

　　游戏是儿童的天性，儿童在家庭生活中同样需要游戏、需要玩耍。因此，特殊时期居家环境下的家园携手，让我们有机会通过镜头走进家庭，近距离引导家长发现和利用家庭中的教育契机，理解儿童游戏中蕴藏的教育价值，实现高质量的陪伴，让家长享受教育的乐趣，体验教育的力量。

教育建议

　　①教师要相信家长有能力担起教育的责任，当家长通过亲历和陪伴，体会到教育的乐趣和力量，看到孩子的成功与成长时，家庭教育的这片新领域就会有着广阔的天地与作为。

　　②教师通过自己的专业理念为家长在家庭教育中加油助力，会让家庭教育更出色、更精彩。

　　③教师应鼓励家长分享其在家中好的做法，供其他家长参考，形成家长学习共同体，更加凝聚家园共育核心力量。

二、教师诚信建立与提升的方法

(一)社会营造良好的信用文化环境

社会要营造良好的信用文化环境。政府有关部门出台相关政策规范，加强师德宣传，做好监管，帮助幼儿教师明确诚信的重要作用，消除追求私利的动机及行为。

(二)教育系统内部规范诚信考核机制

建立全国规范的教师个人信用档案，可以将不诚信行为纳入诚信档案中，作为教师评优评先评级的参考。把诚信行为同教师的个人业务考核、待遇评优、职称晋升等结合起来，对遵守诚信、师德优良的幼儿教师从政策上有薪资、绩效、职称等方面的倾斜，形成制度化、具有行政效力的奖惩体制。

(三)教师个人言行一致

1. 实事求是：不哄骗幼儿。

有的教师认为"孩子小不懂事，哄哄就行了"。其实不然，幼儿非常看重教师的言行一致，如果幼儿发现教师"哄骗"他，时间一长，幼儿不但会疏远教师，还会仿效教师的这个毛病。如：教师对幼儿随口许诺："你好好吃饭，我就奖励你一个贴画。"但是，幼儿吃完饭后，发现刚才向他许诺的老师下早班不在教室里，其他老师也并不知情，第二天，幼儿期待地问老师要小贴画，老师说："我说了吗？我就那么一说。"然后根本不搭理幼儿，留下的只有幼儿失落、不解的眼神。几次之后，幼儿会逐渐不相信老师的话。所以，教师不要哄骗幼儿，一旦做出承诺就要兑现，树立良好的教师形象，成为幼儿的正面榜样。

2. 一诺千金：不轻易向幼儿许诺。

李老师和幼儿一起看图画书，看到了玩滋水枪的故事，于是随口说："等天气暖和了，我们就去玩滋水枪。"孩子们欢呼起来。天气暖和了，李老师每天忙着完成教学任务，忘记了对孩子们的承诺。某日，有幼儿提起，李老师用安全和场地等问题搪塞幼儿，后来，又有幼儿提起，李老师仍岔开话题，只字不提带孩子们玩滋水枪的事。"玩滋水枪"事虽小，但幼儿心中就感到老师似乎是不值得信任的人。因此，幼儿教师如果言，就要言而有信，如果诺，就要一诺千金，不要随意向幼儿许诺。

3. 以身作则：要求幼儿做的事自己首先做到。

要求幼儿做的事情自己要先做到，幼儿才会心悦诚服地亲近教师。比如，教师要求幼儿要排队喝水，而当幼儿排队喝水时，教师也应该排到幼儿身后，等待接水，不要任意插队接水。(黑龙江省哈尔滨幼儿师范高等专科学校实验幼儿园　王一菲)再如，要求幼儿不挑食，吃饭时要把饭、菜、汤吃干净，老师就不能只吃爱吃的，不爱吃的扔掉，或饭菜没吃完就扔。（黑龙江省哈尔滨幼儿师范高等专科学校实验幼儿园 史常鑫）还有，要求幼儿看完书放回原处，教师从图书角拿了故事书给小朋友讲完故事后，就不要随手把书放在桌上，而要放回图书角。（黑龙江省哈尔滨幼儿师范高等专科学校实验幼儿园 岳佳楠）和幼儿说七步洗手法，而教师洗手的时候却是只"涮"了一下了事，幼儿看到也会不认真洗手。

可见，最好的诚信教育不是教师的说教，而是教师的以身作则。

一、单选题

1. 孔子说的"其身正，不令而行；其身不正，虽令不止"，从幼儿教师的角度来说可以理解为（　　　）。

　　A. 走路身体一定要端正

　　B. 对幼儿提的要求一定要正确

　　C. 不要教育幼儿，幼儿自己知道什么是好坏

　　D. 教师自己以身作则，幼儿自然会学好

2. 教师与幼儿在社会道德上是（　　　）的关系。

　　A. 上下级　　　　　　　　　　　B. 平等

　　C. 授受　　　　　　　　　　　　D. 相互促进

二、多选题

1. 教师诚信对教育的重要作用包括（　　　）。

　　A. 示范引领作用　　　　　　　　B. 促进师幼和谐相处

　　C. 促进社会对于幼教群体的职业认同　　D. 促进教师专业能力的发展

2. 以下能体现教师言行一致的内容包括（　　　）。

　　A. 实事求是：不哄骗幼儿

　　B. 一诺千金：不轻易向幼儿许诺

　　C. 说了不算：不敢承担

　　D. 以身作则：要求幼儿做的事自己首先做到

三、判断题

1. 幼儿教师诚信教育，以身作则，是影响幼儿最好的资源。（　　　）

2. 幼儿教师要一诺千金，不轻易向幼儿许诺，一旦答应幼儿的事情就一定要做到。（　　　）

四、案例分析题

案例： 今天下午，我和孩子们在草坪上玩纸球，大家开心极了。回到教室，孩子们都一窝蜂似地往保温桶那边挤。让孩子们排好队后，我开始一个一个帮孩子接水。忙完后，我的嗓子也快"冒烟"了，于是便顺手拿了一个小杯子，我觉得用水龙头接水太麻

烦了，想省点事儿，就把杯子伸进保温桶里，这时紫阳大声嚷起来："老师！杯子底下不干净，你把杯子放进桶里盛水一点也不卫生！"孩子们"呼啦"一下围上来，看到紫阳一脸严肃的样子，我的脸马上红了，赶紧把杯子拿出来，对紫阳说："你批评得对，老师错了，马上改正。"雪梅把我的杯子拿来了，我拧开水龙头慢慢接起水来。看到我的举动，紫阳咯咯地笑起来："老师知错就改，也是好孩子！"说完蹦蹦跳跳地走了。看到她那么高兴的样子，我很惭愧。周围有那么多双小眼睛看着自己呢，平时一些不在意的言行，孩子们都会看在眼里，从而对他们产生潜移默化的影响。因此，作为幼儿教师，我们要多多注意规范自己的言行，言传身教、以身作则做一名合格称职的好老师！

问题：上述案例为一刚入职教师的教育随笔，请分析其中体现了幼儿教师诚信教育的哪些准则。

1. 诚信：诚，即真诚、诚实；信，即守承诺、讲信用。诚信的基本含义是守诺、践约、无欺。通俗的表达就是说老实话、办老实事儿、做老实人。

2. 教师诚信：是指教师在教育和教学过程中，对学生、对家长、对学校集体诚实，在忠诚人民的教育事业上言行一致，遵守职业道德要求，以身作则，以获得学生、家长及学校和社会的信任。

第四节　正义行：符合社会规范

教学目标：教师了解并能规范践行其角色承担的社会规范与社会责任。
教学重点：教师能够遵守国家法律，具备教师应有的职业道德和伦理。
教学难点：教师能够主动投身到社会各类活动中，并接受社会公众监督。

正义也称"公正"，是对政治、经济、法律、道德等领域中的是非、善恶的一种道德认识和价值评价。作为道德范畴，即指符合一定社会道德规范的行为。[①] 社会规范：是指调整人与人之间社会关系的行为规范。以一定的社会关系为内容，目的是维护一定的社会秩序。[②]

---

①　徐少锦等. 伦理百科词典[M]. 北京：中国广播电视出版社，1998.
②　曾庆敏. 法学大辞典[M]. 上海：上海辞书出版社，1991.

一、教师践行的社会规范与社会责任

教师的社会责任包括两个方面。一是作为一般社会成员（公民）所必须履行的一般社会责任，如尊老爱幼、遵纪守法；二是作为特殊社会成员（专职教育者）所必须履行的特殊社会责任，对学生的身心进行符合社会要求的教育。

（一）法律责任

幼儿教师不仅要了解国家颁布的法律法规，更要熟知针对教师的法律法规，以及针对学前教育的一些方针政策，也包括国际学前教育的法律法规、政策精神，如《儿童权利公约》等，还要与实践有机结合，用方针政策指导实践过程，在实践中反思，贯彻落实好法律法规及方针政策。

（二）职业道德与伦理

职业伦理指职业生活中的道德关系①，而所谓职业道德，就是同人们的职业活动紧密联系的符合职业特点要求的道德准则、道德情操与道德品质的总和，它既是对本职人员在职业活动中行为的要求，同时又是本职业对社会所负的道德责任与义务。职业道德的主要内容包括爱岗敬业、诚实守信、办事公道、服务群众、奉献社会等②。幼儿教师需要遵守职业道德，确定职业目标、做好职业规划，要忠于职守，热爱专业。幼儿教师的职业道德要从自我认知开始，同时将外界要求转化为自身职业需求，产生对职业的喜欢和认同，具备教师应有的职业道德和伦理。

（三）社会公德

社会公德是全体公民在社会交往和公共生活中应该遵守的行为准则，涵盖了人与人、人与社会、人与自然之间的关系。主要包含文明礼貌、助人为乐、爱护公物、保护环境、遵纪守法等。③ 幼儿教师要建立良好的社会形象。一方面，要为人师表，注重言行举止，对幼儿发挥积极的影响和教育作用；另一方面，作为特殊社会群体，要行为世范，规范社会公德。

二、教师践行社会规范的方法

加强法律意识，严守国家法律法规是幼儿教师践行社会规范的基本准则。为使幼儿

---

① 《简明伦理学辞典》编辑委员会．简明伦理学辞典［M］．兰州：甘肃人民出版社，1987.
② 煤炭工业职业技能鉴定指导中心．采煤机司机（初级、中级、高级）［M］．北京：应急管理出版社，2017.
③ 倪愫襄．伦理学简论（第2版）［M］．武汉：武汉大学出版社，2018.

教师能更好地践行社会规范，社会和教育管理部门应加强合作，宣传营造幼儿教师懂法守法的氛围。

（一）加强法律意识，严守国家法规

幼儿教师要主动学习国家法律法规，如《未成年人保护法》《中华人民共和国教师法》《中华人民共和国教师法》《幼儿园管理条例》和《幼儿园工作规程》等，做到加强法律意识，明确法律要求，严守教育红线，规范自身行为，杜绝违反法律法规、违反教师职业道德的行为。幼儿园在开展法律法规培训时要注意丰富培训形式，可以通过竞赛、文艺表演等方式带动教师们学习法律法规；另外，培训内容要注意和教师日常工作相结合，切勿空谈空讲，学一套，做一套。

（二）投身各类社会活动，树立幼师社会形象

幼儿教师应"走出去"，参与社区和当地政府举办的社会活动，如感动人物评选、身边的好人好事等演讲活动，宣传幼师形象。另外，可以"请进来"，将媒体请到园所中，报道园所特色活动及教师先进事迹。同时，教师还可投身社会公益事业，参与志愿者活动，也可以利用自身学科优势到社区宣讲早教知识，均有利于提升幼师的社会形象。

教育管理部门应该重视教师培养工作，为教师多搭建学习和展示平台，鼓励教师积极参与和投身各类社会活动。

（三）建立信息公开平台，接受社会公众监督

世界教育规划研究专家沙布尔·拉塞克、乔治·维迪努认为："学校不可能垄断教育，必须把学校教育同家庭、幼儿周围的人们以及大众传播媒介的影响协调起来。"协调这些关系就是在建构社会公众监督的途径和方法。社会公众监督指普通公民和公民组织，通过合法的渠道参与公共权力机关运行并对公共权力机关及其工作人员的活动进行监察和督促的政治行为①。社会公众监督包括：新闻媒体的监督、社会团体的监督、第三部门的监督和社会民众的监督②。因此，幼儿教师要能够接受社会公众监督，就要做到：第一，及时性的沟通，如电话、短信、微信、邮件，论坛等；第二，通过网络平台接受社会公众监督，如公众号、园所官网、问卷星调研等；第三，实地考察，如邀请公众及家长进园参观、听课、品食等，为社会公众提供交流和讨论的平台等，便于接受公众监督。

---

① 李洪峰，王文章.廉政文化论集［M］.北京：文化艺术出版社，2010.

② 刘惠林.中国地方教育财政问题研究［M］.哈尔滨：黑龙江人民出版社，2018.

家长品尝幼儿园菜品，为膳食管理出谋划策

　　幼儿膳食是家长关心的事情。为了接受家长的日常监督，每周邀请家长进园考察食材、现场观摩做饭流程、品鉴幼儿新版饮食，为如何科学搭配营养和保障食品卫生安全提建议、解难题，在家长的监督、建议下，幼儿膳食管理工作得到很大提高，也收获了社会好评。

　　（案例来源：黑龙江省哈尔滨幼儿师范高等专科学校实验幼儿园　杨吉顺；指导者：王颖园长）

 **案 例 点 评**

　　很多幼儿园的膳食也都进行营养配餐，但能做到制度性地周周接受家长（包括社会公众）监督是不多的，案例中的幼儿园膳食常态就有：可爱的兔头卷、五彩缤纷的彩虹水饺、翩翩起舞的蝴蝶卷、外酥里嫩的油焖大虾、松软可口的海绵蛋糕……但如果没有请家长到园参观，家长们不知道，就无法得到社会的检验，而只有当家长亲临现场，亲眼看到食材及做饭流程，又能品尝的时候，家长就放心了，并对幼儿园纷纷点赞。当家长参与幼儿园的膳食管理工作时，就会提高幼儿园的膳食水平。

 **教 育 建 议**

　　①幼儿园要更多开放社会监督渠道，广开言路，通过和社会的沟通完善自身发展。

　　②类似本案例的活动如果不适合每周都进行，也可结合运动会、园所开放日，或节日庆祝等活动，开展形式多样、内容丰富的社会监督活动，提高幼儿保育水平。

练 习 题

一、单选题

1. 幼儿教师需要遵守的职业道德中，下面哪项是错误的(　　)。
　　A. 爱岗敬业　　　　　　　B. 诚实守信
　　C. 奉献社会　　　　　　　D. 体罚幼儿

2. 幼儿教师建立良好社会形象的方法不包括(　　)

A. 一切听从家长建议

　　B. 为人师表，注重言行举止

　　C. 行为世范，规范社会公德

　　D. 对幼儿发挥积极影响和教育作用

二、多选题

1. 幼儿园开展法律法规培训，可以通过以下哪种形式(　　　)。

　　A. 竞赛　　　　　　　　　　B. 文艺表演

　　C. 参加志愿活动　　　　　　D. 社区宣讲

2. 幼儿教师接受社会公众监督，要做到(　　　)

　　A. 及时性的沟通

　　B. 通过网络平台接受社会监督

　　C. 邀请家长入园进行实地考察

　　D. 为公众提供交流和讨论的平台

三、判断题

1. 依法治教的主体就是各级行政机关。(　　　)

2. 制止有害于幼儿的行为或者其他侵犯幼儿合法权益的行为，批评和抵制有害于幼儿健康成长的现象，这是幼儿教师应当履行的义务。(　　　)

四、案例分析题

　　案例：传统的家园互动方式，比如：家园联系册、家长讲座、家长会都是家园沟通的重要形式。家长沙龙让家长自己相互交流育儿的困惑和经验，为家长提供多样化的育儿方式。家长开放日可以让家长在幼儿园对幼儿的半日学习生活活动进行观摩，从而更清楚地了解幼儿在园的表现。多样化的亲子活动可以让家长与幼儿在活动中增进感情。家长志愿者也是家长参与幼儿园生活的重要方式，在幼儿园组织的大型活动中，可以请家长承担摄影、宣传、引导等方面的工作，同时还可以请家长以志愿者的身份进入幼儿园陪伴幼儿阅读，根据自己所擅长的领域为幼儿开展一次教学活动，还可以请家长做一次教师助理协助教师的教育教学工作。真正做到把家长作为教育资源引进幼儿园，同时借助家长资源把家长的工作平台作为幼儿学习的重要途径。

　　问题：上述案例提到了哪几种家园互动方式？从中体现出教师的哪些社会责任？

五、简答题

1. 幼儿教师如何做到平等地对待幼儿？

2. 作为幼儿教师如何践行社会规范？

 本节概念

　　1. 正义：也称"公正"，指对政治、经济、法律、道德等领域中的是非、善恶的一种道德认识和价值评价。作为道德范畴，即指符合一定社会道德规范的行为。

　　2. 社会规范：是指调整人与人之间社会关系的行为规范。以一定的社会关系为内容，目的是维护一定的社会秩序。

3. 职业道德：就是同人们的职业活动紧密联系的符合职业特点要求的道德准则、道德情操与道德品质的总和，它既是对本职人员在职业活动中行为的要求，同时又是本职业对社会所负的道德责任与义务。

4. 社会公德：是全体公民在社会交往和公共生活中应该遵守的行为准则，涵盖了人与人、人与社会、人与自然之间的关系。主要包含文明礼貌、助人为乐、爱护公物、保护环境、遵纪守法等。

第六章 使 命 篇

学习目标：

1. 了解和本章有关的理论知识，理解归属感、责任感、成就感和幸福感的基本含义。
2. 了解和掌握提升归属感、责任感、成就感和幸福感的途径和方法，促进幼儿教师在实践中主动提升职业素养。

学习重点：关于归属感、责任感、成就感和幸福感的培养和提升的方法。

学习难点：已有研究和主要理论的理解。

第一节　归属感：认同并愿意投入

人类具有社会属性，每个人都不可能脱离他人而独立存在，总是处于某个群体之中，比如家庭、社区、学校、公司、国家等。现实中，由于社会角色、年龄等因素，一个人往往还同时从属于多个群体，比如既是班级的一员，也是家庭的一员，还可能是工作团队的一员等。

在不同的群体中感到被接纳、被认可并且接纳和认可自己所在的群体，获得心理上的安全感，就是通常所说的归属感。它反映的是人们希望作为关系或群体的一部分被接受的情感需求。归属的需要是个体的基本需要之一，人们渴望感受到自己能够融入一段关系或一个群体中，成为其中的一员，在其中找到自己的位置，被确认和评价为真实的自我。归属感对一个人的影响非常重要，归属感也是自我认同的重要支柱，对于一个群体而言，其成员的归属感也是非常重要的发展基础。

一、相关理论介绍

(一)需要层次理论

需要层次理论把人的需要分成五个层次，即生理需要、安全的需要、爱和归属的需要、尊重的需要以及自我实现的需要。这五个层次是由低到高逐级形成，并逐级得以满足的。人的需要有先后顺序和高低层次之分，在基本层次需要得到满足后，就会产生更高层次的需要。

当温饱问题得以解决，人们有了安全、没有威胁的环境，生存得以保障之后，对友谊和爱的需要很快就出现了。人们就会开始寻求爱与归属感——需要爱人与被爱，想要找到令自己感到安心、被接纳的地方和群体，找到自己在社会中的位置。心理学家马斯洛认为，"低层次需要的满足并不能保证幸福。现在人们强烈地感受到缺少朋友、情人、妻子和孩子，人们渴望与人的亲密关系，尤其是在群体或家庭中"。

"归属和爱的需要"是人的重要心理需要。在这一层需要被满足了之后，能更好地满足尊严和自我价值实现的需要。满足了这一需要，人们才有可能"自我实现"。

（二）社会认同理论

社会认同理论是塔菲尔和特纳等人提出，并在群体行为的研究中不断发展起来的。[①] 强调个体对群体的社会认同作用，并以此来解释群体间的行为。

认同是人类一生当中都要面临的核心问题之一。个体认同是指个体在与其他个体的比较中所获得的自我概念，社会认同则是在社会范畴或群体成员关系中获得的自我概念。个体认同是根据个体的性质与特征而进行的界定，社会认同则一般定位了个体与社会类别、社会地位和社会状态的关系。区分二者是非常重要的，二者之间的区别是人为的区别。

1. 主要观点。

社会认同理论的核心观点是：社会认同主要来自群体成员身份或资格，人们努力追求或保持一种积极的社会认同，以此来增强自尊，而且这种积极的社会认同主要来自内群体与相关外群体之间的有利比较。

社会认同往往与某些社会参照物有关，这个参照物通常是一个社会群体。如果某个社会参照物能影响一个人的心理变化，就能说明对这个参照物的认同。

2. 社会认同的基本过程。

社会认同是通过类化、认同、比较建立的。（1）类化。类化是一个随分类环境而变通的历程，是对自我和他人的区分，然后是我们和他们的区分。区分自我和他人是早期社会化的必然结果。人们在特定的处境中会将自己归入某个社会类别，自动区分内群体和外群体。（2）认同。认同是社会认同理论的核心，包含两层意思：一是鉴别、辨别之意，就是可以将个人与他人分辨出来的个人和社会特征；二是等同的含义，当采纳了某一个社会群体的成员身份资格时，人们会将符合内群体的特征赋予自我，就是定义为自我意向或者自我概念。（3）比较。人们进行社会比较的目的，大部分是为了自我提升。重要的是比较的结果，而不是比较的机制。

---

① 张莹瑞，佐斌. 社会认同理论及其发展[J]. 心理学报，2016，14(3).

二、归属感的功能

(一) 提供社会支持

归属不等同于从属，它强调的是一个人在一段关系或一个群体中感受到自我价值的肯定。对于个人来说，归属感最重要的功能之一就是为人们提供好的社会支持，这种支持既是资源上的，又是情感上的。

一个人如果有了固定的住所和稳定的收入等，在生存得以保障之后，就会开始寻求爱与归属感。如果这些需要得不到满足，人便会产生强烈的孤独感、疏离感及痛苦体验。美国密歇根大学的一项研究显示，缺乏归属感还会增加一个人患抑郁症的风险。归属感的匮乏会引发大量的焦虑。研究发现，当人们感到不被社会群体接纳时会感到非常焦虑；一旦再次感受到接纳和认同，这种焦虑就会消散。

归属感还与人们的身心健康密切相关。充足、稳定的社会支持对心血管系统、内分泌系统、免疫系统，甚至基因表现都有相应影响。

(二) 团队凝聚力的核心

对于团队来说，归属感是团队凝聚力的核心。

团队中的成员具备归属感，首先会认同所在团队的集体文化、职业价值观等，主动维护和捍卫所在集体与单位声誉、荣誉，以所在集体或单位的进步与发展而高兴与自豪。其次，会表现为更多的工作积极性和主动性，认真工作以适应团队要求，用实际成绩和贡献表明自己的归属感。对有损集体与单位声誉与利益的事，主动制止。再次，会在团队中不断认识自己，了解自己在团队中的坐标和目标，在团队的发展中更好地发展自己，实现团队和个人的共同进步。反之，缺乏归属感的人会对自己从事的工作缺乏激情，责任感不强，主动性不足。

三、归属感对于幼儿教师的意义

归属感使得个体将自己融入整体中，将整体利益作为自己行事的出发点和归结点。职业归属感是个体对自己在组织中的发展方向和途径有清楚的认识和规划，愿意在组织中占据一定的位置，并为组织承担重大责任，愿意在组织中发展，有为组织施展自己才干的心理感受。具体到幼儿教师，归属感涉及在思想上、心理上、感情上对幼儿教育的认同感、公平感、安全感、价值感、工作使命感等，对幼儿教师做好本职工作产生积极意义。

(一) 提升对所在团队的认同度与荣誉感

认可及被认可是归属感建立的重要途径，团体用文化引领个体，个体就更容易认可团体所秉持的理念或价值观，认可团体所倡导的事。

真正的教育者都有浓厚的教育情怀和教育信仰，体现在有坚定的价值追求和高度的责任感、使命感上。所以，让所有教师都为幼儿园的愿景努力应成为管理的追求。如何用文化建设熏陶教师的信念？

1. 从建构环境文化做起。

通过营造有归属感的工作氛围，让教师找到以园为家的温暖。比如，幼儿园设置环境优美的艺术角，供教师在课余时间品茶、练字、涵养身心。创设温馨的"妈咪小屋"，供产假刚结束的妈妈休息哺乳。其次，让园所文化入心入脑。每年对教师进行文化培训，帮教师了解园所的历史、理念、精神以及制度文化。设置教育故事会、班主任论坛等载体，让园所文化落地生根。创设"成长俱乐部"，帮助新教师适应工作岗位等。

2. 从通过常规活动鼓励教师修炼师德转向用柔性价值引领教师。

师德修炼是每名教师的必修课。一些园所在每年教师节前夕，组织教师开展师德宣誓暨演讲比赛，邀请家委会代表担任评委。这种做法的确修炼了教师的师德，但与教师的自我觉醒还有距离。所以，有些园所更提倡"价值引领"，在潜移默化中感染教师，塑造教师，锤炼教师的师德。

激发情怀，引领教师追求教育价值

沈园长收到大(4)班全体家长感谢楼老师的联名信，信中写道：三年来，和蔼可亲的楼老师总是笑迎每个孩子："宝贝，你来了，早上好。"每天离园，哪怕班上只剩一个孩子，她也照样津津有味地给孩子讲故事、做游戏……日复一日，我们做父母的也很难做到每天笑对自己的孩子，但楼老师做到了。

这样一位看起来普通却深受家长肯定的老师，不正是我们学习的好榜样吗？像楼老师这样，在平凡的工作中发光发热，不正是体现出了幼儿教育的价值吗？于是，"榜样就在身边"说事评议会就出现了，引起了教师的热烈反响："和楼老师相比，我觉得自己做得还很不够""我要更耐心一些"……楼老师成了所有人的榜样，大家都把自觉做好本职工作当成追求自我价值的平台。

（原文章标题为：给所有教师站"C位"的机会，本案例为节选。）

（案例来源：《中国教育报》，作者：浙江省东阳市实验幼儿园　沈群英）

价值的引领，带领老师们找到了"家"的感觉，在这个"家"里被关怀、被看见、被

欣赏，激发出了归属感和荣誉感。价值引领能够把教师从硬性的管理制度与师德说教中解放出来，使教师在对幼儿园的归属感、亲近感中建立主人翁意识，成为管理制度的忠诚维护者。

①幼儿园作为有统一目标和任务的团队，经常介绍和展示工作价值是非常重要的，需要常做常新，创新方法和途径，而不是搞一两次活动。

②被认同和认同都需要教师主体的主动参与，贴近生活和实际的做法会更加有效。

(二)更好地分工合作

在有归属感的团队中，个体需要有一定程度的参与感，而不是消极、被动地承担和接受。也就是说，人们会积极主动地做出一些行为，并知道自己的行为是有意义的，且能够对他人造成一些影响。这样，在团队中，与伙伴之间的合作与互动就被调动起来，发挥各自的参与积极性，共同完成任务。

> **班级教师如何合理分工**
>
> 　　幼儿园的每个班级都是一个小家庭，每个班级都会配备班主任、配班教师、保育员三位教师，三位教师的合理分工和配合很重要。这种"三位一体"的管理观运用于班级管理工作，使三位教师在思想上达成共识，在目标上达成一致，在行动上共担责任，各司其职、分工合作。
>
> 　　在每次家长会、家园合作活动前，一起商讨和部署相关事项，明确各自职责，即班主任全面负责组织、安排各项准备工作，承担半日活动的设计及实施；配班教师全力协助班主任做好半日活动的材料准备；保育员详细了解半日活动的结构、目标、内容及各环节的观察指导重点，积极配教，保证圆满完成任务。
>
> 　　　　　　　　　　　　(案例来源：江苏省昆山市淀山湖中心幼儿园　尤静玉)

因为有明确的任务和角色，三位教师都能在班级管理中找到自己的位置，从而发挥出自己的价值。

①教育教学活动中经常需要教师们分工合作，每次的任务和目标不同，各自的分工也会不同，所以需要根据实际工作灵活调整。

②分工与合作都需要考虑教师们的优势和特长，做到人尽其才。

(三)发展对工作的兴趣和热爱

如果教师在工作团队边缘，归属感就会促使教师努力证明自己适合这个团体；如果在群体之外，教师往往会模仿和学习这个群体的行为模式，以使自己被他人接受并加入这个团体。为了更好地达成以上目的，教师需要对当前所从事的工作投入热情和关注，从中找到可以帮助自己更快适应环境和工作要求的切入点，发展成兴趣。

(四)建立良好的人际关系

拥有归属感，意味着人们能在团队中找到某种相似性，这种相似性可能是和某个人、某个群体有共同的爱好、价值观或理想，也可能是某个地方和自己生活过的环境有相似之处，还可能是团队中的某个人有似曾相识的亲切感。在这样的基础上，更容易与他人建立情感上的链接。

(五)促进个人价值和团队价值最大化

归属感产生的一个重要前提是在所处的环境能得到一种安心和踏实的感觉。在这种感受中，人们不需要时刻保持警惕，或者因为怕受伤害伪装自己。相反，个人的聪明才智和创造性会因为有足够的安全感和被接纳的感受，更好地发挥出来。

当人们认为自己属于某个群体时，工作会格外积极，需要在这其中得到一定程度的认可。当团队中的个体都因此有足够的热情和积极性面对工作时，团队的效率和工作成效就能得到最大限度的发展。

四、提升幼儿园教师归属感的策略与方法

归属感的形成是一个由浅入深、渐进互动的过程：首先，教师通过各种途径获得大致信息，了解物质利益、文化和价值观等意识形态等是否基本符合自己的价值标准；其次，教师开始全面认知、熟悉这些利益、文化和价值观，基本认同幼儿园的理念、工作模式和行为规范；最后，随着在物质上和精神上的不断满足，及对生理、心理、感情、人际关系等多方面的需要，教师对幼儿园的核心价值观产生了深层次的认同感，并逐步提高自己的安全感、公平感和价值感，随着工作使命感和成就感的增加，教师的满意感也会不断增加，最终形成对幼儿园的归属感。

综上所述，培养和提升归属感可以从以下两个方面进行：

（一）从园所建设的角度提升归属感

1. 了解幼师需要。

幼儿教师不仅有教育的职责，还有养育的责任。作为园所，帮助幼儿教师建立归属感，首先要了解和满足他们的需要。除了正常的待遇与福利、生活的关心之外，对幼儿教师在学前教育岗位上的目标和价值，对实际工作中自身努力的结果，都需要关注和鼓励。

 **案 例 三**

立足平凡岗位绽放党员风采

幼儿园结合党支部"争做进博先锋党团员在行动"主题，开展"亮身份作表率树形象，创建党团员示范岗"展示活动，活动内容丰富多彩，教师可自主选择，满足了教师们的不同需求。党团员们分享了案例分析《小小解放军》，展示了集体活动"好玩的麻花辫"等。这种示范岗活动，既为党团员教师提供了专业展示的平台，又为园内全体教师互观互学、交流研讨创造了机会，锻造出一支政治立场坚定、专业素质过硬的教师队伍，发挥了党团员先锋模范作用。

（案例来源：徐汇教育网：上海市徐汇区龙山幼儿园 唐伟丽）

 **案 例 点 评**

社会与团体的认同是归属感建立的重要基础。"示范岗"活动对党团员教师的身份、能力都给予了认同，不仅能推动党团员教师的工作热情和专业发展，也会激发他们的责任感与使命感，而且参与观摩的教师，也能从园所提供的学习机会中感受到园所对自己的重视、支持，满足了专业成长中的需求，这种社会资源的支持，无形中也推动了教师们归属感的建立。

 **教 育 建 议**

①要根据不同年龄层次、不同专业能力、不同个性教师的需求与优势，搭建优势展示平台，使每位教师都能在工作中感受到认同、接纳、重视，产生归属感。

②作为幼儿教师，应该主动抓住各种机会积极参与活动，通过能力展现、特长发挥、需求表达，主动建立归属感。

2. 提升管理艺术。

人们普遍认为，加薪能够提升员工的归属感，其实不然，"加薪能够保证员工不辞职，但无法保证员工有你所期待的积极性"。所以，除了薪酬外，可以在"权力、目标参与、培训、晋升、情感、荣誉、尊重"等方面激励员工，每项激励都有适用的时机和环境。每个层面的员工需求不同，所采取的办法也有不同。

解剖管理现场，挖出真问题（节选）

发现问题不能仅依赖管理者本人，不同岗位、不同视角的碰撞，能帮助幼儿园找全、找准发展中的问题。为方便教师及时记录发现的问题，每个班级设立"我的问题困惑板"，管理者随时入班摘录；为听到"负面"声音，幼儿园专门推出"抱怨箱"；为鼓励人人参与，考核中设立"好问题奖"。这些措施都是为鼓励所有人发现问题、提出问题，为幼儿园制定规划建立起立体、全方位的资源库。将这些问题归类、细化，就能制定出吻合本园发展的规划。而且，人人都因自己提出的问题，直接、间接参与了幼儿园规划的制定，让规划推进有了最好的开始。

（案例来源：中国教育新闻网：浙江省宁波市闻裕顺幼儿园　李江美）

案例点评

幼儿、教师、家长用心发现幼儿园发展中问题的过程，就是最好的参与幼儿园治理的过程，因为问题折射的是他们对幼儿园发展的期盼。所有人因为提问题而感受到了被重视，对幼儿园产生了归属感。

教育建议

①首先要明确什么是管理。管理不是如何使用权利，是如何把人管好，把事儿理顺。把人管好，引领大家向同一目标行进，建立共同的目标与愿景，让每个人都能对幼儿园产生归属感。

②创设具有归属感的团队氛围。幼儿园要从思想、言行、管理行为等方面创设让教师感受到被理解认同、被接纳重视的归属感氛围。认同，有时可能只是一个不经意的点头；接纳，有时候可能仅仅是给予一个机会。

3. 提高教师的职业认同感。

体验参与并且寻找相似性和共同点，加强对成员间和团队的了解和认识，对于更好地理解和接受职业的特点、要求等有积极意义。在常规的教师培训中，除了专业知识和技能之外，拓展活动也是一个很好的提升归属感的方式。一项以感悟为目的、培训为方式、游戏等多种形式为载体、积极向上的互动型活动，可以促进幼儿教师增强团队凝聚力、提升职业自信和自觉。

4. 完善园所工作环境。

教师归属感环境体系包括外部环境（政策环境、社会环境）和内部环境（幼儿园环境、教师对自我身份归属认同）两个方面。外部环境的构建与国家政策、社会认同有关，有不可控性，但是幼儿园内部环境的构建是可行的，可以以党建为引领、思想宣传与文化建设共同发力，探索出一条能真正凝聚教师情感的有效途径以及为教师构建一个有效的、良好的内部环境。

工作环境轻松、愉快，团队成员互帮互助、团结友爱，是建立团队归属感的重要组成部分。教师在舒适的工作环境中工作，得到的不仅是工作上的满足，更多的是精神上的愉悦。

（二）从个人成长的角度提升归属感

1. 树立合理的信念，全面客观地看待自己和环境。

美国心理学家阿尔伯特·艾利斯（Albert Ellis）是理性情绪疗法的创始人，他认为，人既可以是有理性的、合理的，也可以是无理性的、不合理的。合理的信念会引起人们对事物的适当的、适度的情绪反应；而不合理的信念则会导致不适当的情绪和行为反应。

非理性的信念有三个特征：绝对化的要求、以偏概全的评价和糟糕至极的结果。常见的 11 种不合理信念是：

（1）每个人绝对要获得周围环境尤其是生活中每一位重要人物的喜爱和赞许。

（2）个人是否有价值，完全在于他是否是个全能的人，即能在人生中的每个环节和方面都能有所成就。

（3）世界上有些人很邪恶、很可憎，所以应该对他们做严厉的谴责和惩罚。

（4）如果事情非己所愿，那将是一件可怕的事情。

（5）不愉快的事总是由于外在环境的因素所致，不是自己所能控制和支配的，因此人对自身的痛苦和困扰也无法控制和改变。

（6）面对现实中的困难和自我所承担的责任是件不容易的事情，不如逃避它们。

（7）人们要随时随地警惕危险和可怕的事，应该非常关心并不断注意其发生的可能性。

（8）人必须依赖别人，特别是某些与自己相比强而有力的人，只有这样，才能生活得好些。

（9）一个人以往的经历和事件常常决定了他目前的行为，而且这种影响是难以改变的。

（10）一个人应该关心他人的问题，并为他人的问题而悲伤、难过。

（11）对人生中每个问题，都应有一个唯一正确的答案。如果找不到这个答案，就会痛苦一生。

2. 主动与人交往，积极建立友谊。

阿尔弗雷德·阿德勒在《生命对你意味着什么》一书中提到：① 友谊是产生社会感的途径之一。从友谊中，人们学会用另一个人的眼睛来观看，用他的耳朵来聆听，用他的心来感受。如果教师没有朋友，没有伙伴，他便不会产生与别人认同的能力。因此，需要在团队中和同伴建立情感上的深层链接，这对于归属感的形成非常重要。

3. 发现和创造所在团体的意义。

当进入新的工作单位或新的团体，不一定会马上融入或者喜欢，但是需要人们主动去发现。比如，每天清晨园门口孩子们天真的小脸，滑梯旁边欢乐的笑声，教学楼里矮矮的台阶走起来别有风味，每天不重复的配餐赏心悦目，以及同事们悄悄帮你带的奶茶，等等。这些，都会让教师们感受到工作的意义，并且乐于投入其中。

还有一件重要的事就是试着制造更多的意义——与人之间的意义，以及与这个地方之间的意义。比如，树立一个小目标，每天给班级里的一个孩子拍一张灿烂笑脸，一个月后就可以办一个班级的笑容展；树立一个稍大一点的目标，比如半年之内学会简笔画，课堂上随时可以发挥画技。创造的意义越多越丰厚，教师在团体中就会越来越感受到归属感。

4. 做好职业发展规划。

在需要层次理论中，自我实现的需要是最高层次的需要，也是最难得到满足的需要。做好职业生涯规划，可以帮助教师在不同的发展阶段得到充分的关注和支持，顺利完成每一个阶段的发展任务，更快地实现自我。在职业生涯的规划中，一方面需要争取团队平台，比如匹配的岗位，对潜力和创造力发挥的机会，必要的资源支持和情感支持等；另一方面也需要教师主动做好自己的职业生涯规划，明确自己短期、中期和长期目标，对自己从事的幼儿教育有整体的、长远的发展要求，选择合理的步骤去实施。当教师在幼儿教师职业中能够实现自我的发展，得到自我的成长，对幼儿园的归属感就建立起来了。

5. 保持内心的平静。

布琳·布朗在《归属感》一书中谈到："只有在我们向世界展露真实的、不完美的自我时，真正的归属感才会出现。当我们完全属于自己、相信自己的时候，我们就拥有了真正的归属感。"

因此，即使是离开了让自己感到安心的地方和人，到了一个完全陌生的城市，被素不相识的人包围，也要努力寻找使内心平静的事情，比如：深呼吸、踏步、泡澡、读书、写字、唱歌、看电影等。在未能从外界获取归属感之时，可以做的最好的事，就是努力让自己静下来，以宁静的心去寻觅归属。

---

① 阿尔弗雷德·阿德勒. 生命对你意味着什么［M］. 北京：国际文化出版公司，2007.

一、单选题

1. 在不同的群体中感到被接纳、被认可并且接纳和认可自己所在的群体，获得心理上的(　　)，就是通常所说的归属感。

　　A. 满足感　　　　B. 责任感　　　　C. 安全感　　　　D. 愉快感

2. (　　)认为：友谊是产生社会感的途径之一。

　　A. 马斯洛　　　　　　　　B. 阿尔弗雷德·阿德勒

　　C. 阿尔伯特·艾利斯　　　D. 特纳

二、多选题

1. 马斯洛的需要层次理论把人的需要分成五个层次，即生理需要、安全的需要、(　　)、尊重的需要以及(　　)。

　　A. 爱和归属的需要　　　　B. 人际交往的需要

　　C. 职业培训的需要　　　　D. 自我实现的需要

2. 以下哪些是艾利斯提出的不合理信念？(　　)

　　A. 面对现实中的困难和自我所承担的责任是件不容易的事情，倒不如逃避它们。

　　B. 人们要对危险和可怕的事随时随地加以警惕，应该非常关心并不断注意其发生的可能性。

　　C. 一个人以往的经历和事件常常决定了他目前的行为，而且这种影响是永远难以改变的。

　　D. 一个人应该关心他人的问题，并为他人的问题而悲伤、难过。

三、判断题

1. 塔菲尔和特纳认为，个体认同是指个体在社会范畴或群体成员关系中获得的自我概念。(　　)

2. 艾利斯认为，非理性的信念有三个特征：绝对化的要求，以偏概全的评价和糟糕至极的结果。(　　)

四、案例分析题

案例：踏入全新装修的办公楼，可以发现员工办公区特别设置在朝阳的南面，管理层人员则选择了背阴面。办公楼内设有休闲吧、阅览室、露天阳台，正如电视中的白领，工作倦怠时员工可以喝下午茶、借阅图书、享受阳光氧吧带来的新鲜空气。

早上既有供应品种丰富的早餐，随时供应的零食和饮料，午餐也不断变换口味，为员工提供健康、美味和颇具亲切感的家常饭菜。"我们并不是把追求利润放在唯一重要的位置，而是倡导快乐工作，以人为本的宽松型管理方式。而员工的工作自律，完全通过企业文化和工作氛围的熏陶而打造出来，毕竟工作最重要的动力是自愿和快乐"。

（案例来源：《经典案例：英格玛如何让员工更有归属感》，百度文库）

问题：请结合以上资料，谈谈什么样的环境对于归属感的建立是有利的？

第二节 责任感：对工作抱有希望

幼儿时期是个体生长发育的关键期，每一个变化都关系到今后的健康和成长，幼儿时期的经验对于一生至关重要。所以，幼儿教师这个职业，既需要有高度，又需要有温度，更需要耐心、细心和责任心，不断树立和培养责任感。

《中国学前教育百科全书心理·发展卷》指出，责任感是人在道德活动中，对自己完成道德任务的情况积极主动、认真负责的态度而产生的情绪体验。

责任感从本质上讲既要求利己，又要利他人、利事业、利国家、利社会。当自己利益同国家、社会和他人利益相矛盾时，要以国家、社会和他人的利益为重。人只有有了责任感，才能驱动自己勇往直前，才能感到许多有意义的事需要去做，才能感受到自我存在的价值和意义，才能得到人们的信赖和尊重。相比较一般心理情感，责任感属于社会道德心理范畴，责任感是思想道德素质的重要内容。

一、责任感的重要性

责任感是一个人对自己、自然界和人类社会，包括国家、社会、集体、家庭和他人，主动施以积极有益作用的精神。有了责任感，工人能够精益求精，农民能够辛勤耕耘，士兵能够驰骋疆场，学生能够主动学习，知识分子能够创新科技。人人有责任感，则国家富强，中华崛起。

梁启超在《最苦与最乐》中提到："人生什么是最苦呢？贫吗？不是。失意吗？不是。老吗？死吗？都不是。我说人生最苦的事，莫若于身上背着一种未了的责任。""翻过来看，什么是最快乐呢？自然责任完了，算是人生第一件乐事。""凡属我受过他好处的人，我对于他便有了责任。凡属我应该做的事，而且力量能够做得到的，我对于这件事便有了责任。凡属我自己打主意要做一件事，便是现在的自己和将来的自己立了一种契约，便是自己对于自己加一层责任。"①

一些做出重大贡献的杰出人物，在自己并非最喜欢和最理想的工作岗位上创造出奇迹，这与他们具有强烈的责任感有关。美国心理学博士艾尔森对世界100名各领域中的杰出人士调查发现，61名竟然是在自己并非喜欢的领域取得了辉煌业绩。在这种高度责任感的驱使下他们取得了成功。

责任感是人的基本道德规范，在素质结构中处于核心地位，在责任感的基础上才能架构整个道德体系的各种元素。

---

① 梁启超.《饮冰室合集》集外文［M］. 北京：北京大学出版社，2005.

二、与责任感有关的理论简介

（一）科尔伯格的道德发展阶段理论

美国心理学家科尔伯格，采用"道德两难故事法"研究儿童的道德发展，其中有著名的实验"海茵茨偷药的故事"。

故事是这样的：海茵茨的妻子患癌症，需要一种极贵的药治疗。这种药剂成本 400 元，卖价 4000 元。海茵茨没钱，于是他去恳求药剂师便宜一点卖给他们。药剂师拒绝了。海茵茨走投无路，晚上偷偷跑去把药偷回来，治好了自己的妻子。

科尔伯格讲完这个虚构的故事，开始询问一些年龄不同阶段的儿童：

1. 海茵茨应该去偷药吗？
2. 海茵茨的做法对不对？
3. 海茵茨有责任和义务偷药吗？
4. 人们全力以赴地挽救另外一个人的生命是否重要？为什么？

通过儿童的观点和他们做出选择的理由，总结出儿童道德的发展的三水平六阶段。主要内容分别是：

前习俗水平（9 岁之前）	服从与惩罚的道德定向阶段	衡量是非标准由成年人决定，重视行为结果，认为受赞扬的行为就是好的，受惩罚的行为就是坏的
	相对功利的道德定向阶段	对道德的标准来自对自我的满足或他人的满足。大多时候以自我为中心，认为符合自己需要的行为即是正确的
习俗水平（10—20 岁）	寻求认可取向阶段	凡取悦于别人，满足他人愿望的行为是好的，否则就是坏的。跟随大众，希望得到大家的赞赏，期待做一个别人眼中的"好孩子"
	遵守法规取向阶段	认为正确的行为要遵守社会公共秩序、维护法律法规权威、尽到社会责任感。此时，他们已经开始意识到社会体系和良心的重要性
后习俗水平（20 岁以后—）	社会契约取向阶段	认为法律法规规范我们的社会秩序，应该遵守，并且有强烈责任心和义务感。但是，法律是人们共同商量的契约，可以改变
	普遍伦理取向阶段	个体具有抽象的道德概念，以尊重个体和做事情以个人良心要求自身。认为既然这是正确的，我们就应该坚持下去

科尔伯格认为人的道德认知是从低级到高级逐步形成的，有自身的规律性，主张道德教育变灌输式为引导式，善于用每一阶段的推理促进道德思维的发展。

对幼儿教师责任感培养的启示：虽然科尔伯格的研究具有一定的局限性，但是对我们深入理解道德思维的发展提供了视角。提示我们：对于应该做、值得做和有必要做的事，需要勇于面对，承担好自己的责任，当具备责任感的时候，往往更倾向于用专业的伦理规范作为自己的价值取向。幼儿教育的工作几乎都是繁杂琐碎的"小事情"，但是教师的责任感就体现在这样一件件小事情之中，越是具体越是需要很强的责任心。比如教会孩子自己穿衣、自己吃饭，并不容易，每个孩子的学习表现也不一样，需要教师有更多更好的耐心和包容心，更多地在"普遍伦理取向阶段"的水平上做好本职工作。

（二）边界意识

1. 有关理论。

边界意识是指一个人清晰地明白自己区别于他人的责任和权利范围，努力保护自己的空间不受侵犯，也自觉尊重别人的空间。边界意识不仅仅是权利范围，也是一种强烈的责任意识。

健康的边界意识是对自己的情绪和行为负责，并且不对他人的情绪和行为负责（Manson，2013）。① 所以，健康的个人边界能够帮助我们接受我们的选择所带来的后果，收获它们带来的益处。同样重要的是，它们也确保我们让别人也能为他们自己的生活负责。

2. 对幼儿教师责任感培养的启示。

工作负责虽然是很重要的，但是我们一定要给这份责任设置清晰的边界。工作中有三个边界：职能边界，人情边界和做人底线。对于幼儿教师来说，我们要做到三个方面：

第一，评估我们的职责边界。也就是经常问问自己，"这个是我的本职工作之内的吗"？如果是，那么义不容辞、尽心尽力地来做好；如果不是，那么用其他的方式来处理也许更好，比如及时报告领导、比如及时提醒相关人员，而不是凭着自己的满腔热情做能力之外的事情。

第二，分清人情与职责。有的幼儿家长会因为各种原因跟老师搞好关系，这个心情是可以理解的，但是我们需要明白工作职能和人情之间的区别，不是跟哪个家长关系好就对哪个孩子更尽责，而是公平公正地对待每一个孩子，认真做好每一项工作，不以人情干扰自己的职责。

第三，坚守做人的底线。做好自己的工作是我们的使命和责任所在，所以需要自觉地遵守师德，并且尽心尽力地做好自己的本职工作。

---

① 孙荔. 边界感是对人最好的尊重［DB/OL］. 百度文库，2019.

三、幼儿教师责任感的培养途径

（一）教师方面

1. 在实践中自觉做好本职工作。

舍不得老师的涛涛

涛涛父母做生意比较忙，很少有时间陪他玩，涛涛在家经常是一个人玩玩具或看电视。涛涛在幼儿园时，会抢别的孩子玩具；在操场上锻炼的时候，涛涛会追打别的孩子；集体教学活动时他经常分神，有时还离开座位。

老师对涛涛付出了更多的耐心和关心，想出各种办法帮助涛涛适应集体生活。在角色游戏时老师和涛涛一起游戏；在操场上老师经常提醒涛涛注意安全；在集体教学活动中教师与涛涛交流，帮助涛涛集中注意力等。没想到，六月大班孩子毕业时，孩子们都说了自己面对毕业时的心里话，涛涛说的话令老师动容："我舍不得老师，等我上小学了，我会想你的。"老师的耐心、细心、关心和辛苦都从涛涛质朴的语言中表现了出来，充分体现了幼儿教师的责任感。

（案例来源：上海市静安区汾西路幼儿园 朱何军）

责任感体现在平凡的工作中。教师对涛涛的关注和教育、耐心和细心，体现了教师积极主动、认真负责、做好份内事的态度。这些看似平常的份内事，却体现了教师的责任感和勇于担当，更体现了幼儿教师这个职业的职业道德。正是教师在点滴工作中的责任感和职业道德，汇聚成了孩子的依依不舍。

①以国家教育部发布的《新教师职业道德素养与行为规范》为指引，加强教师培训，让幼儿教师明确自己的工作职责和份内事，做到认真负责。

②引导教师从"要我做"，到"我要做"，提升个人素养、职业道德，将被动的责任履行转化为主动的责任担当，形成强烈的责任感。

2. 不因个人得失降低责任意识。

《中共中央关于加强党的执政能力建设的决定》提出："教育引导广大干部群众正确处理个人利益和集体利益、局部利益和整体利益、当前利益和长远利益的关系，增强主人翁意识和社会责任感。"

幼教工作由于自身的特点，不可避免地会遭遇到价值观的挑战和责任的冲突。当自己利益同国家、社会和他人利益相矛盾时，更能体现教师的责任感。

工作和竞赛两周全

小李工作不到 5 年，工作认真努力，曾代表所在幼儿园参加全市教师基本功大赛。她进入了决赛，下周就要进行决赛。不巧，班中有小朋友出现了手足口病，好几个孩子不能来园，来园的孩子也要进行隔离。这给小李老师的工作带来了挑战，工作量一下就增大了很多。因为除了正常的工作之外，小李老师需要时时刻刻待在教室里，还要照顾和安抚孩子们的情绪，要回答家长们的问询，要变着法儿为不能外出活动的孩子们设计活动，不断地提示和帮助孩子们洗手、上厕所时注意卫生防护等。白天在园忙得没有时间顾及决赛准备事宜，小李老师就利用下班后的时间，保质保量完成了比赛任务，获得了前三名的好成绩。

（案例来源：上海市徐汇区樱花幼儿园 江岚）

责任感是素质结构的核心。如果一个人没有责任感，就会在各个方面出现问题。每个人如果都自觉尽到责任，则会推动问题解决、促进现代社会公平、公正、正义的核心价值体系的建立。小李老师虽然年纪不大，但是在工作中表现出了强烈的责任感，坚守岗位，想办法克服困难，很好地处理了个人和集体的利益冲突。

强化工作职责的边界意识。作为教师，需要明白自己的岗位职责，在职责范围内自觉行使义务和权利。既不能敷衍应付，也不能因为各种原因影响教育教学工作，更不能因为个人得失，损害学生、单位或者社会的利益。"守土有责"，在职责范围之内的要尽心尽力做好。

3. 师德师风建设常态化。

责任感的形成过程，是一个观察、模仿他人责任行为的学习过程。需要结合师德师风建设，提高教师责任心。（1）发挥领导和党员等骨干群体的带头作用，以身示范。要求别人做到的，自己首先要做到；要求别人负责任，首先要自己做到有责任心，起到模范带头作用。比如每天早上入园的时候，需要老师们早早到校做好准备工作，以迎接小朋友的到来，党员教师和领导就需要自觉遵守这个规定，认真对待这个环节，而不是认为"迟到一下不要紧，反正有人在就行了"，从而带动更多的老师自觉行动，提升大家的责任感，这对营造负责任的工作氛围是很重要的。（2）对责任心强的老师，要及时给予表扬和鼓励，树立典型，肯定、推崇典型，以榜样和标杆作用来激发大家工作主动性和积极性，激励教师自觉树立责任心。

一、单选题

1. ( )是人在道德活动中，对自己完成道德任务的情况积极主动、认真负责的态度而产生的情绪体验。

　　A. 满足感　　　　B. 责任感　　　　C. 安全感　　　　D. 愉快感

2. 责任感是人的基本道德规范，在素质结构中处于( )地位。

　　A. 首要　　　　　B. 基础　　　　　C. 核心　　　　　D. 次要

二、多选题

1. 责任感是一种自觉主动地做好分内分外一切有益事情的精神状态，从本质上讲既要求利己，又要( )。

　　A. 利他人　　　　B. 利事业　　　　C. 利国家　　　　D. 利社会

2. 通常来说，我们在工作中有三个边界，分别是( )

　　A. 职责边界　　　B. 人情边界　　　C. 物理边界　　　D. 做人底线

三、判断题

1. 边界意识仅仅是权利范围，与责任意识没有关系。( )

2. 在科尔伯格的道德发展阶段理论中，幼儿处于前习俗水平，主要包括服从与惩罚的道德定向阶段和相对功利的道德定向阶段。( )

四、案例分析题

案例：小丽是一家幼儿园的幼教老师，性格活泼外向，做事勤快能干，还特别乐于助人。晨检忙不过来，她去帮忙；中午分餐比较忙，她也去帮忙……哪里有需要哪里就有小丽的身影。一开始大家还觉得她热心能干，纷纷夸奖她，久而久之就变味了：不应该由她来做的事情，她也会抢着做，有些老师也开始依赖她，有事就叫她来做。小丽越来越忙不过来了，要操心的事情太多，自己班级的事情有时候也会受到影响，自己也觉得实在力不从心了。她开始出现倦怠感，跟孩子在一起说话也少了，看到有的孩子有不良的行为习惯，也不指出就当作没看到……有一次自己份内的打扫卫生工作没有做好，被领导批评了一通，家长们也有人说她"责任感不够"。小丽觉得十分委屈。

（案例来源：《托育服务从业人员心理健康》，周念丽主编）

问题：请结合以上资料，谈谈你认为小丽是否责任感不够？在增强责任感方面，小丽应该如何改进自己的认识和行为？

<h2 align="center">第三节　成就感：愿望与现实平衡</h2>

成就指的是事业上的成绩。成就感又称成功体验，是一个人完成某种活动任务时所产生的一种自我满足、积极愉快的情感。工作中，可以把成就感理解为：一个人做完一件事情或者做一件事情时，为自己所做的事情感到愉快或成功的感觉，即愿望与现实达到平衡产生的一种心理感受。

成就感是主观体验和感受，包括达到预期成果的感受，也包括愉快的感受，是与目标和效果相联系的。因为目标的不同，同样的成就面前可能会产生成就感，也可能产生不了成就感。比如，同样是评上了中级职称，对于目标是高级职称的人来说，可能就体会不到明显的成就感；但是对于目标就是满足中级职称的人来说，成就感就可能很明显了。同时，愉快的情绪表现可能也因人而异，有的人用兴奋表达成就感，有的人可能只是心平气和。

一、成就感相关理论

（一）成就动机理论

成就动机是指个人在进行重要活动时力求获得成功的内在动力。成就动机使人不断追求目标，克服困难、解决问题去实现目标，使人主动积极地投入活动之中，努力做得最好。个人成就需求关系到个人经济、文化、社会和政府的发展，社会氛围也制约着人们的成就需求。它是一种内在驱动力的体现，直接影响人的行为活动和思考方式，是一种长期的状态。

有成就需要的人在工作中对能力和成功有着强烈的要求，虽然也担心失败，但更愿意甚至热衷于接受挑战。他们不会抱着侥幸心理对待未来，而是认真分析和评估未来。他们愿意对自己的工作负起个人责任，并希望得到明确和迅速的反馈。他们喜欢长期全心全意地工作，并从完成工作中获得满足感和成就感。即使真的失败了，他们也不会太沮丧。

如果幼儿园里大部分教师都是有成就需要的人，幼儿园就会迅速发展。

（二）韦纳归因理论

美国心理学家伯纳德·韦纳（B. Weiner，1974）认为，人们对行为成败原因的分析可归纳为六个原因：

1. 能力——评估自己是否胜任该工作，相对稳定，属于内部控制；

2. 努力——反省自己在工作中是否尽力而为，可以被意志控制；

3. 身心状态——工作过程中自己身体及心情是否影响工作成效；

4. 任务难度——凭经验判定该项任务的困难程度；

5. 运气——感觉此次各种成败是否与运气有关；

6. 其他因素——除上述五项外，觉得还有哪些事或哪些人是影响因素。

有成就需要的人会把自己的成就归因于努力，失败归因于努力不足，不甘心失败，坚信继续努力就会成功。相信只要尽力，没有什么是做不到的。成就需要不高的人会把失败归因于其他因素，把成功看作外部因素的结果，比如任务不难、运气好等。

如果把成功和失败归咎于能力低下、任务繁重、时间不够，就会降低努力的毅力。由于教师归因于自己的努力，所以，增强了未来努力的持久性。韦纳认为，教育和培训的重点是教育人们相信努力与不努力大不一样。

(三) 自我效能感的功能

自我效能感指个体对自己是否有能力完成某一行为所进行的推测与判断，班杜拉对其定义是"人们对自身能否利用所拥有的技能去完成某项工作行为的自信程度"。自我效能感影响或决定着人们对行为的选择、对行为的坚持和努力，影响着人们的思维方式和情绪反应模式，进而影响新行为的获得和后天行为的表现。

自我效能感高的人：期望值高，有良好的表现，能理性处理问题，愿意面对挑战，能够控制自我放弃的想法，能够发挥出智慧和技能。

自我效能感低的人：畏缩，表现出失败，情绪化地处理问题，面对压力感到无助，容易被恐惧、恐慌和羞怯所扰乱，影响知识和技能的发挥。

二、实现成就感的策略与方法

(一) 明确目标并合理设置目标

目标是行动指向的对象和结果，是评价成就的价值标准。目标成功能有效提升成就感，因为二者之间有稳定的关系。

1. 树立明确目标。

不断追求目标的小梅

　　20 年前，小梅从师范大学的学前教育专业毕业，刚参加工作的时候，园长找她谈心，告诉她像她这样接受过系统学前教育的老师，应该有远大的理想，也有能力和条件在幼教工作中干出一番事业。在园长的鼓励和帮助下，小梅给自己树立起"50岁前成长为幼教名师"的目标。从此，小梅先从基本功练起，自觉主动地在各个教育教学环节虚心学习、认真实践，第一年被评为优秀见习教师，第三年开始代表本园参加区级教学展示课，第五年在全市的教学评比中获奖。此后，小梅再接再厉，一步一个脚印扎实地迈进，顺利评上中级职称，成为区级骨干教师，担任重点课题负责人，撰写并发表多篇学术论文，后来还参加了学历晋升的学习及各种重要培训活动，都取得很大的收获。再后来，小梅开始带领起了团队，有更多的年轻教师成为她工作的伙伴，她们一起研究、一起实践、一起思考，形成了可观的学术成果，收到专家们的一致好评，市区及全国的展示研讨活动都邀请小梅参加。小梅如今已经成为幼教特级教师和学科带头人，实现了自己的职业追求。她说：之所以能有今天的成绩，是因为在工作的每一个阶段，都有一个明确的目标去实现，所以才不会迷茫不会懈怠，任何时候都明白工作的任务和意义。

（案例来源：上海市徐汇区樱花幼儿园　江岚）

案例点评

从小梅老师成长的经历中，我们不难看出，目标的树立有着重要的作用。因为有了追求的目标，小梅在工作中就能更加做好规划、能够有条不紊地推进工作，能够及时发现和改进自己的不足。也是因为目标的指引，小梅心无旁骛，工作效率和学习效率都得到了保障，自然就更容易取得成就。在不断实现目标、调整目标的过程中，小梅不仅得到了进步，也体验到了工作带给她的快乐和满足。

教育建议

作为幼儿教师，工作内容相对固定，但个人成长却有无限空间，需要在不同阶段、不同任务中思考和树立自己的目标，才能更好更多地体验到成功，体验到事业有成带来的成就感。

2. 让自己"跳一跳，摘得到"。

教师可以借鉴前苏联教育家维果茨基提出的"最近发展区"理论来思考目标的制定，既不能太难，也不能太易，那些经过努力可以达成的目标，才是有助于提升成就感的。

最近发展区理论认为学生的发展有两个层次：一是学生的现有水平，是指学生独立活动时所能达到的解决问题的水平；二是学生可能的发展水平，即通过教学获得的潜能。两者之间的差异就是最近发展区。把握"最近发展区"能加速学生的发展。

教学应以幼儿最近发展的领域为中心，在遵循幼儿身心发展特点的基础中，为幼儿提供难点内容，调动幼儿积极性，发挥幼儿潜能，超越幼儿最新发展领域，达到下一个发展阶段的水平，然后在此基础上开发下一个发展区域。

老师，我终于会跳绳了

跳绳是大班幼儿常见的运动项目。有些孩子在教师指导下很快就掌握了跳绳基本技能，但有些孩子跳绳技能则不太熟练。

一段时间过去了，全班只有小玲不会跳，她并不是偷懒，每次都认真练习。老师根据小玲现在的基础，和小玲一起制定了分步骤学跳绳的目标，帮助小玲一点点地"跳一跳"。

第一个小目标：学会正确甩绳子。老师让她先不拿绳子，双手做出跳绳的姿势，按"1、2、3"有节奏地模仿跳绳动作。

第二个小目标：拆分动作学会手脚并用。引导她双手甩绳，将绳子从身后甩到身前，当绳子落地以后，再双脚跳过绳子。

第三个小目标：把手脚同步起来，完成连贯的跳绳动作。

每一个小目标，都是在小玲现有基础上，经过练习能达到的。达到以后，再适当地提升一个难度，经过练习再次达成。终于，小玲能连跳好几个了，小玲高兴地说："老师，我会跳绳了，我终于会跳绳了!"老师的喜悦感、兴奋感和成就感油然而生。

老师也从"小玲学跳绳"中感悟了不断超越自我的道理。是呀，我们在工作中成长，就像小玲在幼儿园学跳绳一样，当有热情有信心的时候，还需要有好的策略，而制定适切的小目标并且一个台阶一个台阶地向上走，就是一个好策略。

(案例来源：上海市静安区汾西路幼儿园　姜怡雯)

教师充分运用最近发展区理论，通过制定可行性、递进性的分目标，有效引导幼儿不断超越自我，实现了跳绳目标。

①由于教师的成就感来自准确的目标制定和恰当的策略方法，因此，制定适切的教

育目标是促使幼儿成功的第一步。幼儿教师需要认真学习和领悟《3—6岁儿童学习与发展指南》，在日常工作中根据幼儿年龄、心理发展、学习能力等特点，掌握不同幼儿的需求。

②教师要关注每个幼儿的最近发展区，观察幼儿各项能力的原有水平，制定正确的发展目标。

③教师自己也要在工作中发现自己的"最近发展区"，正确认识自身能力、找准自己提升空间，明确专业发展目标，看到成功的希望，获得前进的动力，更好地完善自己。

3. 合理调整目标

故事一：酸葡萄效应

狐狸看到葡萄熟了，很想吃。葡萄架过高，狐狸跳来跳去都够不着葡萄，只得作罢。为了让自己心里好受点，狐狸就说："这葡萄是酸的，我才不想吃呢。"这就是酸葡萄效应，它具有一定的自我调节作用，可以以此来安慰自己，从而达到心理平衡。

故事二：甜柠檬效应

狐狸原本想找些美味的食物，可是找来找去都找不到，只找到一只酸柠檬。于是狐狸跟自己说这柠檬是甜的，正是自己想吃的。这样一想，它就觉得酸柠檬也没那么酸了，达到了自我安慰的目的，减轻了遗憾。甜柠檬效应可以淡化原先预定的过高的目标，把已经实现的目标合理化，具有一定的降低内心痛苦的作用。

不论是酸葡萄效应还是甜柠檬效应，都有助于降低人们没达到目标时的挫败感受。两种心理效应都是以某种合理化的理由，来解释目标没达成时的情景，以达到内心安宁和平衡。但这是暂时的，被压抑的内心深处的需求仍然存在，所以，当处理好受挫折的感受之后，要调整目标，重新设定合理目标，继续努力。

(二) 能力提升

在职业生涯规划理论中有个三叶草模型，它揭示了职业发展过程中兴趣、能力和价值之间的关系，以及三者缺失时相应的情感表达和应对方式。三叶草的整体轮换就是把兴趣培养成职业兴趣，慢慢把兴趣培养成能力(胜任所从事的工作)，然后用能力找到实现价值的平台，再利用价值强化兴趣。三叶草的漩涡不断扩大，让教师在职场上全面发展。能力提升是事业发展中的重要内容，而成就感的获得离不开能力培养和提升。

(三) 创新工作思路

创新是民族进步的灵魂，是国家兴旺发达的不竭动力，也是一个人在工作中保持活力和创造力的源泉。

如果对于日复一日的工作感到厌倦，提不起工作的兴趣，就难以体验到成就感，所以，需要教师在工作中不断学习、实践、改进和努力，产生新的工作观念、提升新的工作能力。创新可以是工作方式的创新，也可以是思维方式的创新。创新会使教师更加热爱自己的工作，获得事业的成就感。

不是一个普通苹果，它是什么

美术活动课上，老师要求每个孩子都画一只红苹果。红红的，看上去又好吃又漂亮。但浩浩却用蓝色画了一颗苹果。老师好奇地问浩浩："为什么用蓝颜色画苹果？"浩浩说："因为没有红蜡笔了。"

老师发现这是一个有趣的教育契机，面对全班幼儿说道："这可不是一个普通苹果哦！大家都来看看，你觉得'它是什么'？"孩子们陆续说道："它像水晶苹果！""它可能是科学家新发明的营养苹果，吃了可以治疗某种病。很神奇的。""它可能是外星人送给地球人的礼物。""我也来画一种神奇的苹果！"……

（案例来源：上海市静安区汾西路幼儿园 胡军）

老师情急生智，计上心头，于"意外"之时体现了老师的教育智慧。由于教师在工作方法、教育方式上的创新，引发了幼儿思维方式的创新，开发了幼儿的智力和想像力。这样的创新实践，也在实际工作中提升了教师的教学能力。

①教师要有创新的意识和能力，要能够抓住创新的所有瞬间，让奇思妙想的火花出现在孩子们的童年记忆中，让孩子更早、更快开发出思维力和想像力。

②在帮助孩子提升创新能力的同时，教师也要提升创新意识，在创新中体验成就感。

（四）学习时间管理

关于时间管理的方法有很多，"四象限"法是一个比较重要的理论之一。"四象限"是把工作按照重要和紧急划分，分为四个"象限"：既紧急又重要、重要但不紧急、紧急但不重要、既不紧急也不重要。

第一象限和第四象限相对界限清晰，易于区分。第一象限是紧急而重要的事情。每一个人都会优先分析、判断、解决第一象限的急事、要事。对于那些"不紧急也不重要"的第四象限事情可不予考虑，或放后考虑。

第二象限和第三象限较难区分。第三象限看着非常紧急的事实，容易给人造成是"重要"的幻觉，消耗了很多时间和精力。因此，有必要把重点放在重要而不紧急的"第

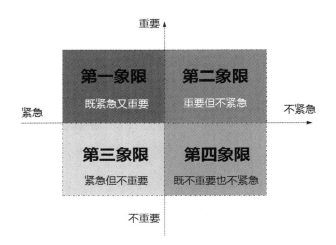

二象限"事务上，安排好自己的时间。

"四象限时间管理"是让教师们学会把更多时间和精力分配给对实现人生目标有重要价值的事情上，也就是说，要多关注"重要但不紧急"象限。第二象限的事情非常重要，而且有足够的时间准备和做好。由此可见，第二象限的投资回报率最大。

 练 习 题

一、单选题

1. 在职业生涯规划理论中，有一个三叶草模型，它揭示了职业发展过程中兴趣、（　　）和价值之间的关系，以及三者缺失时相应的情感表达和应对方式。

　　A. 态度　　　　　B. 能力　　　　　C. 年资　　　　　　　D. 经验

2. 自我效能感是（　　）提出的。

　　A. 马斯洛　　　　B. 班杜拉　　　　C. 阿尔伯特·艾利斯　D. 特纳

二、多选题

1. 美国心理学家伯纳德·韦纳（B. Weiner，1974）认为，人们对行为成败原因的分析可归纳为以下六个原因：（　　）、（　　）、任务难度、（　　）、身心状态，其他因素。

　　A. 能力　　　　　B. 努力　　　　　C. 运气　　　　　D. 意义

2. 班杜拉等还指出，自我效能感具有以下功能：（1）决定人们对活动的选择和对活动的坚持；（2）（　　）；（3）（　　）；（4）影响新行为的获得和习得行为的表现。

　　A. 影响受教育的成绩　　　　　　B. 影响人们的思维方式

　　C. 影响活动中的情绪　　　　　　D. 影响自尊心的建立

三、判断题

1. 时间管理的"四象限"指的既紧急又重要、重要但不紧急、紧急但不重要、既不紧急也不重要这四个方面。（　　）

2. 最近发展区理论是由前苏联教育家维果茨基提出的儿童教育发展观。（　　）

四、案例分析题

案例： 小张所在的幼儿园是一家社会声誉很好的幼儿园，最近成立了一个新的分园。由于工作需要，小张作为园长助理被安排协助园长进行分园工作的开展。作为一个新的园所，有很多具体的工作都要一一落实，每天忙得不亦乐乎，经常是很晚才下班回家。因为老师都是新招的，各项管理制度也都没有完善，家长们对分园领导的信任也没有建立起来，还有一些硬件设备等也需要慢慢到位。小张觉得手边要做的事情太多了，有时候疲于应对，而且总有一些事情还处理不好。虽然做了园长助理，但是和自己以往擅长的带班工作比起来，小张感觉自己的成就感在降低。后来，园长发现了小张的困难，一边鼓励一边指导，帮小张调整好心态，教她把手边的事情按照轻重缓急进行分类整理，对每一类问题进行合理的时间安排，对问题的解决设置合理的预期目标。慢慢地，小张的工作开始变得有条不紊，重新找到了工作中得心应手的感觉。

问题： 请结合以上资料，谈谈你对本案例的看法。

第四节　幸福感：享受教育的快乐

关于什么是幸福，不同的人会有不同的回答，有人说财富是幸福，有人说平安是幸福，有人说健康是幸福，那么幸福到底是什么呢？幸福是"使人心情舒畅的境遇和生活"。幸福主要是一种情绪，是一种乐观积极的体验和情绪。幸福感就是对这种情绪状态的主观感受，是指人类基于自身的满足感、成就感与安全感而产生的一系列欣喜与愉悦的感受。

柳博米斯基和迪沙通过研究，总结到幸福的人将会在生活的很多领域获得成功，包括：婚姻、友谊、工作、收入、工作表现、精神健康、心理健康。

一、积极心理学关于幸福感的研究及其启示

(一)幸福五元素 PERMA

美国学者马丁·塞利格曼（Martin E. P. Seligman）认为实现幸福人生的五元素（PERMA）是：积极的情绪（positive emotion）、投入（engagement）、良好的人际关系（relationships）、意义和目的（meaning and purpose）、成就感（accomplishment）。PERMA不仅能帮助人们感到更满意、满足，还能带来更好的生产力、更多的健康，以及一个和平的世界。

(二)对提升幼儿教师幸福感的启示

幸福是心理欲望得到满足时的状态，是一种持续时间较长的愉快心情，包括对生活的满足感、感到生活有乐趣并希望参与，是人们表现出的一种愉悦、安详、平和、满足的心理状态。幸福的人在婚姻、友谊、工作、精神和心理健康等方面都更有成就。幸福

是美好生活的标志，也是促进提高工作效率的因素。从五元素入手，可以有效提升工作幸福感。

幸福五元素可以用一句话简单概括为：快乐的、沉浸其中的、有成就的、有良好人际关系的和有意义的生活，就是好的生活。工作也是如此，在幼儿教师实际工作中，提升职业幸福感也可以从这五个方面入手：

1. 主动体验工作中的积极情绪。

一是享受工作中的乐趣，欣赏真善美。品味幼教工作中的点滴感动，比如，和孩子们一起踢球、唱歌、游戏、互动、哈哈大笑；

二是记住美好的事情，对未来怀有希望。常和别人分享美好的事物和感受，记住幼儿成长过程中更多快乐的事，拥有梦想，对职业怀有希望，对未来充满信心。

2. 工作时要沉浸其中，全神贯注地投入。

心理学家米哈里·齐克森米哈里提出"心流"的概念：即当人们沉浸于某件事或某个目标时，全神贯注、全情投入而体验到的一种精神状态。当我们进入了忘我境界，注意力就会高度集中，思维变得异常活跃，所有的能力都可能会被发挥到极致，这是非常优质高效的工作状态，也是非常积极的体验。

3. 建立合理的工作目标，掌控成功，追求成就。

成就往往是一项终极追求。成就不止人做了什么，主要是自己实现的这个目标，对自己关心的人和世界产生了多么重要的影响，产生了什么价值。在实践中树立职业理想，不懈追求成功、胜利和成绩。

4. 建立和维护健康、和谐的人际关系。

在幼教工作中，主要人际关系是与幼儿家长、同事、幼儿的关系，对于家长，要友好合作，教师努力与家长形成同向合力；对于同事，要相互理解；对于幼儿，要关心热爱。拥有和谐人际关系的幼儿园教师，更容易体验到幸福感。比如，在进行季节教育时，让家长和孩子共同秋游、春游，感知教师的教育方法；结合幼儿营养讲座，双休日进行家庭厨艺大比武；预约家长走进教室，对孩子的活动予以指导或辅导等。这些活动形式，不但调整了家长的积极性，有助于幼儿的健康成长，更密切了教师与家庭的关系，有效地提高了教师的职业幸福感。

5. 积极认知幼教工作的意义，不断超越自我，肩负伟大使命。

作为幼儿教师，要站在"幼有所育，幼有善育"的使命高度，承担起幼儿身心发展、健康成长的责任，因为幼儿的茁壮成长关系着民族和国家的未来。幼教工作的任何环节都可以找到工作的意义，都可以体现幼儿教师的使命和责任。

 案 例 一

用心于工作，踏实中求创新

感悟一：用心于进班的每一天

有人看课或领导表扬总会让我们有种荣誉感，至少会很开心，可我们更多

时候是在无人喝彩、无人关注的状态下，默默地工作，这需要一份自觉。一件件小事的发生并不重要，重要的是我们看待这件事的态度。我喜欢写随笔，喜欢在孩子身上捕捉闪光点，有时是份感动，有时就是信息。

感悟二：对"流行"的理论多加思考

现代社会是信息社会，各国的教育理论精彩纷呈，有的冠之于"流行"而被一些园长、教师采纳、模仿，而忽视了理论产生的年代、文化背景及对整个理论的了解等。很多老师说心累，我想，盲目跟从也是原因之一，潘洁教授曾说过："我们常常用自己的实践去套别人的理论，这是很不值得的。"所以，要了解、运用好长处，才会拥有自己的东西。

感悟三：不断反省自己的教育行为

"学习的目的是掌握潜能，行动的目的是发挥潜能"。记录当天的带班情况，及时反馈自己的言行是一个教师迈向成熟必不可少的环节，此外，要虚心听取别人的意见，尤其是有不同的意见出现时，是帮助自己全面反省的教育行为。

从"想做好"到"真正做好"，是愿望到实现的过程。选择当幼儿教师时，都想做好，然而只有好的愿望还远远不够，只有真正用心去做，才能向好教师这一方向发展。目标并不遥远，但是方向一定要正确，脚步一定要坚实。特级教师于漪说"奉献是教师的天职"时，赢得久久不息的掌声，在我们这些后生的掌声中含有敬佩、学习、奋进的感悟。

（原文章标题为《处处留心事事用心》，本案例为节选）

（案例来源：上海市徐汇区乌鲁木齐南路幼儿园 龚敏 上海学前教育网 2020-5-21）

案例点评

在本案例中，对幼儿教师的理解和实践，都有一个比较高的站位和视野，把工作和成长结合起来，把个人的进步和幼教事业的发展联系在一起，赋予了幼儿教师这一角色以丰满的意义和价值，激发和推动了教师的主动成长。

教育建议

对意义和价值的认识，并不是简单说教就能达成的，要在实践中创设情景和平台，带领幼儿教师体验和感悟到自己所从事的工作的重要性，体验到努力工作被认可、被理解、被关注之后带来的满足和愉悦，这样才能加强职业的幸福感。

二、幼儿教师获得幸福感的途径与策略

(一)获得幸福的五种训练方法

1. 感谢信。给要感谢的人写一封信，亲自送给对方。

2. 三件事。记录一天中发生的三件感觉不错的事，并解释为什么感觉不错。

3. 三句好话。每天面对三个人分别说一句好话，也可面对一个人说三句好话，并体会彼此的关系有何变化。

4. 展现突出优势。根据自己感觉良好的一件事情编写一个故事，要求展现出自己最好的一面，一周内每天都温习一遍。

5. 寻找自己的标志性力量。进行性格力量测试，找到最高分的那项力量，在以后的几个星期更多使用这些力量。

研究发现，持续进行某一练习，能够导致后续的成功。把这些练习融进生活，能收到长久稳定的效果。

(二)在帮助他人中获得幸福

利他是一种生物学的法则，是为了更好地保证生物种群的生存与发展，帮助他人是为了得到他人的帮助。利他具有先天性，有助于个体的生存。日常的生活和工作中，任何人其实都处在互相帮助的氛围中，在这个氛围中大家就会感觉愉快，能够形成合力，提高工作效率。人本主义认为，关心帮助别人是人的潜能，是能够给人带来良好发展条件的重要因素。

三、在实践中提升幼儿教师幸福感

(一)幸福感来自幼儿及其家长的认可与尊重

幼儿是幼儿教师幸福感来源的关键因素，幼儿家长的认可与尊重也是幼儿教师幸福感产生的重要源泉。在幼教工作中，幼儿的发展变化、情感表达以及对幼儿教师的依恋和信任，都能激发教师的情感投入和愉悦感；当幼儿的身心发展取得进步，当家长为孩子的成长真诚地致谢，教师的满足感也自然而然地产生了。

案 例 二

从"走近"到"走进"

走进幼儿的心灵，这是一句说起来非常容易的话，但是要做到，成为孩子

心中的重要他人，对作为年轻教师的小雪老师来说并不容易。在睿睿小朋友幼儿园的三年生活中，小雪老师慢慢地成为了他心目中最重要的人，师生之间发生了很多心灵小故事。

故事一：2016——午睡的秘密

还记得小班时，睿睿不爱说话，总喜欢一个人游戏，午睡起床时，他总是坐在床上，不愿意穿衣服，后来老师才发现他尿床了。小雪老师悄悄地给他拿一套干净的衣服，帮助他换好，亲切地说："没关系。"在和家长沟通后，得知晚上他也有尿床的习惯，妈妈会半夜叫醒他去小便，小雪老师决定在园里也这样尝试，开始13:40叫他，发现已经尿床了。于是13:30、13:20、13:15……经过反复尝试，终于确定在13:15叫他最合适。每当发现他不起床，小雪老师就会默默地送上干净的衣服，没有批评和指责。日复一日，小班生活很快过去了，就是这样一点一滴的相处，他开始信任、依赖小雪老师，变得亲近起来，性格也日渐开朗。

故事二：2017——每日一问候

由于工作需要，小雪老师没有和睿睿一起升入中班，而是继续留在小班。开学不久的一天早上，小雪老师看到他被姥姥抱在怀里，哇哇大哭，怎么也不肯进班。小雪老师找到他中班的老师，细细询问了情况，才知道，开学一周后他开始不适应，之前他没有意识到小雪老师不和他一个班了，当他反应过来后，心理上难以接受，所以哭闹不肯来园，出现分离焦虑。当天晚上小雪老师就联系了他的妈妈，和他进行了通话，电话里安慰他：虽然不和他在一个班，但是依然可以每天见面，并和他约定：每天都会抽时间去他们班看看他。后来听他姥姥说，他每天回家以后会很开心地说："今天小雪老师来看我了。"就这样，持续了两个月的时间后，他从焦虑变得能愉快来园了。

故事三：2018——新年来电

2018年春节前，睿睿有了自己的微信号，师生互加了微信好友，联系变得更多了。因为当时的他还不认识字，所以只会发语音消息。就在大年三十那天晚上，他给小雪老师打了语音电话，在电话中，他介绍了自己房间里新安装的玩具墙，告诉小雪老师姥姥刚给了他很多压岁钱，还有一些其他的小秘密。后来听他妈妈说，在跟小雪老师打电话的时候，他不让任何人听，自己一个人在房间里，把门关上，小雪老师已经是他可以信赖的人。

故事四：2019——没有"再"见的"再见"

不知不觉三年过去了，睿睿已经大班了，进入了毕业季。小雪老师挑选了一份毕业礼物，就是他最喜欢的恐龙，并用他喜欢的蓝色盒子包装好送给他。晚上放学回到家，他带着礼物神神秘秘地和姥姥说："这是小雪老师送我的毕业礼物，我太喜欢啦。"

毕业典礼时，睿睿要和小雪老师一起上台表演节目。在上台前，小雪老师问他："你紧张吗？"他看着小雪老师说："我不紧张，是您紧张吧，不用紧张，咱们已经练过很多遍了，加油。"他长大了，不再是小班那个内向的孩子，变成了自信、阳光的"小大人儿"。

对于小雪老师来说，睿睿是她工作生涯中的重要他人；对于睿睿来说，小雪老师何尝不是他成长中的重要他人呢？小雪老师在短短的三年内，感受到了作为教师这一职业的获得感、成就感和荣耀感，比任何荣誉都珍贵。

（案例来源：北京市海淀区上庄中心小学附属艺鸣实验幼儿园　卢静雪）

 **案 例 点 评**

五个故事说的都是幼儿园里的平常事情，每个故事里都透着孩子对老师的依恋，透着家长对老师的信任。这是激励和支持小雪老师在工作中耐心细致、精益求精的不竭动力，也是小雪老师在辛苦中回味幸福的点点滴滴，令人动容。

教 育 建 议

因为幼儿园阶段的孩子年龄比较小，需要教师有很多的耐心和爱心。也因为孩子的年龄小，家长对孩子的变化发展也会格外关注。因此，获得孩子和家长的肯定和尊重，并不是一件轻易的事情，需要坚持不懈地努力。

（二）幸福感来自工作热情和潜能的被激发

人本主义提出了以人为本的管理理念，强调通过对人的关心和爱护，激发人的潜能和热情。通过满足个体社会性、精神性的需要，例如自尊、爱与归属等，来调动工作积极性，让个体有受尊重的感觉，那么他就会把自己的特长或能力积极地表现在工作当中。

《中国教育统计年鉴》（中国统计出版社，2016）数据显示，我国男性幼儿教师的比例约为1%。迄今为止，上海的幼儿园男教师同样占据全市总人数的1%。

1%，一个很小的比例，却代表了一股不容忽视的力量。男教师的重要性和不可替代性日益凸显，男性介入学前教育领域是必然的发展趋势。在这个被公认为"女性更适合"的行业里，幼儿园男教师的工作现状与感受如何？他们在工作中有着怎样的成长经历？为学前教育带来了哪些影响？他们面临着怎样的困境？有哪些生存和发展需求？在打造优质幼儿教师队伍的今天，如何能让他们持有对这份事业的热忱与坚守……

"男教师，首先是一名幼儿教师，应该具备基本的专业理论和技能。这一点与女教师完全一样。"所有受访的幼儿园园长一致认为，从入职开始，男教师就必须学习并熟练掌握幼儿一日活动各方面的操作规范和要点，做好班级常规工作，设计和布置班级环境，照料幼儿的日常生活，这是对幼儿负责的专业态度，也是教师应具备的职业道德与素养。男教师不应该也绝不会因为性别的差异而在专业工作上享受"特殊待遇"，他们应该胜任幼儿园的教育教学、班级管理和家园沟通等工作，他们不是幼儿园里的"特殊群体"，而是合格的幼教工作者。

针对幼儿教师的不同群体和不同发展阶段，管理者需要给予有针对性的指导和帮助，不断激发和保持他们的工作热情，不断帮助他们取得成功、获得满足。

（三）幸福感来自于自我实现的追求

心理学家马斯洛提出了需要层次说，我们要给教师更多的尊重和自我实现的机会，给予教师更多的信任和锻炼，引导幼儿教师在工作中发现自己的潜力和价值，更好地实现主动成长。

守初心做幸福的山后教师

2005 年初赵老师来到了北京明天幼稚集团八幼佳园幼儿园，做了一名幼儿教师。从保育员到教师、从班主任到园所行政，走过了漫长而艰难的 11 年。这个"孩子王"当得十分曲折，第一次面对哭哭啼啼的孩子不知如何安慰，第一次看到尿裤子的孩子不懂如何处理，甚至一些能力弱的孩子要全天候的"陪吃、陪喝、陪睡"。尤其是当那些小鬼头完全不顾规则、你说东他往西的时候，赵老师简直和他们一样手足无措。但是，赵老师没有被困难吓倒，主动请教园里的老教师，请她们手把手传授经验，并且积极参加集团和区里各种培训，很快就成长为独当一面的骨干教师。

2016 年的时候，赵老师毅然决然放下自己熟悉的一切，环境、同事、孩子、家长，来到北部山后地区上庄中心小学做幼儿园开园的建设者，一切从零开始。身边的家人朋友都很疑惑：放着明天集团的金字招牌和山前名园大好的发展前景不干，偏要回到山后来图什么？这个要从一次会议说起。记得那次，一位老校长不无遗憾地说起山后教育的窘境，他说："学生流失，教师也留不住，培养一个走一个。"这话深深触动了赵老师：现在的学校从物质环境到人文建设已然焕然一新，然而需要有情怀、有信念、扎根乡村的教育工作者。赵老师从那时起，就决心愿意且非常荣幸地成为他们中的一员。

来到山后的第一年，赵老师和身边的新教师一起完成了园所的各项筹备，11 月才迎来了幼儿园第一批孩子。她担任班长，和新教师一起努力，指导他们开展教学活动、组织一日生活，引导家长转变观念。第二年，为了让新教师快速成长，赵老师担任组员教师，手把手给仅有1年实际教学经验的胡老师指导班级管理等各项工作；同时还担任园所的传统文化教研组组长。第三年，年轻教师经验不足，赵老师又义不容辞担任了大班班主任工作。回想这几年，赵老师与幼儿园同担当共成长，心中满满的感恩与幸福。

(案例来源：北京市海淀区上庄中心小学附属艺鸣实验幼儿园　赵红荣)

　　自我实现是一个过程的问题，它是一点一滴微小进展的积累。本案例中的赵老师，从一个茫然无措的新手，到一个优秀的幼教管理人员，经历了从保育员到教师、从班主任到园所行政的角色锻炼，在每一个岗位上都坚持不懈地进取，最终在成就了事业的同时，也成就了自己的幸福人生。

　　人本主义认为，人都是积极向上的，都知道自己的潜能在哪里，怎样去发展自己的潜能。因此，在引导和帮助教师追求自我实现的过程中，需要给予教师更多的信任和支持，让他们放开手脚去发展自己的能力。

练习题

一、单选题

1. 人本主义提出了(　　　)的管理理念，强调通过对人的关心和爱护，激发人的潜能和热情。

　　A. 以人为本　　　　B. 师德为先　　　　C. 主动关心　　　　D. 扶持奖励

2. 利他是一种生物学的法则，是为了更好地保证生物种群的生存与发展。利他具有(　　　)，有助于个体的生存。

　　A. 积极性　　　　B. 客观性　　　　　C. 先天性　　　　　D. 特殊性

二、多选题

1. 马丁·塞利格曼提出了幸福生活的五要素：一、(　　　)；二、投入；三、良好的人际关系；四、(　　　)；五、(　　　)。

　　A. 积极的情绪　　B. 富裕的物质条件　C. 意义和目的　　　D. 成就感

2. 获得幸福的五种训练方法是：(　　　)，三件事，(　　　)，展现突出优势和寻找标志性力量。

　　A. 多运动　　　　B. 感谢信　　　　　C. 三句好话　　　　D. 休闲娱乐

三、判断题

1. 柳博米斯基和迪沙通过研究，总结到幸福的人将会在生活的很多领域获得成功，包括：婚姻、友谊、工作、收入、工作表现、精神健康、心理健康。（　　）

2. 幸福主要是一种情绪，是一种乐观积极的体验和情绪。（　　）

四、案例分析题

案例：有一名年轻人想要得知"幸福"的秘诀，于是不惜跨越千山万水，横跨大沙漠，终于来到智慧老人居住的美丽城堡。

年轻人见到老人，即刻道明来意。老人便叫年轻人拿起一个汤勺，盛两滴油，然后到城堡各处走动。他嘱咐年轻人绝不能漏掉一滴油。年轻人回来后，老人一看，果然一滴油都没有滴掉。但是，他问年轻人都看到了些什么？年轻人却什么印象都没有。

老人叫他再走一遍，这次留意城堡内的一草一木。年轻人回来后，对四处所见汇报得很详细，可是其中的油却一滴不剩。智慧老人这时对他说："真正的幸福在于你可以看遍全世界，但却永远不能忘记你手上的两滴油。"

这是个深具人生哲理的故事。"两滴油"价值虽小，却是掌握在我们手中的东西：家庭，朋友，亲情，国家，精神追求等。

（案例来源：腾讯网 https://edu.qq.com/a/20110329/000137.htm）

问题：结合以上资料，结合幼儿教育工作，谈谈你对"两滴油"和幸福感的理解。

参考答案

第一章第一节练习题

一、单选题

1. B   2. B

二、多选题

1. A B   2. A B C

三、判断题

1. ✓   2. ✓

四、案例分析题

参考答案：对于小班幼儿而言，言行脱节是幼儿期道德行为最大的特点，有时他们从道理上能理解行为的准则，但行动上却意识不到。对于小班幼儿而言，生硬的说教是不适合的。由于小班幼儿的道德意识还是很初步的，教师一定要注意结合幼儿道德发展的特点，避免空洞说教才会有效果。

教师在一日生活中要了解幼儿的年龄特点，对于幼儿的一些心理和行为做到心里有底，遇到此类情况不要焦虑，可以慢慢引导，生活中的教育正是德育的最佳时机。

降低难度，确保幼儿充分的理解。

教师可以使用简单易懂的教学语言，这样幼儿能够对相应的德育内容进行充分的理解，实现较好的学习效果。

同时，还可以多用鼓励、激励等教学方法。小班幼儿的道德行为通过外部影响而坚持完成。教师要多采取鼓励性方式，帮助幼儿巩固正确行为。可以简单举例。

五、简答题

1. 参考答案：对幼儿实施德、智、体、美、劳等方面全面发展的教育，促进其身心和谐发展。

2. 参考答案："立德树人"育人观——即要求学校通过对学生进行中华民族的优秀传统美德、社会主义道德和社会主义核心价值观相关内容的教育来培养有远大志向、为人类社会造福、具有创新能力和国际视野、为实现中华民族伟大复兴而奋斗的合格建设者和接班人。

其中，"立德树人"是教育的根本任务和改革取向。"立德"是"立德树人"的基本导向。"树人"是"立德树人"的根本目的。

第一章第二节练习题

一、单选题

1. A　　2. C

二、多选题

1. A B C D E　　2. A B C D

三、判断题

1. √

2. ×。（习近平在全国教育大会上提出了要提高教师的"三个地位"，并指出"努力提高教师政治地位、社会地位、**职业**地位，让广大教师享有应有的社会声望，在教书育人岗位上为党和人民事业作出新的更大的贡献。"）

四、简答题

1. 参考答案：

（1）教育形式生活化

（2）教育方法游戏化

（3）教育内容外显化

（4）教育价值内隐化

（可拓展）

2. 参考答案：

（1）言行的典范性

（2）道德意识的自觉性

（3）影响的广泛性

五、案例分析题

参考答案：安全工作是幼儿园各项工作中的首要工作，也是幼儿园正常开展工作的前提。幼儿由于其年龄特点，自我保护意识和能力较弱，而且现在幼儿所处的环境和社会不像从前那样单纯，因此，各种内部外部安全隐患威胁着幼儿的安全。前两年，有个别不法分子就是看准这一点，冲入幼儿园向手无缚鸡之力的幼儿行凶。天真的幼儿容易相信别人，因此，拐骗幼儿的情况也时有发生。针对这样的情况，幼儿教师应该采取相应的安保措施并且进行有针对性的安全教育，最大限度地提高安全系数。教育者应从多渠道、多方面，采取多种方式对幼儿进行安全教育。另一方面则是存在于幼儿园内部的事故风险：有安全隐患的环境和材料、一日生活中的突发安全事件，由于幼儿教师擅自离岗等原因使得幼儿受到身体或心理上的伤害……这些问题有些是幼儿教师的疏忽、不仔细，有些则是因为幼儿教师的懈怠、不敬业，而有些则是意外事故。如何避免上述类型问题的产生，正是幼儿教师需要思考的。因此，提高安全防范意识，端正工作态度，防患于未然对于幼儿教师而言也是提高职业道德素养的关键。为了孩子们的安全，幼儿教师们也已经采取了很多的措施，正在努力提高幼儿园的安全系数。

第一章第三节练习题

一、单选题

1. D   2. B

二、多选题

1. A D   2. A B C D

三、判断题

1. ✗   2. ✓

四、简答题

1. 参考答案：

(1)平凡岗位默默耕耘

(2)辛勤工作不计回报

(3)非常时期恪尽职守

2. 参考答案：

(1)永怀"匠心"——精益求精

(2)专注"匠术"——思变求新

(3)坚守"匠德"——爱岗敬业

(4)注重"匠行"——躬行实践

五、案例分析题

参考答案："爱岗敬业"是从业者基于对职业的敬畏和热爱而产生的一种全身心投入的认真尽责的职业精神状态。敬业是中国人的传统美德，也是当今社会主义核心价值观的基本要求之一，而幼儿教师的"匠德"则表现在兢兢业业地做好每一件本职工作上。

第二章第一节练习题

一、单选题

1. B   2. B

二、多选题

1. A B C   2. A B C D

三、判断题

1. ✓

2. ✓

四、案例分析题

参考答案：通过多种方式方法引导幼儿了解谦让的真正意义。可以介入情境，引导幼儿解决当下问题的同时，理解谦让的意义。如：把被争抢的苹果一分为二，让幼儿再次挑选。得出由于争抢，得到的苹果反而比之前较小的苹果更小。然后，与幼儿共同观看《孔融让梨》的故事视频，了解大家称赞孔融的原因（谦让）。与幼儿家长沟通情况，引导家长不要事事顺从幼儿等。事件之后，还可设计类似的生活类德育活动，如：分蛋糕，通过再次实践，帮助幼儿感受谦让的品德。综合品德培养的策略——在生活游戏中养成、家园共育。

五、简答题

1. 参考答案：

（1）在生活游戏中养成

（2）在尝试犯错反复失误中炼成

（3）在自我评价中获成

2. 参考答案：

（1）双向互动进行家校合作

（2）分层分类开展家教指导

（3）资源共享建立家园联系

（4）设立家长学校

（5）与不同类型家长的个别互动

第二章第二节练习题

一、单选题

1. B　　2. A

二、多选题

1. A C　　2. A B C

三、判断题

1. ✓　　2. ✗

四、案例分析题

参考答案：对于中国传统文化的学习，主要有：熟读记诵法、潜移默化法、循序渐进法、培养诱导法、寓教于乐法、因材施教法等。针对学龄前儿童的年龄特点，教师可通过中国传统节日，利用美工活动、音乐活动、语言活动等让孩子了解中国传统文化，在"玩中学"，将中国传统文化的元素潜移默化地进行渗透。

五、简答题

1. 参考答案：医教结合工作可以从四方面着手：首先，从家长的需求着手，根据园所内家长的实际需求，有所侧重地进行健康教育；其次，关注孩子身体健康的同时，也要关注孩子的身心健康；再次，医教结合工作已常态化，特别是疫情防控时期，对于传染病防控、健康宣教等工作已进入常态化工作模式；最后，医教结合工作要有所创新，拒绝照本宣科，走出教室在教室以外的地方用视觉、用触觉学习安全标示，提高孩子的安全意识。

2. 参考答案：对儿童的研究与了解、热爱与尊重，是贯穿幼儿教育过程的主线。儿童的心理与成人的心理不同，儿童时期不仅作为成人的预备，亦具他本身的价值，学龄前时期儿童身心发展最迅速、最关键，要实施"活教育"，要了解研究儿童，掌握儿童身心发展特点和规律。

第二章第三节练习题

一、单选题

1. B   2. C

二、多选题

1. A B C   2. A B C

三、判断题

1. √   2. √

四、案例分析题

参考答案：孩子大胆画出自己的想象，我们应该给予点赞，肯定孩子的想象力。孩子的绘画作品是没有"优秀"和"及格"之分的，每一位孩子都在通过绘画这样无声的语言，表达自己内心的所思所想。儿童期的所言所画是最弥足珍贵的财富，它有着无限的遐想，它充斥着孩子们纯洁心灵的温暖。

五、简答题

参考答案：让劳动成为幼儿自由自主的综合性、创造性活动，要促进完整儿童的发展，幼儿园的劳动应努力成为让幼儿主动承担、自由选择、自我表达的综合性和创造性活动。在劳动过程中，幼儿扩大了对劳动工具、劳动知识及相关事物的认知，提升了劳动技能相关的观察力、注意力以及动手处理的能力等，丰富了幼儿的劳动经验。可以说，劳动对于幼儿，是创造性的活动，也是创新性的教育。劳动是一个需要独立自主进行的过程，在这个过程中会出现很多问题，需要自己去面对、去解决，幼儿在劳动中学习，幼儿在劳动中成长，幼儿在劳动中得到全面发展。

第二章第四节练习题

一、单选题

1. C   2. B

二、多选题

1. A B   2. A B C

三、判断题

1. ✓　　2. ✓

四、案例分析题

参考答案：作为班主任，班级里的贫困家庭的孩子需要更多的关注和关心，贫困生在情绪情感上容易出现自卑焦虑情绪。因此，作为班主任我们应该主动去关心和慰问，献上我们的绵薄之力。我们应该积极利用资源、校园环境为每一位孩子创设平等、开放的教育，不因孩子家庭背景而忽视教育，鼓励贫困生多参与学校的各项活动。在解决他们的经济困难的同时，切勿忽视对孩子的心理"滋养"，多用赞许的语言鼓励孩子，提升他们的视野，开拓他们的胸襟。新时代的教育对师者而言充满了挑战，但这也是每一位教师成长的必经之路。

五、简答题

1. 参考答案：儿童创造性发展（development of children's creativity）是儿童认知能力发展的一个方面，是儿童在独特地、新颖地解决各种实际问题中体现的创造性的形成、发展过程。儿童的创造力在其进行的各种创造性活动中表现、形成和发展。婴儿期已经有直接融于先天反射、直接操作和初步感知活动中的创造力的自发性表现。幼儿期随着幼儿在动作、语言及心理诸方面的发展，其创造力的发展表现为幼儿的好奇心和创造力、想象力的发展。在广泛而强烈的好奇心促使下，幼儿特别喜欢尝试以前没出现过的游戏，尝试做以前没做过的事情，并从中表现出创造性。

2. 参考答案：可以时间轴为线索，分享幼儿园一日活动中可以提升孩子自主自信的关键点。

时间段	幼儿可操作环节	教育元素
8：00—9：00	为校园里、教室里的花草浇水	感受生命，培养幼儿责任心，让孩子在照料花草植物中提升自信心
9：00—10：00	升旗仪式	培养幼儿民族自信心和自豪感
10：00—11：00	收整户外运动器械	通过劳动教育，培养幼儿收整物品的自理能力，提升成长获得感
11：00—12：00	协助保育老师进行餐点分发	通过劳动教育，培养幼儿正确的食育理念，参与餐点准备，提升生活自主能力
12：00—15：00	自己整理床铺	通过劳动教育，培养幼儿生活自主能力
15：00—16：00	自己整理离园物品	培养幼儿物品整理归纳意识

第三章第一节练习题

一、单选题

1. A　　2. D

二、多选题

1. A B C   2. A B C E

三、判断题

1. ✗   2. ✓

四、案例分析

参考答案：从以下两方面进行分析：

1. 当前幼儿教师职前职后教育通常采用理想状态下幼儿教师"应当如何"的线索思维方式，重视理论性知识的传授和教育技术的训练。存在注重理论性知识传递的系统性和完整性，但较少将学前教育理论性知识融合在实践中，达到切实指导实践的问题。幼儿教师缺乏主动意愿，又没有明确的发展目标，学习参与度不高，学习效率低下，特别是在接受单向传授的教育后，幼儿教师容易养成被动接受的习惯，反思意识薄弱，自主意识淡漠，学习后的适用性不强。这也就直接导致幼儿教师实践性知识的发展起步晚，基础薄弱。

2. 终身学习理念对幼儿教师的职业生涯发展有着重大影响，必须摒弃"阶段性教育可以解决终生工作"的想法。幼儿教师职业生涯不是在师范院校一次性就能够完成的，而是一个职前职后连续不断发展的过程，在职前做好充分的准备，职中不断继续学习和改进、升华，才能从容应对职业生涯发展中所遇到的诸多挑战。

第三章第二节练习题

一、单选题

B

二、多选题

A B E F G H

三、判断题

1. ✓   2. ✗

四、简答题

参考答案：

幼儿教师教育研究能力结构要素主要包括：发现问题能力、反思能力、自主学习能力、合作能力、创新能力、归纳总结能力。例如：发现问题能力表现在教师在集体备课教研中对于课程、教学问题的发现、在对幼儿园的活动组织与实施中对问题的发现、在幼儿园的一日生活中对教育现象的关注从而发现问题，等等；幼儿教师反思能力可表现在对教学内容、教学活动的设计，活动的组织安排，平时自主进行的学习教研、培训，等等；自主学习能力可表现在如相关书籍的阅读、相关资料的查阅与分析、相关培训的参与；创新能力可表现在已有知识经验的基础上，跳出常规圈子，采取新的方式方法解决问题。

第三章第三节练习题

一、单选题

1. A   2. C

二、多选题

1. A B C   2. A B C D

三、判断题

1. ×   2. √

四、案例分析题

参考答案：

王老师之所以这样做，表明其对于专业知识、教育理念的学习欠缺，对小班幼儿年龄特点、学习特点、艺术表达等特点的了解、理解、把握、运用均有明显欠缺。

如果我是王老师，我会考虑：小班幼儿正处于涂鸦期，加之具体形象思维的特点，他们表达的情绪情感和认知方式是直接的、具体的，一幅作品可能表达的是他们非常复杂的生活经验，也可能就是借助绘画来倾诉或发泄心中的某种情绪，由此获得快乐和疏解。我会静静地鼓励欣欣讲出她的画，并积极给予回应。如果是积极的情感、认知表达，要马上给予肯定；如果是表达不高兴、不开心，则要用同理心去帮助她纾解。同时，这件事也会给予我启发：一定要从潜心培幼育人的角度出发，加强自身学习，不断提高自身专业理论知识、专业能力和素养，在教育实践过程中，认真遵循幼教规律，用扎实的理论知识做积淀，并注意规范保教行为，真正把关心爱护幼儿体现在保教工作之中，耐心、静心地观察、倾听、了解、分析，真正读懂儿童的表达与表现。

五、简述题

1. 参考答案：

（1）教师勤于学习能够促进自身专业化发展。

（2）教师勤于学习能够促进自身健康心理的形成。

（3）教师作为幼儿成长过程中的重要他人，是构成儿童成长环境中最重要的组成部分，同时也是推动儿童发展最具动力性的因素，能够给予正面的积极影响，促进幼儿的发展。

（4）勤于学习的教师更能够得到幼儿、幼儿家长和社会的信任和喜爱。

（5）每一个教师个体的积极进取促成了优质教育生态环境的形成，能够使教师团体成长与进步获得积极推动和促进。

2. 参考答案：

（1）有理想信念，热爱学前教育事业，有明确的职业生涯规划；

（2）有仁爱之心，热爱幼儿，有高尚的道德情操；

（3）有扎实学识，不断提升综合素质，保教能力突出；

（4）不安于现状，有积极向上的进取心；

（5）勇于探索，有知难而上的信心、决心；

（6）乐学善思，能够敏锐地发现问题、契机，积极践行所学；

（7）高瞻远瞩，追求高端思想站位。

第四章第一节练习题

一、单选题

1. A   2. A

二、多选题

1. A B C D E   2. A B D

三、判断题

1. ×   2. √

四、简答题

1. 参考答案：

（1）言传身教是人类教育下一代前进和发展的基石。

（2）言传身教是从古至今对教师的要求，也是好老师的标准品质。

（3）言传身教是现代幼儿教师应该具备的基本素养。

（4）学前儿童的心理发展特点决定了教师必须要言传身教。

2. 参考答案：

（1）幼儿教师的积极品质是培养教师职业信念的前提。

（2）幼儿教师的积极品质是增强教师心理能量的保障。

（3）幼儿教师的积极品质是促进教师自身发展的动力。

五、案例分析题

1. 参考答案：案例中的李老师做法不妥。历代教育家都提到，教师要"为人师表""循循善诱""躬行实践"，言传身教既是教师职业道德的规范，也是教师良好人格特征的体现。教师只会站在"威严"的高度面对孩子，或是认为犯错只有孩子才会，那么，这样不良的人格就会对幼儿产生不良的影响，成为幼儿不健全人格形成的潜在因素。在幼儿心目中，老师是社会的规范，道德的化身，人类的楷模，他们会把老师的态度、情趣、品行，乃至行为举止、音容笑貌作为自己模仿、学习的榜样。案例中的李老师不分青红皂白，不问是非对错，一味地将责任推卸，不审视自己做的不对的地方（自己已经将画碰掉在地上），果果和其他幼儿已经耳濡目染，今后难免效仿。这样不但不能使幼儿养成良好的行为态度，甚至会影响到孩子们心理的健康发展，以及良好的个性行为品质和健全人格的形成。孩子敏锐的眼睛审视着老师的一言一行，所以我们老师应时时刻刻注意自己的言行举止，不断努力去改变我们自己言行中的不良表现，为幼儿树立品德高尚、心理健康、人格健全、言行得体的榜样形象。

2. 参考答案：如果我是李老师，我会跟小朋友道歉。老师也是人，也会犯错，犯了错就要勇于承认，主动认错的行为就给孩子树立了良好的学习榜样。幼儿教师的一举一动都在影响、熏陶着幼儿，所以，在幼儿的"监督"下，我们也应努力改变自己的不良言行，塑造健康、良好的人格。

第四章第二节练习题

一、单选题

1. B   2. C

二、多选题

1. A B C D   2. A B

三、判断题

1. ×（幼儿的爱国教育是通过幼儿可接受的方法去培养幼儿爱祖国的情感，萌发幼儿爱国的意识。）

2. √

四、简答题

参考答案：幼儿园教师的个人发展不仅要从加强自我学习入手，还应该放眼社会，学习马克思主义科学理论，加强社会主义核心价值观，与社会紧密联系，积极利用社会资源，拓展个人发展的道路。

五、案例分析题

参考答案：该园所在教师培训方面符合"潜心问道与关注社会相统一"的原则。在教师培训中既注重个人知识的潜心钻研，也注重与社会相联系，营造良好的教风。

但是该园在幼儿教学方面没有体现"潜心问道与关注社会相统一"。教师的成长要为教学服务，园所不仅要在教师培训方面下功夫，更要将培训成果落实在教学中。建议该园增加一些与一线幼儿教学相关的活动，落实"潜心问道与关注社会相统一"的教育原则。

第四章第三节练习题

一、单选题

1. A   2. C

二、多选题

1. A C E   2. A B D

三、判断题

1. √   2. ×

四、案例分析题

参考答案：该教师的行为不符合学术自由和学术规范相统一。因为该教师在进行教育科研及学术活动时未遵循以幼儿为本的原则，未考虑幼儿的合法权益，将班上小朋友的视频随意地发布到公共网络平台，侵犯了幼儿的隐私权和人格尊严权。

第五章第一节练习题

一、单选题

1. C   2. C

二、多选题

1. A B C   2. A B C

三、判断题

1. ✓   2. ✓

四、案例分析题

参考答案：首先，共同思考园所当下问题，分析、归纳和整理，按照轻重缓急，筛选出亟待解决的问题。其次，积极主动地向区域内高级别园所寻求帮助，提出帮扶需求，双方协商帮扶计划。最后，进行按需帮扶，按领域、人员层次帮扶，如：干部跟干部学习管理方法，教师跟教师学习教育教学组织方法等，逐步推进园所工作步入正轨。

第五章第二节练习题

一、单选题

1. C   2. D

二、多选题

1. A B C   2. A B C D

三、判断题

1. ✗   2. ✓

四、案例分析题

参考答案：管老师的行为体现了教师职业道德中的爱心、耐心、责任心、细心，也体现了作为幼儿教师能平等地信任和尊重幼儿。并结合案例进行说明。

第五章第三节练习题

一、单选题

1. D   2. D

二、多选题

1. A B C   2. A B D

三、判断题

1. √　　2. √

四、案例分析题

参考答案：

理想标准：教师能够做到言行一致，说到做到；实事求是，不哄骗幼儿；不轻易向幼儿许诺；以身作则，要求幼儿做的事自己首先做到。并充分结合案例进行说明。

普遍认同：教师能够做到言行一致，不哄骗幼儿，不轻易向幼儿许诺，知错能改，要求幼儿做的事自己首先做到。

基本底线：与上条内容意思相近即可。

第五章第四节练习题

一、单选题

1. D　　2. A

二、多选题

1. A B　　2. A B C D

三、判断题

1. ×　　2. √

四、案例分析题

参考答案：

理想标准：1. 家园联系群、家长讲座、家长会、家长沙龙、家长开放日、家长志愿者、家长助教(教师助理)。2. 体现了幼儿教师爱岗敬业，服务群众、奉献社会等良好的职业道德，为人师表、行为世范的社会公德，能够有树立教师社会形象、接受社会监督的意识，并充分结合案例进行说明。

普遍认同：能基本表述上述答案，但未结合案例说明。

基本底线：与上述内容意思相近。

五、简答题

1. 参考答案：

(1)了解幼儿：善于倾听，和蔼可亲，与幼儿进行平等沟通。

(2)信任幼儿：以完全真诚的态度将这种信任落实在与孩子的交往中。

(3)尊重幼儿人格：将幼儿视为平等的人格主体予以尊重。

(4)尊重幼儿个体差异：平等公正地满足不同幼儿的需求。

2. 参考答案：

(1)加强法律意识，严守国家法规。

(2)投身各类社会活动，树立幼师的社会形象。

(3)建立信息公开平台，接受社会公众监督。

第六章第一节练习题

一、单选题

1. C   2. B

二、多选题

1. A D   2. A B C D

三、判断题

1. ✗   2. ✓

四、案例分析题

参考答案：

1. 环境的熟悉性和被认可度有利于归属感的建立。在本案例中，利用休闲吧、阅览室、露天阳台等，员工可以喝下午茶、图书借阅、享受阳光氧吧带来的新鲜空气。这种带有生活气息的环境，会让人感觉到安全感，拉近心理距离。

2. 环境布置中令人舒适的成分有利于归属感建立。例如，全新装修的办公楼，员工办公区特别设置在朝阳的南面，都尽量改善了办公环境。

3. 环境中体现出的人文关怀和尊重，有利于归属感建立。例如，本案例中的早餐供应和企业文化。

第六章第二节练习题

一、单选题

1. B   2. C

二、多选题

1. A B C D   2. A B D

三、判断题

1. ✗   2. ✓

四、案例分析题

参考答案：

1. 明确本职岗位要求，才能尽到责任。本案例中的小丽老师，看起来很敬业，每天忙忙碌碌的，但是对于自己该做什么不该做什么，并不是很清楚，需要进一步明确。

2. 自觉完成本职工作是落实责任和建立责任感的重要体现。小丽老师因为分散了很多时间和精力去帮助别人，自己班级的事情受到影响不能完成，这是不可取的。

3. 处理好助人为乐与守土有责之间的关系。守土有责和助人为乐之间，是有一个先后和主次之分的。小丽老师需要进一步明确工作边界，才能做到各司其职，更好地完成任务。

第六章第三节练习题

一、单选题

1. B   2. B

二、多选题

1. A B C   2. B C

三、判断题

1. ✓   2. ✓

四、案例分析题

参考答案：

1. 如果没有明确目标，就会削弱个体完成任务的能力，减低效率，难以体验成就感。

2. 依据最近发展区理论，不能急于求成，需要制定经过努力可以达成的目标，才能更好地完成任务。本案例中，小张老师在园长的帮助下，对问题的解决设置了合理的预期目标，最终体会到了得心应手。

3. 学会进行时间管理，在有限的时间里提升工作效率，也是提升成就感的一个有益做法。

第六章第四节练习题

一、单选题

1. A   2. C

二、多选题

1. A C D   2. B C

三、判断题

1. ✓   2. ✓

四、案例分析题

参考答案：

可从接纳、主动发展、目标设定及职业规划等方面进行论述。参考要点如下：

1. 从接纳现实，关注当下的角度，表明幸福不是好高骛远，是从平常的点点滴滴入手的。

2. 幸福感来自成长过程中的主动性和获得成就后的满足，年轻人在两次过程中的表现，一次是被动参与，一次是提示后的主动观察和感悟，结果就不同了。

3. 幸福不是别人给的，是自己努力的结果。不管遇到什么高人、得到什么好机会，重要的首先自己有充分的准备、能把握好当下。